白髮漁樵江渚上

笑談古今 6

王文選 著

作者簡介

王文選，出生於福建晉江。

一九六八年畢業於菲律賓國立大學經濟學院，菲大亞洲中心碩士班研究生，一九八二年於美國哈佛大學商學院完成工商管理發展課程。

早年曾任菲律賓國立大學文理學院講師；後獲邀參加菲華商聯總會工作，先後擔任副秘書長、常務理事、董事之職；七十年代末轉職金融界，在菲律賓、汶萊及香港之銀行和金融機構服務廿餘年，並在中國大陸投資設廠生產通訊電纜。目前在菲律賓擔任一家上市公司總裁及另一家上市公司董事兼執行委員會主席職務，同時兼任一家五星級酒店總裁，並獲選為菲律賓酒店東主協會董事。

就學時當選菲律賓國立大學亞洲中心學生會主席，並擔任菲大學生領袖協商會成員；一九七○年獲僑聯總會遴選為「海外優秀青年」；曾任菲華歷史學會會長、菲華歷史學報主編；近年曾獲邀擔任菲律賓三軍指揮及參謀學院高級顧問。早年分別在菲律賓大中華日報及聯合日報撰寫「自由談」及「笑談古今」專欄，多篇英文論述發表於馬尼拉時報。

白髮漁樵江渚上
笑談古今6

序

十二年前,作者將部分「笑談古今」專欄所刊登的文章集輯成書,當時決定以羅貫中的巨著「三國演義」之卷頭詞作為書名。該卷頭詞的前五句「滾滾長江東逝水、浪花淘盡英雄、是非成敗轉頭空、青山依舊在、幾度夕陽紅」寫的是人生哲理和自然環境賦與人們的心態,甚富詩情畫意,每一句都是一個不俗的書名。卷頭詞的後五句「白髮漁樵江渚上、慣看秋月春風、一壺濁酒喜相逢、古今多少事、都付笑談中」則是述事寫實的字句,嚴重地缺乏浪漫的氣氛,用來做為書名似乎不太適合;可是回心一想,既然當年撰寫「笑談古今」專欄的靈感是來自這一首卷頭詞,而一開始彙編專輯時就擬定以卷頭詞的每一句作為一本專輯的書名,似乎不宜改變初衷,最後決定繼續採用不太雅美的詞句做為專輯的書名。

本書是「笑談古今」專輯的第六冊,依序便以「三國演義」卷頭詞的第六句「白髮漁樵江渚上」作為書名;書中收集的是作者於2011年至2015年之間在菲律賓聯合日報「笑談古今」專欄中發表的文章,主題是思憶和感慨中華民族早年受到日本與歐美列強侵略及欺凌的史實。

百餘年前,日本和西方列強高舉帝國殖民主義的大纛,對積弱的滿清王朝予取予求,動不動就把軍艦開進長江口,或者以猛烈的砲火轟擊京畿地帶的大沽口,逼得滿清政府又要割地、又要賠款,受盡屈辱;甚至到滿清王朝崩潰、中國人民建立了共和國家之後,列強依然死性不改,妄圖繼續侵犯中國主權、魚肉中國百姓,而狼子野心的日

本軍國主義分子更發動了對華的全面侵略戰爭，癡心妄想要把整幅中國的土地納入日本人統治的版圖。

在海外，僑居各地的華人華裔也經常受到當地政府和民眾不同程度的歧視和虐待，非但得不到公平的待遇，更頻頻遭受到不人道的凌辱，甚至還發生過多次悲慘的屠殺事件；但是為了謀求生存，寄人籬下的海外華人不得不忍氣吞聲地苟且偷生。

本專輯的文章包括回顧美國、加拿大等等國家的排華法案，以及日本侵華的血腥歷史；但更多文章的內容觸及近年來美、日在國際舞台上對中國的圍堵、排斥以及「妖魔化」。部分文章圍繞在中國目前所面臨的所謂三大外交戰場之目標：東海、南海和台海的糾紛事件。由於美國政府唯恐天下不亂，儘管中國政府委曲求全，但是在華盛頓政客的操弄以及其馬前卒的胡作非為情況下，這三個外交戰場隨時都有可能「擦槍走火」，演變成硝煙漫天的軍事戰場，值得注意。

全世界愛好和平的人士，特別是中國人和韓國人，對日本政客參拜靖國神社這種甘冒天下大不韙的舉動耿耿於懷，認為這是一項無可原諒的挑釁行為，原因是靖國神社供奉著十四名滿手沾滿鮮血的「甲級戰犯」。到底這十四個戰犯是何方妖魔？為什麼被認定是「人類的公敵」？他們犯下了那些滅絕人性的罪行？作者在本專輯的文章裏提供了若干歷史資料，讓讀者們對靖國神社供奉的戰犯有深一層的認識。

上世紀九十年代，美籍華裔歷史學者張純如女士費盡心思，在深入調查和精心研究之後撰寫出「南京暴行：被遺忘的大屠殺」一書，詳盡地描述了侵華日軍於 1937 年 12 月攻佔中國當時的首都南京之後所犯下的姦淫擄掠以及進行瘋狂屠城的獸行。該書喚醒了國際社會的良知，讓全世界各國對日本軍國主義侵略者在第二次世界大戰中所犯下的暴行有更清楚的認識；但是在調查大屠殺真相的過程中，張純如女士的精神大受打擊，她敘述自己經常輾轉難眠，甚至「呼吸困難，

好像正在溺斃於汪洋大海之中」，就因為不能從悲傷和憤怒的情緒中走出來，張純如最後結束了自己年青的生命。還有一位美籍華人魯照寧先生，二十多年來忙碌於「打撈歷史」，他節衣縮食，廣泛地在海外蒐尋購買有關南京大屠殺的書籍史料，十六次長途跋涉返國，向「南京大屠殺遇難同胞紀念館」捐贈了二千三百餘套史料；魯照寧承認，他本人「因大量閱讀史料，常在深夜避開熟睡中的家人，嚎啕痛哭」。不錯，掀開血跡斑斑的歷史，難免令人義憤填膺，有時候更讓人情緒低落；作者要慎重聲明，「笑談古今」專欄一再重提歷史，並非要散播民族仇恨和報復的種籽，而是希望世人不要忘記歷史的教訓，避免重蹈歷史的覆轍。是為序。

白髮漁樵江渚上
笑談古今6

目　錄

作者簡介 3
序 5

五胡亂華民族恨

回顧美加的排華法案 14
中國面臨「七國聯軍」圍攻 19
美國政客極力妖魔化中國 28
美國為何在東海和南海搞事？ 31
中美兩國防長針鋒相對 35
北京應向美國表明立場 39
漫談美國軍艦南海作秀 45
美國承諾不再杯葛亞投行 49
美國奧運選手服裝起風波 52
美國擬更改街道名羞辱中國 55
六歲美國小孩要殺光中國人 58

烏煙瘴氣花旗國

美日政客的滿口荒唐話 62
一切都是「石油美元」在作怪 66
泛論美國的總統大選 70
奧巴馬面對嚴重的經濟困境 74
奧巴馬首訪緬甸居心叵測 78
美國政府踐踏民眾隱私權 81
斯諾登揭發美國非法勾當 85

美國竊取資料以掌控各國政要............89
美英監聽電話無孔不入............93
「911事件」十二週年祭............96
美國果然是「紙老虎」............99
漫談奧巴馬總統的亞洲行............103
綜論奧巴馬亞洲行的成果............107
評奧巴馬和安倍的荒謬言行............111
美國不斷拿石頭砸自己的腳............114
從紀念「911事件」談起............118
美國對歐洲難民潮袖手旁觀............122
從反恐看美國的雙重標準............126

東瀛妖風軍國夢

回顧日本侵華的血腥歷史............132
認識日本軍國主義真面目............138
認識安倍拜祭的日本戰犯............142
南京和名古屋割席絕交............148
從「七七蘆溝橋事變」談起............152
炎黃子孫毋忘「國恥日」............155
中日改善外交關係遙遙無期............162
中日外交關係張弓挾矢............166
中日關係將持續碰碰撞撞............169
日艦誣稱遭中國雷達鎖定............172
漫談安倍晉三的「美國行」............175
再談釣魚島和靖國神社風波............178
日本政客的滿口荒腔濫調............181
安倍晉三在聯合國大放厥詞............185
安倍拜鬼美國反應異常............189

中日慕尼黑外交論壇開戰..................................193
　安倍晉三團夥倒行逆施..................................196
　日本民間充斥軍國主義劣習..............................199
　安倍晉三不斷挖中國牆腳................................202
　論安倍晉三的「終戰談話」..............................204
　漫談「南京大屠殺」申遺成功............................213
　日、德反省戰爭的態度迥異..............................217

漢家煙塵護釣島

　香港保釣人士勇登釣魚島................................222
　釣魚島主權糾爭拉雜談..................................228
　兩岸三地保釣及其後遺症................................232
　釣魚島之爭令日本六神無主..............................236
　美日「奪島戰」軍演選錯地點............................240
　奧巴馬要幫安倍搶釣魚島？..............................243

南海硝煙使人愁

　從南海風波看美國的嘴臉................................248
　南海主權糾紛只能談不能打..............................251
　南海島礁只有共同開發一條路............................254
　菲律賓外長找錯商談對象................................257
　瞭解對方立場始能解決糾紛..............................260
　南海糾紛不宜訴諸國際法庭..............................264
　南海糾紛讓美日有機可乘................................267
　黃巖島對峙事件再趨緊張................................271
　南海風波演變成經濟戰..................................275
　中菲關係初現曙光又逢風雨..............................279
　菲律賓為爭主權而犧牲主權..............................282

寧做美日奴才不做中國朋友...285
南海主權糾紛中的怪論...288

台海鼙鼓猶未息

台灣不該與印度搞情報合作...294
從台日簽署漁業協議談起...297
「日據」與「日治」孰是孰非？...300
台北故宮隔海猶唱後庭花...303
從甘比亞與台灣斷交談起...306
漫談海峽兩岸外交休兵...310
外交工作的「空談」與「實幹」...313

衷心感謝...317

五胡亂華民族恨

回顧美加的排華法案

上星期四（十月六日），華盛頓國會山莊發生了一件深具歷史意義的大事：美國參議院以一致票通過議案，為 1882 年美國國會所制定針對中國移民的「排華法案」向全美華人致歉。法案還須經眾議院通過，最後由總統簽署才算完成立法的程序，但相信議案既然獲得參議院所有議員以一致票通過，獲眾議院順利通過並獲總統簽署應該沒有懸念。

十九世紀美國和加拿大的國會分別制定法案，以極端歧視的條例來對待中國移民，該等措施不但是一道道歷史的傷痕，更是中華民族的奇恥大辱。加拿大國會於 1885 年制定「中國移民法案」（Chinese Immigration Act of 1885），規定每個中國移民必須向政府繳交五十加元的「人頭稅」（Head Tax），1900 年增加到一百加元，在當年乃是一筆不菲的費用；1903 年，每名來自中國的新移民必須繳交的人頭稅更激增至五百加元，相等於當時的兩年工資。1923 年，加拿大國會制定新的中國移民法案，雖然取消了歧視性的人頭稅，但是除了少數獲得特別批准的商賈、外交官和留學生以外，全面禁止中國移民進入加拿大；而且不單止來自中國的移民受到歧視，連英國屬地的華裔籍民也被禁止移居加國。第二次世界大戰結束後，因為中國同屬戰勝的同盟國，同時中國又成為聯合國安全理事會五大常任理事國之一，加拿大政府終於在 1947 年取消了「中國移民法案」；儘管如此，加拿大政府一直等到 1967 年才真正放鬆移民法，大批華人華裔也在此時才得以紛紛移民到加拿大定居。

自上世紀七、八十年代以來,加拿大的華人不斷爭取加國政府就具歧視性的法案向華人道歉,同時對當年被迫繳交人頭稅的華人及其遺屬作出賠償;由於得不到加拿大政府的正面回應,加國華人組織不但積極進行政治遊說,還將政府告上法院,更向聯合國人權委員會提出控訴。2006 年,保守黨贏得加國大選,總理哈珀(Stephen Harper)遵守其競選諾言,於是年六月二十二日代表加拿大政府就 1885 年的移民法案向加國華人致歉,並向當年繳付人頭稅的華人或其遺孀每人支付二萬加元的賠償金。在 2006 年,繳付過人頭稅而尚生存於世的華人僅餘二十人,納稅人的遺孀亦所剩無幾;其他曾經繳納人頭稅的移民及其配偶如果已經去世,即使他們的後裔持有當年的人頭稅收據,也不能獲得賠償,因而這些遺屬至今還繼續與政府抗爭,要求作出同樣的賠償。儘管賠償方案引人詬病,但加拿大政府肯就當年的荒唐法案,向飽受歧視的華人表示歉意,總算還給中國人一個公道,也為那一頁醜陋的歷史劃上句號。

身處澳洲和紐西蘭的華人也遭遇到同樣的歧視。在十九世紀五十到七十年代期間,澳洲的多個省份都對華人移民鳩收人頭稅;紐西蘭也在 1881 年制訂法例,向每一個中國移民徵收十英鎊的社區稅(Poll Tax),1896 年更將社區稅提高到一百英鎊,一直到日本人侵佔了中國的東北地區之後,紐西蘭政府基於對中國的「同情心」,才於 1934 年停止徵收該項社區稅,但這一條歧視性的法律一直到 1944 年才正式被廢除。針對這種不公平且具侮辱性的待遇,紐西蘭總理克拉克(Helen Clark)於 2002 年代表政府向紐國的華人社會致歉,並撥款成立基金以促進對紐西蘭華人歷史的認識和提倡有關華人的文化及福利工作,把那一頁不光彩的歷史掀蓋掉。

美國比加拿大和紐西蘭更早制定排華的移民法案,在美國聯邦國會立法排斥中國移民之前,加利福尼亞州政府早就通過了多項排華措施。1848 至 1855 年間,加州出現「淘金熱」(Gold Rush),之

後修建橫貫東西海岸的鐵路，在這段期間，來自中國的廉價勞工大受歡迎；可是美國在「南北戰爭」之後經濟蕭條，國內的失業率倏然提高，華工打破本地勞工飯碗的歪論不逕而走，排華的氣氛亦隨而沸騰起來。1862 年，加州制訂了「反苦力法案」（Anti Coolie Act of 1862），嚴格限制華人勞工進入加州；1873 年舊金山市議會通過「剪辮條例」（Pigtail Ordinance），規定市獄裏的犯人均須剪短頭髮，明顯是針對留辮的中國人；加州還立有中國人不准與白人結婚、華人不可擔任法院證人等種種歧視的法例。

1882 年，美國國會制訂「排華法案」（Chinese Exclusion Act），禁止聯邦政府十年內接受任何中國移民，同時規定居住在美國的華人必須隨身攜帶身分證明，並且嚴令不准任何中國移民申請歸化入籍。事實上，美國國會早於 1878 年即已通過此一法案，但遭到當時的總統海耶斯（Rutherford Hayes）否決；1881 年 3 月 6 日，加州政府宣佈放假一天，以發動大規模的示威遊行，逼聯邦政府通過排華法案；1882 年，上任才幾個月的美國總統葛菲爾德（James Garfield）被弒身亡，接任的亞瑟總統（Chester Arthur）終於把排華法案簽署成為法律。1892 年，美國國會又把排華法案的有效期延長十年，1902 年，國會更通過議案，宣佈此一法律無限期有效，擺明長期間都不接受中國移民。一直到1943 年，這一條將華人排擠於美國移民之外的法律，才被新制訂的麥格魯斯達法例（Magnusda Act）所取代，該法例規定每年接受一百零五名華人移民美國；1965 年，美國國會制訂新的移民法，中國人才得以大量移居美國。

加、紐政府就歧視的法律正式向華人提出道歉，美國政府卻一直沒有採取行動；在華人華裔的努力爭取下，如今美國參議院終於通過了道歉議案，正如麻省參議員布朗（Scott Brown）所說，「雖然道歉不能抹掉過去對中國移民的歧視造成的傷害，但承認過去犯下的錯誤，仍然非常重要。」負責推動道歉案通過的加州參議員范斯坦

（Dianne Feinstein）更指出：「《排華法案》是美國歷史的恥辱，也是不能遺忘的一頁，希望透過道歉案，讓那些不了解當年歷史的人清楚真相，徹底結束那段困難時期給華人移民及後代所帶來的傷害。」

世事永遠是弔詭難料的，美國國內早年對新移民最苛刻、最不友善的是加利福尼亞州，但目前對移民最寬容、照顧得最週到的，也是這一個加州。今年初甫走馬上任的加州州長布朗（Jerry Brown）於上星期六將州議會通過的「夢想法案」簽署為正式法律。「夢想法案」（DREAM Act）全名為 Development, Relief and Education for Alien Minors Act，直接譯名應為「未成年外僑發展、救濟及教育法案」，根據這一項法案，連非法的移民在中學畢業後也有資格接受州政府的資助以進入大學深造；加州這條新法律也將為華盛頓的聯邦政府帶來壓力，勢將進行同樣的立法來造福新移民。早年推動聯邦政府採納排華法案最賣力的乃是加州的政客；當海耶斯總統否決國會通過的議案，不肯將排華法案簽署為法律時，加州的政客反應異常激烈，州政府甚至宣佈放假以讓民眾上街遊行示威，等於是州政府官方發動全州的罷工和罷課來脅迫聯邦政府就範。諷刺的是現在最努力在華府國會山莊遊說議員們支持道歉法案的，也是加州的政客，負責在參議院推動的是加州參議員范斯坦女士，在眾議院不遺餘力遊說同僚支持法案的則是加州聯邦眾議員趙美心女士（Judy May Chu）。

布朗參議員說得一點也沒錯，雖然道歉不能抹去傷害，但承認過去犯的錯誤是對歷史的尊重；范斯坦參議員更一針見血地指出，道歉案可以讓不了解當年歷史的人清楚真相，進而「以史為鑑」。的確，不管是中美、中加或者其它的雙邊外交關係，都必須「向前看」，但如果沒有對歷史加以反省，難免會有重犯錯誤的一天，正如美籍西班牙裔哲學家杉達淵拉（George Santayana）所說：「忘記過去，必將重蹈覆轍」（Those who cannot remember the past are condemned to repeat it）。有了誠懇的道歉，民族之間的芥蒂便得以消除，把不愉

快的往事擱置一隅，雙邊的關係也就可以掀開新的一頁了。

對全美的華人華裔、甚至對全球的炎黃子孫來說，美國參議院通過道歉法案乃是一件值得欣慶的喜訊，一百多年來所受的民族屈辱，終於得到了洗雪。

（原載2011年10月12日菲律賓聯合日報「笑談古今」專欄）

中國面臨「七國聯軍」圍攻

近一個多世紀以來，積弱的中國有如砧上肉，受盡西方列強以及日本的欺負凌辱，更經歷了多次外寇入侵的戰爭。

十九世紀初，以英國人為首的外國商團在華販賣鴉片，牟取暴利之餘更毒害了中國的老百姓，林則徐銜命禁煙，將沒收的鴉片煙土在虎門銷毀，嚴重地打擊了外國煙商在華的利益。1840年，英國以保護英商為藉口，派兵到中國來打了一次「鴉片戰爭」，砲艦溯長江而上，如入無人之境，最後逼滿清政府簽訂了喪權辱國的「南京條約」。

1856年，滿清水師在廣州黃埔查緝一艘香港註冊的走私船「亞羅號」，英國政府以國旗受到侮辱為藉口而興師問罪。與此同時，有一名在廣西傳教的法籍天主教神父馬賴，由於包庇教徒為非作歹而被當地的地方長官處決，法國遂聯合英國發動了「第二次鴉片戰爭」。「英法聯軍」直驅攻佔北京城，還放火燒掉圓明園，清政府被逼與英、法以及故作姿態充當「中間人」的俄羅斯分別簽訂下割地賠款的條約。

1900年，英、法、德、美、日、俄、意和奧匈帝國藉義和團瘋狂排外為理由，組成「八國聯軍」兵臨北京城，逼得慈禧太后要帶著光緒皇帝逃到西安避難；列強把戰火點燃在中國的土地上，進行了一番慘無人道的破壞踐踏，最後清廷還被逼簽下一連串不平等條約，再次割地賠款才平息了戰亂。

日本於1894年發動「甲午戰爭」，令滿清政府的北洋艦隊折戟

沉沙；之後於 1931 年製造「九一八瀋陽事變」，侵佔中國的東北地區；1937 年更製造「七七蘆溝橋事變」，瘋狂地發動了全面侵華戰爭，在八年期間內殺害了二千多萬中國人，把中國的大好江山蹧蹋得滿目瘡痍，到處都是斷垣殘壁，哀鴻遍野。

中國共產黨於 1949 年建國之後，也逼於無奈而打了幾場「自衛反擊戰」。上世紀五十年代初在朝鮮半島與以美國為首的聯合國軍隊打了一場極度慘烈的韓戰；接著為了保疆衛土而分別於 1962 年與印度在藏南地區、1969 年與蘇聯在珍寶島打過仗，為了懲戒越南而於 1979 年驅軍入越，並曾為了西沙群島的主權糾紛而於 1974 年與當時的西貢南越政府以及於 1988 年與現在的越南政府分別打過兩次海戰。從鴉片戰爭到上世紀的領土保衛戰，幾場戰爭都在中國的近代史上留下了磨滅不掉的烙印。

目前，中國與日本有釣魚島領土和東海油氣田主權之爭，與越南、菲律賓、馬來西亞和汶萊有南海島礁主權的糾紛，印度則至今還佔據著中國的藏南地區，佔據的土地甚至包括英國人當年所劃的「麥馬洪線」以北的中國領土。但是自從鄧小平施行「改革開放」的政策以來，中國銳意推動經濟建設，著眼於「和平崛起」，對周邊的國家採取「以和為貴」的態度，對發生糾爭的領土也主張以「擱置爭議、共同開發」的原則來平息爭端，避免干戈相見。然而「樹大招風」，中國崛起的速度太快，難免引起某些國家的猜忌，其中最感坐立不安的便是一心想獨霸天下的美國，以及不甘心輸給中國的日本和印度這兩個鄰國。

儘管目前亞太地區看起來風平浪靜，偶有衝突也都只是微風細雨，但事實上，在安寧的海面下卻有一股洶湧的暗流，一旦發生地震，將會變成難以控制的海嘯，因為由美國領軍，包括日本、韓國、越南、菲律賓、印度和澳洲的「七國聯軍」，正虎視眈眈地團團包圍著中國。

德國籍的亞洲問題專家阿爾貝克一針見血地指出：「美國已經很多年沒有找到敵人，在太平洋同中國對抗讓美國感到興奮」。由於受到軍火商的操控，美國共和黨一向展現出好戰的鷹派形象，平素對中國總是喊打喊殺，特別是上一屆競選總統落敗的麥凱恩參議員（John McCain），更是一個激烈的戰爭販子。執政的民主黨鑒於國內經濟不景氣，民生凋敝引發強烈的民憤民怨，因而也樂得找一個外在的敵人來轉移民眾的視線。而美國軍方在結束伊拉克和阿富汗戰爭之後，也急於找一個假想敵來獲取更多的國防預算。在這種情況之下，美國國內的兩大政黨、國防部、兵工廠，甚至一些學者和新聞界，就像一個交響樂團，以不同的腔調將中國「妖魔化」，同時誇大「中國威脅論」來索取他們的政治本錢。

在國際社會和外交圈子裏，由於中國在聯合國安理會擁有否決權，華盛頓在許多問題上都需要中國的合作；在經濟領域裏，中國的外匯儲備和對外貿易額都高居全球之首，美國政府不能忽視中國的實力。美國的執政者精通「笑裏藏刀」的技倆，華盛頓的領導人和政府高官在外交場合都好話說盡，與中國的高官握手擁抱也特別親熱，但是台下的嘴臉卻與台上完全不一樣；當美國國務卿希拉莉宣佈「亞洲，美國回來了！」的時候，北京便應該聞到火藥味。

由於北朝鮮堅持發展核能並經常演練發射導彈和火箭，加上黃海較早發生了「天安艦沉船事件」，美方便以此為藉口，聯合韓國和日本頻頻在黃海及東海進行軍事演習；所謂「項莊舞劍，意在沛公」，一連串的軍事行動，表面上雖聲明是要防範朝鮮的挑釁，實際上劍指中國的意圖昭然若揭。美國還與澳洲簽訂協約，派遣海軍陸戰隊駐紮澳洲北部的達爾文港；近日又與菲律賓聯合舉行規模空前的軍事演習，還不斷向越南傳送秋波，提議進行軍事合作。美國從韓國和日本，經關島、菲律賓、泰國至新加坡，已經重新組成了一個「半月形的包圍圈」，監視著中國的一舉一動。

美國政客不但擅長「笑裏藏刀」的技倆，還慣用閩南人俗語所說那種「唆使黑鬼去放砲」（指使別人去搞局）的策略，慫恿「馬前卒」出面滋事生非，自己在一旁「坐山觀虎鬥」，等待收獲「鷸蚌相爭」的「漁人之利」；美國佬有時會火上加油讓火勢旺一些，有時候又潑潑水控制一下火勢，目的便是在「斷斷續續、忽冷忽熱」的地區糾爭中，收取最大的利益。

雖然美國口口聲聲宣稱對中、日發生糾紛的釣魚島主權問題保持中立，但國務卿希拉莉永遠以日本名字「尖閣列島」（Senkaku Islands）來稱呼釣魚島，早已清楚地表明了她那一廂情願要把釣魚島劃歸日本的立場。希拉莉更向日本提出保證，指釣魚島海域包含在美日協防條約範圍內，明目張膽地慫恿日本霸佔釣魚島，製造東海的緊張氣氛。近年來日本政壇和民間迅速滋生出一股強烈的仇華氣氛，日本政府甘作美國的應聲蟲，藉著朝鮮半島的緊張局勢而擴大軍備，在沖繩、宮古島、石垣島等「西南諸島」步署了導彈部隊，派遣神盾級艦隊巡弋東海及釣魚島海域，目標完全是針對中國。近日，東京都知事石原慎太郎特別挑選在華盛頓訪問時宣佈，將由東京市政府向私人島主買下釣魚島，赤裸裸地想侵奪中國的釣島主權，並把這一項行動合法化。在美國政府的扶掖保護下，日本政客膽向橫邊生，敢於挑戰中國，中日兩國的外交糾紛正方興未艾。

針對南海島礁主權之爭，美國在表面上同樣聲稱「絕不偏袒任何一方」，但實際上動作多多、言行不一。首先，美國完全漠視中國一再聲明不希望其它國家介入南海爭端的立場，高調表示不會置南海問題於不理，理由是「南海牽涉到美國的基本利益」。在去年十一月的雅加達東盟峰會中，作客的美國總統奧巴馬突然主動提出南海問題，令人側目，這一個舉動，清楚地表示出美國一心為菲律賓和越南等東南亞國家撐腰的態度。美軍不但分別與越南和菲律賓舉行聯合軍事演習，還拉日本和澳洲到汶萊對開的南中國海搞軍演，製造幻象讓越南

和菲律賓堅信在南海挑戰中國，會得到美國的全力支持。

越南與中國為了領土之爭，曾經大動干戈，在西沙群島打過兩次海戰。目前越南在南中國海佔據了最多島嶼，並且已經在該地區大量開採油氣，因而也最忌諱中國對南海主權的申索。美國為了牽制中國的崛起，不惜向越南這個多年的宿敵拋眉弄眼，軍頭和政客、包括越戰時差點被越共折磨至死的麥凱恩參議員，都紛紛口銜橄欖枝造訪河內，美軍太平洋艦隊也派出官兵和砲艦，與越軍舉行聯合軍事演習，甚至還傳出美國有意租借金蘭灣作為海軍補給基地之說。美國的連串動作，無疑在鼓勵越南與中國抗爭到底，但由於越南對美國依然存有戒心，因而不敢全拋一片心，並沒有完全向老美靠攏，反而轉頭向俄羅斯購買大量先進的潛艇和砲艦，並邀請俄國和印度的石油公司共同開採南海油田。俄羅斯目前不想得罪中國這個「戰略夥伴」，因而也不會與對抗中國的「聯軍」結夥，但是為了軍火生意，同時顧及與越南的「傳統友誼」，還是會在若干方面取悅越南，無可避免地為中越關係增添變數。越南的巡邏艇近日兩度騷擾台灣駐軍的太平島，還猖狂到鳴槍挑釁，破壞了近年來南海糾紛不開火的默契，不能不慎加注意。

菲律賓和中國雖有島礁主權的糾紛，但多年來相安無事，即使偶有漁民漁船被捕的事件，也無礙兩國的友好關係。菲國前任外交部長羅慕洛（Alberto Romulo）曾一再聲明南海主權糾爭是中、菲兩國之間的事件，應該由中菲兩國政府自己解決，不必其他國家代勞；而前屆阿羅約政府更與中國和越南簽署了合作協議，準備共同勘探及開發南海的資源，當時南海呈現出一片祥和的氣氛。可惜美國所散發的酵母近兩年來在菲律賓發酵得特別快，阿基諾總統在新任外交部長德羅撒里奧（Albert del Rosario）慫恿操縱下，一心想巴結美國，不但同意增加「來訪美軍」的數量，還擴大美軍在菲國的軍事行動範圍；另一方面，美國向菲律賓提供砲艦，還準備提供戰機給菲國空軍，加強菲律賓對抗中國的信心和能力。近日，美、菲兩國的軍隊在靠近發生

糾紛的海域進行名為「肩並肩」（Balikatan）的軍演，盛況空前，還邀請日、韓、越、澳洲、新加坡等國派兵參加；地主國的菲律賓參演的官兵只有二千三百人，美國卻「喧賓奪主」地派出四千五百人參與行動，製造出一種「美國是有難同當的好兄弟」形象。在這種氛圍下，要菲律賓坐下來與中國進行平心靜氣的談判，實非易事；近日菲國砲艦與中國的漁政船在黃岩島對峙的事件，儘管雙方都盡量克制，但也已經把中、菲的對抗升級到「短兵相接」的白熱化地步。

韓國與中國雖然因專有經濟區重疊而經常發生漁民越界捕漁的糾紛，但基本上並沒有太多領土主權的衝突。不過因為北朝鮮一再搞挑釁的小動作，中國想管也管不了，而美、韓卻一直怪責是中國在縱容平壤的統治者，因此雖然中、韓之間的經貿關係非常密切，卻因朝鮮問題的存在而令兩國的政治關係長年來有如骨鯁在喉。

印度與中國之間存在嚴重的矛盾由來已久，英國殖民南亞次大陸時，侵佔了中國藏南地區一大片土地，印度獨立後也繼承了領土糾爭的問題，由尼赫魯總理領導的政府覬覦西藏，於1959年在英美等西方勢力的配合策動下，公開煽動西藏人民「起義」以脫離中國並宣佈獨立；在拉薩騷亂事件失敗後，印度慫恿西藏精神領袖達賴喇嘛逃亡至印度北部的達蘭薩拉（Dharamsala）地區，扶植他在該地成立西藏流亡政府，公開向北京叫陣對擂。上世紀五十年代，乘著中國參加朝鮮戰爭以及國內遭遇大饑荒的內憂外患，印度大肆擴大對中國領土的侵奪，終於導致了1962年的中、印邊境之戰。近年來中、印兩國的關係表面上和睦友善，特別在「金磚四國」（現已擴大為「金磚五國」）組織內頻繁互動，在國際舞台上表現出「同聲同氣」的「兄弟情誼」，但實際上，中、印之間的嫌隙，是時間難以修補清除的。最近印度向俄羅斯大量購置最先進的戰機和其它軍備，還成功試射了五千公里射程的「烈火五」導彈，針對的目標便是中國。印度與美國近日在新德里舉行了第五次「亞太地區對話」，也是著重談南海問題，

印度外交部長不但聲稱南中國海是「世界共同資產」，更稱將與越南合作在南海開採石油，利劍直刺中國的胸膛。中、印今後如何應用「金磚」，是用來建築新興國家互助的橋梁，還是用來互敲腦袋，端視兩國領導人的政治智慧了。

最令人感到莫名其妙的是澳大利亞，中國是澳洲礦產和農產品最主要的市場，兩國之間的貿易額與年俱增，也從沒有發生過政治上或領土上的糾紛，但澳洲卻甘心替美國政府「跑龍套」，配合華盛頓圍堵中國的策略，容許美國海軍陸戰隊駐紮北澳達爾文港，並參與美、日、菲等國家進行一連串明顯是針對中國的聯合軍演。但再想一想，澳洲政府的領導人大都是缺乏國際視野和沒有主見的政客，在國際事務上也只能唯美國馬首是瞻。第二次世界大戰之後，不管是韓戰、越戰、阿富汗戰爭、伊拉克戰爭……總之美國一出聲，澳洲總是衝在別的國家前面派兵上戰場，美國想要糾幫結黨在西太平洋和南中國海搞事，澳洲當然不會缺席。澳洲的政客們一心只為了討好美國老大哥，根本沒有替自己國家的利益著想，愚蠢得令人難以置信。

面對以美國為首的「七國聯軍」圍堵，中國目前的形勢頗為麻煩，如何因應並化解個別國家的敵意，實乃中南海領導人的「燙手山芋」。在國際舞台以及經貿活動中，中國仍有許多需要美國政府配合的地方，如果意氣用事而與華盛頓翻臉，難免將損害到國家的整體利益。中國人也明瞭到今年是美國大選之年，政客將中國妖魔化並包裝成可怕的敵人，然後厲聲申斥，為自己製造英雄的形象，乃是他們爭取選票的技倆，北京對美國政客們的言論應該也不會過份緊張。然而，美國在亞洲西太平洋步署龐大的軍力，又不斷與其盟國進行軍事演習，始終是對中國的嚴重威脅，同時也鼓動了這些盟國敢於挑戰中國。其實，美國近些年來經濟不振、失業率高企、民生凋敝，當權者實在不應該再窮兵黷武，而是要善用國家資源來改善民生；中國政府應該施展出「統戰」的看家本領，聯絡美國國內的有識之士，包括鴿

派政客、學者、新聞界以及學生領袖，像六十年代反越戰那樣再一次在美國各地掀起反戰、反貧窮的示威浪潮，讓執政者對自己的瘋狂言行知所收斂。中國還可以採用「圍魏救趙」的策略，與中南美洲國家建立起更緊密的關係，特別是反美或仇美的古巴、委內瑞拉、玻利維亞、尼加拉瓜，或是對美國不滿的巴西、阿根廷等國；既然美國存心要打亂亞洲的安寧秩序，中國也不妨「以其人之道，還治其人之身」，在美國的後院為華盛頓製造一些困擾。

對待澳洲，中國可以倣效美國在暗中資助當地民間輿論團體，激烈抨擊那一班甘心淪為美國馬前卒的執政者，喚醒澳洲民眾，他們選出來的政客正在將原本是人間樂土的澳洲推向戰爭的邊緣，民眾必須發聲以糾正政客們禍國殃民的瘋狂舉止。澳洲的華裔移民極多，也應該構成一股政治和輿論的力量，來影響政府的外交和國防政策，促進澳洲與中國的互相瞭解。同時，中國必須善用經濟實力，目前幾家澳洲最大的礦業公司，視中國用戶為其「搖錢樹」，這些礦業財團對澳洲政府有相當大的影響力，如果澳洲繼續持不友好的態度，中國應該考慮多採購巴西和非洲的礦苗來取代澳洲的產品，將經濟實力轉變為一股政治和外交的壓力。

韓國不應該是一個棘手的問題，北京必須配合莫斯科，以「軟硬兼施」的手法逼朝鮮新領導人金正恩採取和平共處的政策，維護地區的穩定和平；如此一來，韓國即使繼續充當美國的馬前卒，也不致於對中國抱太大的敵意，何況中國還是韓國最大的貿易夥伴！

基於南海島礁地理位置的考慮，中國不應該苛責菲律賓和越南等東南亞國家聲索此等島礁的「挑釁」。在美國政府不遺餘力進行詆譭抹黑的宣傳攻勢下，目前東南亞國家的民眾對中國存有極大的誤解，大部分人都不明瞭中國一千幾百年前便將南海島礁視為領土的歷史事實，反而認為中國目前的行動極具「侵略性」；新聞界也不斷加油添醋、製造緊張氣氛，例如將沒有槍砲配備的中國漁政船稱為砲艦

（Gunboat）便是一例；某些東南亞政客更甘作美國的馬前卒，藉機挑動民族愛國主義，令糾紛深層次化，讓民間充斥著反華的情緒。北京必須配合駐外使領館做好國際公關和宣傳的工作；如今似乎很難把糾爭的雙方帶到會議桌坐下來談，中國或須透過像李光耀這樣具影響力的政治人物，或是找一些與菲、越最高領導人接近的人士，向菲國總統及越南主席闡述利害關係，如果繼續糾爭則地區將永無寧日，亦影響到自身的經濟發展，解決南海紛爭最理想的方法還是擱置爭議，大家互相包容及尊重對方擁有主權的說法，然後共同開發、共獲其利，達致雙贏，皆大歡喜。

對日本則應該採取強硬的態度，因為釣魚島與南海島礁的情況截然不同，不論從歷史或地理的觀點來看，釣魚島根本與日本拉不上關係，日本在東海的所作所為，乃是上世紀軍國主義的借屍還魂。同樣，印度要插足南海，也是欺人太甚，對付這兩個嫉妒中國崛起而想搞破壞動作的鄰國，北京實在不應該存有任何奢望，也不可以一再姑息，應該斷然採取強硬的態度。

面臨「七國聯軍」的圍堵，中國固然「勇者不懼」，還可以邀請俄羅斯舉行聯合軍演來示示威，但是為了地區的安寧，為了長遠的和平發展，中南海的領導人必須運用高度的政治智慧，以「連橫」來對抗美國的「合縱」，以「逐個擊破」的方式來瓦解「聯軍」的攻勢。

（原載2012年4月23、25及27日菲律賓聯合日報「笑談古今」專欄）

美國政客極力妖魔化中國

再過一個多星期,美國便要進行四年一度的總統大選。競選連任的民主黨候選人奧巴馬(Barack Obama)和挑戰者共和黨候選人羅姆尼(Mitt Romney)鬥得難分難解,民調結果顯示二人的受歡迎度不相伯仲,直到如今還說不出誰有較大的贏面。

在投票前的一個多月期間內,兩名總統候選人進行了三場辯論會,就外交、內政、經濟等各方面抒展己見;不約而同,二人都把矛頭指向中國,似乎美國目前所面臨的所有問題,特別是經濟困境,都拜中國所害。在「妖魔化」中國之後,羅姆尼更宣稱他中選之後,「上任第一天便會把中國列為操控匯率國家」,很明顯已經正式向中國「宣戰」,一旦他當選美國總統,中美兩國的貿易戰便將馬上開砲。奧巴馬在辯論會中,也滔滔不絕地數說他擔任總統的這四年期間,向世界貿易組織以及有關監督機構提出控訴中國的案件,包括像關稅補貼、價格操控以及知識產權等種種貿易不公平競爭的個案,遠遠超過以前任何一個總統的行動。從辯論會的氣氛來看,似乎任何人只要勇於向中國叫陣,便能夠獲得選民的支持,誰敢挑戰中國,誰便是美國人心目中的英雄。

中國近年來迅速崛起,難免會引起一些平素視中國為競爭對手的國家所猜忌,例如日本和印度,總是千方百計想鬥垮中國。由於中國近幾年來經濟蓬勃發展,國民生產總值在短短期間內便已經躍居全球第二位,在許多方面更威脅到「一哥」美國的國際地位,因而中國也成為美國朝野拗鬥的主要對象,奧巴馬總統更針對中國而公開宣示:「美國不能接受老二的地位」,無異公開吹起了戰爭的號角。

美國華爾街的財務金融炒家因貪婪而禍害社會，近二十年來製造出虛幻不實的房地產泡沫，之後又將銀行貸款的呆帳包裝成債券和其它「金融衍生工具」，推銷到世界各地的金融市場，結果製造出震動全球的金融風暴；這一波接一波的經濟泡沫，不但造成美國經濟長期低迷不振，甚至拖累全球的經濟遭受到嚴重的打擊。然而，美國人不怪責華爾街那一班「害群之馬」的金融炒家，反倒連國內的問題也歸罪他人；政客們無力挽救經濟頹勢，卻又不敢把箭頭指向華爾街那一班「始作俑者」，因為這些人乃是他們的「政治金主」，於是必須找出「代罪羔羊」，替金融家的無良和政客本身的無能承擔起責任。最簡單便捷，而且最能刺激民眾的神經線，同時凝聚民眾的「愛國情緒」，便是把一切的責任推給別的國家，而在目前的狀況下，中國就是最理想的「鏢耙」。

　　既然屬意要中國負起一切責任，美國政客於是把國內的高失業率歸咎於「中國人搶走美國人的飯碗」；美國在國際貿易上節節失利，便狂妄地指責是中國官方「操控匯率」，利用低估人民幣的幣值來促進外貿，造成國際貿易上的嚴重不平衡。中國人開發而且風行全球各地的高科技產品，往往被惡意標籤為「偷竊和侵佔歐美智識產權」的產品；美國的思科公司把電子產品和零件賣到中國來完全沒有問題，但是華為公司把同樣的零件賣給美國卻是「想竊取美國的國家機密、威脅美國的國家安全」；中國的三一重工準備投資美國風力發電廠，也被扭曲為有預謀的「間諜行為」⋯⋯美國政客既然存心要把中國「妖魔化」，中國政府和民間企業的一舉一動，自然就都變成「別有用心」的「陰謀詭計」，這就是當前美國政客們用來毒化美國民眾思想的技倆。

　　其實，美國政客靠「製造外敵」來轉移內政的失敗，靠「妖魔化」別的國家來紓解民眾對當政者的不滿，已經不是新鮮的玩意兒。幾十年來，蘇聯、日本、歐盟都曾先後成為華盛頓政客和政府機構有計劃性的打擊對象。

第二次世界大戰結束之後，美國以「妖魔化」蘇聯作為促進全國大團結的催化劑，也以之來號召全世界的「民主陣營」追隨它抗拒莫斯科；美國放大蘇聯的軍事威脅而大肆發展軍工業，後來並引誘蘇聯領導人進行航天事業競賽而拖垮蘇聯的經濟，以全球的民運及散播「普世價值觀念」來徹底瓦解蘇聯的政治王國並導致共產陣營的全面崩潰。

　　上世紀八十年代初，美國的經濟停滯不前，而日本的經濟卻突飛猛進，於是日本便成為美國人的「公敵」。雖然美國的商學院都在研究日本的經營管理法，但是美國的政客們卻毫不猶疑地把日本「妖魔化」，美國的一切經濟問題都變成是日本的「陰謀」，美國的失業大軍也是被日本人砸爛飯碗，憤怒的美國人砸破日製汽車的案件時有所聞。1985年，美國脅逼日本政府接受「廣場協議」（Plaza Accord），大幅將日幣升值，令日本國內經濟遭受到重大的挫傷，至到如今，日本還沒有從「失落的三十年」中完全復甦過來。

　　上世紀未期，歐洲各國的大聯盟形成了一股足以抗衡美國的勢力，歐元與美元在國際金融市場並駕齊驅，某些中東和北非石油輸出國更高調地以歐元作為其出產的石油產品之報價單位，歐元有逐步取代美元的趨勢。所謂「臥榻之側，豈容他人打鼾？」，歐盟因而成為美國的假想敵，歐元也成為美國政府的眼中釘，接下來的事情是大家耳熟能詳的，在美國人的操控下，好幾個歐洲國家先後觸發了債務危機，令整個歐元區的經濟瀕臨崩潰的邊緣，歐元岌岌可危，遑論取代美元的江湖地位矣！

　　現在，美國人心中的假想敵已經轉移到中國的身上，美國政客認為目前在國際間足以與其抗衡的只有中國，因而絕不會甘心看著中國「和平崛起」。中國「和平崛起」，便意味著美國「悄然沒落」，豈能不藉「妖魔化」來全力打擊中國？北京中南海的策略專家們應該及早運籌帷幄、善加應付。

　　　　（原載2012年10月29日菲律賓聯合日報「笑談古今」專欄）

美國為何在東海和南海搞事？

不看電視，不知道世界各地發生的最新消息，但是看電視，有時候卻看出一肚子氣來。近日偶然看到「鳳凰衛視」評論員邱震海主持的節目，就令自己的血壓升高了不少；在這個以「震海聽風錄」為名的節目中，真地是聽到了一陣陣的「妖風」，節目的嘉賓包括兩個來自美國和日本的學者，他們大肆批評中國，指責中國「激起地區的緊張氣氛」，認為美國在亞太地區進行「實力再平衡」（re-balancing of power），就是要因應中國的種種挑釁性行動；日本學者更指稱由於中國的崛起，才會挑起東海和南海近期的紛爭。這些言論都是「本末倒置、是非顛倒」的說法，可惜參與討論的中國學者沒有直斥其非，而主持人非但沒有主持公道，更附和美、日學者的論點，令人深感憤慨。

美國插足，東海不太平

美國之插足亞太事務，果真是因為中國在東海和南海「進行挑釁」，才需要麻煩美國前來本地區進行「勢力均衡」嗎？不必是「專家學者」，也知道這種說法完全是一派胡言。在美國國務卿希拉莉、克林頓高調宣佈「亞洲，美國回來了！」之前，亞太地區有任何糾紛嗎？倒是美國一插足，西太平洋便不再太平了；如果深入研究東海釣魚島以及南海島礁的糾紛，更可以看到美國乃是攪局的黑手。製造了糾紛，然後出面「平衡局勢」，豈不是放了火再做消防員？這種人攪

局之目的，除了「趁火打劫」，還會安什麼好心腸？

美國乃是釣魚島問題的始作俑者，1970年代初尼克森政府將沖繩島的主權交還日本時，竟然將主權不屬於自己的釣魚島也包括在內；當全球華人華裔發出保釣的怒吼時，美國才改變口吻說交給日本的只是釣魚島的管轄權，至於島嶼的主權誰屬，美國則「不持特定的立場」。不管從歷史、地理或國際法任何一個角度來看，釣魚島乃是中國的固有領土，就因為美日私相授受，才埋下了中日兩國領土糾紛的禍根。

1972年中日進行「邦交正常化」談判時，中國總理周恩來和日本首相田中角榮同意先擱置釣魚島問題，「留待以後再談」。四十年來，日本知所節制，雖然派出海上保安廳的船隻和飛機在釣島巡弋，卻也恪守前輩政治人物的許諾，不敢高調宣示擁有釣島的主權，盡量阻止日本國民登島以避免引起中日之間的誤會。北京方面更是「忍辱負重」，在「維持地區穩定」和「謀求國家和平發展」的思維下，一直任由日本的公務船巡弋釣島而沒有吭聲，非但自己的公務船從未進入釣島海域，還嚴禁國人前往登島宣示主權。可以說，自中日邦交正常化之後，東海雖然偶有波濤起伏，但卻沒有洶湧的風浪，不過自從美國宣佈「重返亞洲」之後，東海突生海嘯，釣魚島也忽然變成了一座活火山。東京都知事石原慎太郎於今年四月間訪問美國，突然在華府公開宣稱要籌款購買釣魚島，繼之野田佳彥政府於九月十一日宣佈將釣魚島「國有化」，令中國人忍無可忍，領土主權的糾紛於是浮上水面。

為什麼日本人會有那麼多動作？理由很簡單，美國國務院公開聲明，承認「尖閣諸島」為釣魚島的官方名字，美國政客又一再宣稱釣魚島包含在「美日安保條約」範圍內，還不斷與日本舉行聯合軍演，更進行所謂「奪島」的軍事演習，擺明姿態慫恿日本挑戰中國，把釣島據為己有；而眼光短淺的日本政客為了自己的政治利益，甘作美國人的馬前卒，東海的海嘯便是這樣產生的。

美軍重返，南海起風浪

南海的情況與東海也差不了多少。東南亞幾個國家與中國在南海島礁的主權問題上有糾紛，由來已久，但是近三十年來大家相安無事；即使北京認為越南、馬來西亞和菲律賓佔據了一些屬於中國的固有島礁領土，除了提出抗議之外，倒也沒有採取任何其它行動。十年前中國與東盟各國還簽署了「南海行為準則」，許諾共同維護南海的和平穩定；中、菲、越更簽訂協約，共同勘探南海的資源。就在美國宣佈「重返亞洲」之後，同一個平靜的南海，突然間無風起浪，同樣一個友善的中國，突然間也變成了大家的「威脅」。

東海的風浪起源於石原的宣佈購島，時間是今年四月；南海的風浪起源於菲律賓海軍軍艦準備逮捕中國漁船，時間也是今年四月。美國一再告訴日本，「美日安保條約」適用於釣魚島，同樣也不停地告訴菲律賓，基於「美菲協防條約」，美國有責任保護菲律賓的安全；與日本進行聯合軍演之後，不忘也與菲律賓和越南來一次聯合軍演；在日本的基地增兵並駐紮先進的漁鷹戰機，在菲律賓也增加美軍「訪菲部隊」的人數，核能潛艇一再到蘇碧灣來停靠。凡此種種，無疑都在顯示美國乃是堅強的靠山，鼓勵日本、菲律賓和越南放心大膽與中國「對著幹」。

亞太紛爭，美收漁翁利

美國刻意離間中國與日、菲、越等國的關係，又露骨地要求東盟各成員國必須在南海問題上採取一致的立場，共同對抗中國，到底意欲所為？大家沒有忘記，中、日、韓三國較早洽商組成「東亞自由貿易區」，還計劃設立機制互換貨幣，如此一來，難免會把美國邊緣化，中日之間每年近六千億美元的雙邊貿易，如果以人民幣和日幣直

接辦理結算，必將嚴重地矮化美元的國際地位。在東南亞方面，中國與東盟的自由貿易區已經成形，東盟和中國的 10＋1 架構為地區帶來經濟發展的契機，中國在東盟國家之間的「老大哥」地位也無形中削弱了美國對整個東南亞地區的影響力。有鑑於此，不願做「老二」的美國政府豈能不到東海和南海來點一把火？何況形勢一緊張，美國的軍火商又可以收到一大堆訂單，對失業率高企的美國經濟不無幫助。

　　為了獲取自己的國家利益，美國不惜離間中國與鄰國的感情，破壞其合作關係；然而美國又害怕身陷泥淖，不願看到戰火點燃，於是在刺激日、菲等國採取激烈的對抗行動之後，卻又聲稱華盛頓在東海和南海的主權糾紛中保持中立，讓它的盟友不敢輕舉妄動隨意採取軍事行動，存心把亞洲人玩弄於股掌之間；可惜許多亞洲的政治領袖甘為美國政客所利用，作美國政府的馬前卒而把自己國家的利益置之度外，可悲可嘆！

（原載2012年10月3日菲律賓聯合日報「笑談古今」專欄）

中美兩國防長針鋒相對

美國國防部長哈格爾（Chuck Hagel）近日進行了他的「亞洲行」，第一站先到日本，然後到中國和蒙古訪問。啟程之前，哈格爾邀請東盟十國的國防部長在夏威夷舉行了首屆「美國、東盟防務會議」（U.S.-ASEAN Defense Forum），會間他申明了美國對維護東南亞地區穩定以及護衛盟友安全的決心和承諾，言談之間把劍鋒直指中國。

在日本，哈格爾為首相安倍晉三送去大禮，公開表態支持日本修改現行的「和平憲法」，同意解禁「集體自衛權」，這正是安倍夢寐以求的願望。安倍這個軍國主義的餘孽一心想把「日本自衛隊」擴軍為正規國防部隊，容許軍隊到海外去執行軍事任務，並且放寬武器出口，如今得到美國主子撐腰，實在是「喜從天降」。日本防衛大臣小野寺五典與美國防長見面時更把整個頭倚在哈格爾的胸前，簡直像熱戀中撒嬌的小情人，網民看到那幾幀照片之後，把小野形容為「嬌態可掬」。說一句實在話，也難怪小野「投懷送抱」，哈格爾不但同意在今年內完成修訂美日防衛合作指針，以「強化美日同盟，增強遏制力」，還誓言美國將履行承諾，協助日本抵禦任何軍事侵略。美國決定在日本設立第二套先進的預警雷達系統，又將增加派駐兩艘宙斯盾導彈驅逐艦；哈格爾還聲明「尖閣諸島」（釣魚島）包括在美日安保條約適用範圍之內，並且與小野寺五典明目張膽公開表示，美日要共同牽制中國，反對「利用武力改變現狀」。

到了中國，哈格爾先被招呼到大連，並且依照他的要求讓他登上

遼寧號航空母艦參觀；到了北京，三軍儀仗隊盛禮歡迎，還被安排到士官學校演講，而接見他的除了東道主國防部長常萬全之外，先後還有軍委副主席范長龍、國務委員楊潔篪，以及國家主席習近平，可以說給足他面子。在談話中，習近平和楊潔篪闡明了一些原則性的立場，指出中、美兩國必須互相尊重、彼此合作以達致雙贏局面；但是在常萬全與范長龍的會晤中，雙方唇槍舌劍，言詞交鋒火氣十足，特別是范長龍，毫不客氣地斥責哈格爾言詞之非，相信連哈格爾本身也深感意外。

根據報導，哈格爾與常萬全這兩個國防部長在會談時，商談的內容包括中、美兩國如何發展今後的軍事關係，如何防止誤解誤判並有效地管控風險，妥善處理重大的障礙和分歧以維護亞太地區的和平穩定；雖然雙方達成了七點共識，但真正的好戲卻在會談後的共同記者會上演。

記者會上，哈格爾把東海和南海的緊張氣氛歸咎中國，指責中國不應該在東海單方面劃設防空識別區，並重申美國與日本和菲律賓締結有軍事聯盟條約，有義務保護其安全；哈格爾還作出警告，說如果北京繼續支持朝鮮，將有損中國的國際聲譽。常萬全則乾淨俐落地表示，領土主權是中國的核心利益，中國對領土領海的立場是「不妥協、不退讓、不交易、不允許一絲一毫的侵犯」，同時也表明解放軍「時刻做好應對各種威脅和挑戰的準備，只要黨和人民需要，就能召之即來，來之能戰，戰之必勝」，更稱「中國發展至今，不是任何人所能遏制得了的。」

針對哈格爾保護盟國的論調，常萬全防長直斥日本自安倍上台之後，政治右傾化越走越遠，錯誤的言行嚴重地影響到地區的和平安寧，而且還儲存了大量核原料，居心叵測；常萬全更嚴正指出，美國必須約束日本的所作所為，「不要聽之任之、姑息養奸」。他也指出菲律賓把自己打扮成受害者，認為菲國把南海爭端提請國際仲裁是

「打錯算盤」。常萬全還當著哈格爾的面直率地告訴記者,中國「第一不惹事,第二不怕事」。

在軍隊裏面地位僅次於習近平的軍委副主席范長龍在會晤哈格爾時更開門見山告訴他:「你對東盟防長所發表的一些講話,以及你與日本政界就領土爭議問題所發表的言詞,講得挺硬,態度很鮮明,中國人民包括我個人看了以後十分不滿意。」范長龍坦率地批評美國一再聲明在領土糾紛問題上不靠邊站,但卻在釣魚島事件上替日本撐腰;還無視國際社會在戰後所建立的和平機制,居然贊同日本解禁集體自衛權,實在令人費解;他也批評美國在南海島礁的糾爭事件中無理袒護菲律賓,一味指責中國;並且當著哈格爾的面指責美國國會近日通過向台灣進行軍售的議案,指稱這種荒謬的作法嚴重地破壞了海峽兩岸和平發展的局勢。這種面斥其非的表白在外交場面上實屬罕見,哈格爾也只能尷尬地招架,除了感謝范長龍的坦率直言,他辯稱自己並沒有為日本和菲律賓撐腰打氣,只是希望糾爭的各方通過合作來維護地區的安全與穩定;他同時申明美國的「一個中國」政策並沒有改變,任何國會委員會的決議案並不代表美國政府的政策云云。

美國近期對中國採取強硬的態度,很大可能是受到烏克蘭事件的刺激。俄羅斯吞併克里米亞,並在俄國與烏克蘭的邊界駐紮重兵,美國除了搞些無關痛癢的經濟制裁之外,可以說措手無策,在全世界面前暴露出「外強中乾」的懦弱姿態,也讓盟國對其維護安全的承諾產生懷疑。美國顯然是擔心中國會在東海及南海糾爭事件上仿效俄羅斯,因此擬「先聲奪人」,以強硬的態度作為盟國的「定心丸」;然而不懂中國人心態的美國佬弄巧成拙,北京豈會輕易受一番言詞所嚇倒?哈格爾不但踢到鐵板,也為日本和菲律賓這兩個盟友帶來麻煩;日、菲誤以為有美國撐腰,膽量自然膨脹,而北京為了不向美國示弱,今後在東海和南海定必採取更強硬的態度,如此一來,矛盾和衝突一定升級。哈格爾代表的美國政府和軍方真是成事不足、敗事有餘。

哈格爾的北京之行表面上非常風光，其實卻是一次「滑鐵盧」的訪問；美其名說中、美兩國的軍方領袖坦誠相見，事實上卻可以看出嚴重的分歧和互不信任的態度。雙方唯有冷靜分析局勢，增加交流，才能維持亞太地區的和平與穩定。

（原載2014年4月11日菲律賓聯合日報「笑談古今」專欄）

北京應向美國表明立場

經過奧巴馬總統這一次的亞洲四國行，美國將中國視為假想敵並尋求盟友共同對付北京的態度已經非常明確。雖然奧巴馬每到一個地方，務必聲明說美國無意遏制中國，也沒有進行任何圍堵的行動，但明眼人一下子便看得出他的說法根本就是在宣佈「此地無銀三百兩」。

美國一直以來都說對釣魚島以及南海島礁的主權「不持任何特定立場」，也就是說美國抱著中立的態度，不願捲入中國與日本以及東南亞國家之間的領土和領海主權糾紛；然而近來美國政府一反常態，國務卿和國防部長先後公開聲明釣魚島包括在美日安保條約之內，這一次奧巴馬前來亞洲訪問，也完全漠視中國抗爭釣魚島主權的立場，親口為日本背書，稱美日安保條約適用於釣魚島，無形中鼓勵日本放膽在釣魚島問題上採取更強硬的態度。

美、日兩國以預防朝鮮的攻擊為名而加強裝備，實際上是在步署對中國作戰的軍事設施。最近美國決定在日本建造第二套極為先進的雷達預警系統（X-band radar system），目的不外是對付中國的導彈攻擊；較早美國派出魚鷹戰機駐紮沖繩島，現在又準備步署長程無人偵察機（long-range surveillance drones），協助日本在東海島嶼進行偵察，還將增派二艘宙斯盾驅逐艦駐紮日本，目標也都是針對中國。美軍還決定在新加坡增加駐紮四艘最新型的濱海戰艦，派海軍陸戰隊駐紮於澳大利亞北部的達爾文港，另外又與菲律賓簽署「擴大防衛合作協議」，在菲國的軍事基地駐紮美國軍隊以及戰機戰艦……所謂

「司馬昭之心，路人皆知」，美國政府和軍隊動作頻頻，試問那一項行動的矛頭不是直接劍指中國？

到了目前這種地步，北京不應該再對美國政府存有任何幻想或希望，一些不好聽的話應該講，而且最好當面講，還要清清楚楚、斬釘截鐵地講，才能夠彰顯出自己堅定的立場。再過幾個月，奧巴馬總統將到北京出席亞太經合（APEC）峰會，應該會應邀順道在中國進行國事訪問，免不了要與習近平主席共同舉行一個聯合記者會，那將是習主席向全世界闡明中國立場的最好機會；既然美國已經毫無保留地展露出偏袒日本的立場，中國也不必再客氣了，自己的立場應該坦率而清晰地公開表白，即使讓在場的奧巴馬感到尷尬難堪也不應該有所保留。

日本首相安倍晉三最近在全球各地展開宣傳活動，說亞太地區的動盪不安，根源於中國想搶奪釣魚島。中國的領導人應該透過傳媒清楚告訴國際社會，釣魚島是中國的固有領土，中國的古籍上早有記載，甲午戰爭之後，日本強迫滿清政府割讓包括澎湖和釣魚島在內的台灣，這是不容否認的歷史事實。第二次世界大戰結束前，同盟國領袖們先後達成的「開羅宣言」和「波茨坦公告」都聲明日本在戰後必須歸還所有從鄰國奪取的領土，而日本於1945年8月14日宣佈無條件投降時，裕仁天皇在降書中清楚表明接受「波茨坦公告」，這也是不容否認的歷史事實。最近美國一位導演拍了一套記錄片，從蒐集的歷史資料中證明釣魚島是中國的固有領土，於1895年被日本所掠奪；如果日本和其他國家的政治領袖不喜歡翻閱書籍，不妨拿這部電影看一看，便知道到底是誰在搶奪別人的領土。

1971年，美國擅自將釣魚島的「行政管理權」交給日本，這種擅作主張、私相授受的行為，乃是一件國際外交上的荒唐事；誠如中國外交部發言人所說，中國有能力管治好自己的領土，不需要煩勞別的國家來代為行使「行政管理權」。其實美國一早便聲明對釣魚島主

權問題不持特定立場，表示美國不願意裁定釣魚島是中國或日本的領土，但有一點是美國政府能夠肯定的，那便是釣魚島從來都不是美國的領土；既然不是美國的領土，美國政府憑什麼擅將島嶼的行政管理權交給日本？如果美國將關島或塞班島的行政管理權交給日本，其他人沒有話說，因為關島和塞班島是美國的屬地，美國喜歡怎樣做是美國人的權利；但是釣魚島並非美國的領土，如果美國繼續暫時代管或交給聯合國託管還情有可原，把一個不屬於自己的島嶼隨便交給爭奪的一方去管理，美國已經犯下了一個無可原諒的大錯誤。可惜這幾十年來美國政府一直延續著 1971 年所犯的錯誤，至今還沒有出現一個有是非感、有擔待的領袖，敢於承認並改正過去所犯的歷史錯誤，反而是一錯再錯，不但漠視早年所犯的錯誤，而且存心把錯誤當作既成事實，實在是無可原諒。

美國最近高調宣示「美日安保條約」適用於釣魚島，更是令人感到莫名其妙。目前世界各國都在倡議和平，欣慶冷戰結束，但是美國卻不遺餘力到處組織軍事同盟，簽署或強化所謂「安保條約」和「協防條約」，這種拉幫結派的行為，豈不是要把地球再拉回冷戰時期？既然美國不敢確認釣魚島是日本的領土，為何還準備用軍事武力來幫助日本佔有釣魚島？這種行為，豈不等於警察協助強盜看管搶掠品？

美國一向把自己扮演成國際社會的「和平使者」，不斷鼓吹領土和領海的糾紛必須透過外交和平談判的途徑來解決。中國領導人應該問問美國的政客們，難道他們不知道不願意商談釣魚島主權問題的乃是日本政府，而不是中國？儘管釣魚島無可爭議是中國的領土，北京還是願意與日本坐下來談，甚至為了地區的和平穩定起見，還作出極大的讓步而倡議「擱置爭議，共同開發」的原則；但是安倍政府傲然宣稱釣島主權並不存在爭議，拒絕與中國談論這一方面的問題，違背了中、日外交關係正常化時兩國老一輩政治領袖的初衷。如果華盛頓能夠認清這一點，便知道中、日未能就東海島嶼的領土問題進行和

平談判，責任完全在東京而不在北京。

美國表面上鼓吹以和平談判來解決領土主權的糾紛，然而非但沒有施加壓力促使日本政府與北京坐下來談，反而公開聲稱會以武力協助日本維持對釣魚島的控制，更一再與日本聯合進行奪島軍事演習，助長日本囂張的氣焰。華盛頓的政客口喊和平，實際上添油加醋令東海主權糾紛更形複雜化，這種「說一套，做另一套」的花樣，怎能令國際社會信服？

安倍晉三在外交和宣傳上更把自己扮演成一隻善良的和平鴿，製造假象讓國際社會誤以為他不遺餘力在爭取中、日進行峰會，卻得不到北京的積極反應，似乎中國領導人很不近人情。其實，北京冷淡處理安倍的所謂中、日元首會晤倡議，是因為北京瞭解到安倍根本只是在演戲騙人。中國領導人應該清楚告訴美國以及整個國際社會，安倍整天說希望中、日舉行元首峰會，卻又聲明峰會不可以碰觸影響兩國外交關係最具關鍵性的釣魚島領土糾爭問題；同時又指示日本政府文部省篡改歷史教科書來美化戰爭，縱容內閣成員繼續參拜靖國神社，完全漠視日本發動侵略戰爭受害國人民的感受。既然絲毫沒有誠意，即使召開峰會，除了提供舞台讓安倍作自我陶醉的表演之外，還有什麼實在的意義？

美國一再厲聲疾呼說不希望見到有人使用武力來改變現狀，任何人都看得出這種「警告」是針對中國而發出的。北京應該坦率地問問美國領導人，到底是誰改變了現狀？眾所皆知，中、日兩國幾十年來相安無事，東海海域也一向風平浪靜，但是日本的政客無風起浪，明目張膽將釣魚島「國有化」，然後又拒絕與北京協商主權糾紛，中國人能夠眼睜睜看著自己的國土被人家霸佔而不出聲嗎？如果美國真地不希望任何人隨便改變現狀，便應該叫日本先取消對釣魚島的「國有化」；華盛頓任由日本政客胡作非為，然後又要中國忍氣吞聲，世界上那有這樣混蛋的「和事佬」？

奧巴馬總統還厚著臉皮譴責中國，說北京「採取單方面行動」設立東海航空識別區，損害到鄰國的安全和利益。北京應該提醒奧巴馬，世界上最早設立「航空識別區」的國家乃是美國；日本也同樣設有航空識別區，而且把範圍延伸到距離浙江省海岸線只有一百海里，請問東京採取這一項行動有沒有先徵求過北京的同意？美國和日本自己設定航空識別區，卻對中國同樣的行動說三道四，道理講得通嗎？奧巴馬可能說美、日的航空識別區是當年冷戰時期設立的，現在冷戰已結束，中國沒有必要再設立航空識別區；但應該反問一下，既然冷戰已結束，美、日的航空識別區為什麼不取消？美國和日本認為中國在東海設立航空識別區影響到地區的安全與穩定，難道日本把航空識別區設到長江口，中國的安全不會受到威脅？如果認為設立航空識別區是不智之舉，美、日是否應該以身作則，先取消自己施行了幾十年的航空識別區？

對於中國在南海所劃定的「九段線」國界，美國頗多微言，聲稱如此劃界沒有法理依據。北京應該讓美國人以及國際社會瞭解，「九段線」並不是近年才「無中生有」劃出來的，歷史古籍早有記載南海諸島屬於中國此一事實，上世紀三、四十年代國民政府繪製的中國地圖以「十一段線」作為南海的國界，包括美國在內的國際社會毫無異議接受；後來新中國政府主動將「十一段線」改為「九段線」，只不過是繼承了中國的固有領土而已。第二次世界大戰之後，中國政府從日本人手上接收被佔領的南海島嶼；當年菲律賓和越南分別是美國和法國的殖民地，馬來亞和汶萊則是英國的殖民地，同為戰勝同盟國的美國、英國與法國對中國接受日軍佔據的南海諸島完全贊同和支持，因為各國都接受南海諸島乃是中國的領土這一項歷史事實，沒有一個國家認為南海島礁是他們殖民地的一部分，為什麼到現在才突然改變口吻？美國於上世紀五十年代曾經兩度派考察船到南中國海進行勘測，而兩次都事先以外交照會向台北的國府備案通告，這些行動不就

是明顯表示美國政府早年便已承認中國擁有南海諸島的主權嗎？

美國政府口口聲聲說南海與他們的國家利益攸戚相關，因此美國必須保障海上航道的通行無阻，北京應該慎重指出，刻意阻撓貨船在南海航行的，除了海盜之外便只有美國人了。別的不提，中國廣州遠洋運輸公司屬下的集裝箱貨輪「銀河號」於1993年7月在駛往中東途中，即被美國誣指替伊朗運載化學武器原料而被美國軍艦挾持到沙地阿拉伯接受檢查，令貨輪中止營運達三十三天，事後雖然證明美國的情報虛假，卻得不到任何賠償，連一聲道歉也沒有。中南海領導人在陳述歷史事實之後，應該再問一問美國：中國可曾阻撓過任何一艘船隻在南海航行？

奧巴馬以及他的國務卿和國防部長高調向其亞洲盟友保證軍事援助，聯合軍演也演到了中國家門口，北京應該表示出更強硬的態度，領導人不妨學學俄羅斯總統普京的作風和勇氣。雖然外交部發言人不斷申明立場，但遠不如最高領導人當著美國總統面前告訴記者：「中國的原則是人不犯我，我不犯人，人若犯我，我必犯人」，「中國人不惹事，但也不怕事；中國人愛和平，但也隨時準備接受戰爭的挑戰。」

（原載2014年5月9日及14日菲律賓聯合日報「笑談古今」專欄）

漫談美國軍艦南海作秀

十月二十七日,美國海軍導彈驅逐艦「拉森」號駛進南沙群島美濟礁和渚碧礁十二海里之內的海域;由於中國聲稱擁有該等海島的主權,早些時候並在該地填海造陸,美國此舉,擺明是對中國領土和領海主權的挑戰。其實,美國軍方幾個月前便已放出風聲,揚言美國軍艦會貼近南海島礁巡弋,此次事件之後,美國國防部發言人在記者會上還作出明確的宣示,說同類的巡邏行動會「常規化」,完全漠視中國政府的抗議以及中國人民的感受。

美國砲艦貼近南海島礁航行,中國也派出砲艦和航空兵沿途盯梢;外交部副部長張業遂召見美國駐華大使博卡斯,提出嚴正交涉及強烈抗議,外交部發言人陸慷和國防部發言人楊宇軍也分別在記者會上向美國發出警告。陸慷警告美國不要「弄巧成拙」,說別以為派軍艦到南海便可以為所欲為,指出美方的刻意挑釁將大幅提升中國人的危機感,說不定逼使中方不能不在海島上增加軍事設施,以維護國家主權並保障海上航行的自由。

中國駐美大使崔天凱談話一向毫不含糊,針對這一次事件,他直斥美國的南海立場「荒謬虛偽」,警告美國軍方不要對挑釁性的行動存有任何幻想,並聲明美國政府必須對南海的緊張局勢負起全部的責任。在答覆美國有線電視網訪問時,崔天凱反問記者:「你們不是一直說中國要在南海搞軍事化嗎?現在你們應該清楚看出是誰把軍事化帶到南海去!」記者半認真、半譏諷地問:「習近平主席不是剛與奧巴馬總統在華盛頓見面,雙方表明要和平共處嗎?怎麼一下子變成兵

戎相見？」崔大使心平氣和答道：「你問了一個很好的問題，不過這個問題應該由白宮來作答。」

美國選擇於這個時候在南海採取這種行動，的確令人深感莫名其妙；習近平主席應邀到白宮作客還不到一個月，奧巴馬總統表示希望鞏固中美雙邊關係的殷切詞句還言猶在耳，這邊廂卻派軍艦去挑釁中國，實在是有違常理。然而，如果瞭解美國目前的處境，不難理解美國政客以及軍頭的心態，他們都急於在國際舞台上搞些花樣，替自己爭回一點面子。

俄羅斯去年吞併了烏克蘭的克里米亞半島，美國所領導的北約組織雖然暴跳如雷，卻絲毫恐嚇不了我行我素的普京總統；烏克蘭事件不但令美國在歐洲栽了跟斗，也暴露出奧巴馬總統「優柔寡斷」的個性以及美國軍隊「外強中乾」的本質。近一個月來，俄羅斯應敘國總統阿薩德要求，向敘利亞境內的「伊斯蘭國」（ISIS）據點進行猛烈轟炸，重創恐怖分子的軍事設施，敘利亞政府軍的地面部隊也在俄軍支援下收回甚多失地。其實，美國與其歐洲盟友早已對敘利亞和伊拉克境內的「伊斯蘭國」恐怖組織進行了好幾個月的空襲，卻收不到顯著的成果，如今俄羅斯一擊收效，不但讓俄國鞏固了在敘利亞的勢力範圍，更改變了整個中東的政治局面，動搖了美國在該地區的領導地位。美國在歐洲和中東頻頻失威，暴露出「紙老虎」的真正形象，讓靠它保護的盟友失盡信心；美國人知道北京當局目前正在爭取和平崛起，不像俄羅斯普京總統那樣說打就打，因此故意在亞太地區搞鬼作秀，派一隻舊得快要退役的砲艦到中國的島礁去顯示一下「實力」，企圖以「午夜吹口哨」的勇氣替那些「站錯邊」的盟友們增加一點信心。

南海的緊張氣氛隨著美國軍艦的駛入而升溫，然而讓人放心的是聞不到硝煙的味道，不管是華盛頓或者北京，都不希望在這個時候開第一槍；美國太平洋艦隊司令哈里斯已宣佈將於日內訪問北京，五角大樓也透露，美國海軍部長將與中國海軍總司令吳勝利進行影視通

話，可見美國人演完戲立即要找下台階。不過在可以預見的將來，中美之間的軍事挑釁和外交抗議必定迭起不息；明知中國目前不想打仗，而為了增加亞太地區的軍事盟友「小弟」們對「老大」的依賴信心，華盛頓必將不停地派軍艦到中國人的島礁附近去作作秀、示威；美國人既然聲明要將巡弋南海「常規化」，相信中國今後也必定會將派遣機艦為美國的艦艇「護航」與傳召美國外交官以提出抗議，列為「常規化」的動作。

幾年前，時任日本外務大臣的前原誠司曾經坐上飛機，飛近俄羅斯管治的千頁群島，亦即日本聲稱擁有主權的北方四島，美其名說是要宣示日本主權；當時俄羅斯的領導人對日本外相這種「阿Q式」的作秀一笑置之，訕笑說歡迎日本官員到俄國美麗的領土觀光。其實中國應該採取俄羅斯當年的態度，如果美國海軍艦隊今後繼續派軍艦到南海挑釁，中國的海軍艦艇在沿途護送之餘，還可以在艦上和島上掛起巨幅布條，向美國人表示歡迎到中國的島礁海域觀光，告訴他們目前油價比較便宜，多來無妨；還可以向美艦廣播，如果在海上迷失方向，中國人建造的燈塔以及中國海軍艦艇可以為他們導航。

正如中國外交部發言人陸慷所說，美國其實是「弄巧成拙」，善於「化危為機」的北京當局必定會乘美國軍艦挑釁的機會，盡速在南海島礁上建設起軍事基地，屆時國際社會不能再怪責中國將南海「軍事化」，因為軍事挑釁的始作俑者是美國，應該負起南海軍事化責任的也是華盛頓的政客們。

回顧一下東海糾爭的歷史過程，同樣可以體驗出「有挑釁便有相應的報復」這一個事實。在 2012 年之前，中國政府從沒有派遣過官方船艦駛近釣魚島，而是任由日本艦艇在該海域巡弋，即使日本右翼分子跑到島上去建造燈塔和神龕，北京也採取容忍的態度，而且還強力阻止任何中國公民前往釣魚島宣示主權；等到日本政府魯莽地宣佈將「尖閣諸島（釣魚島）國有化」，忍無可忍的中國政府終於派出艦

艇和飛機，常規性巡弋釣島的海域和領空以宣示主權，日本政府自作聰明，最後卻是「搬起石頭砸自己的腳」。

毛澤東的哲學理論是「人不犯我，我不犯人；人若犯我，我必犯人。」美國政府到現在還沒有摸透中國人的脾性，派軍艦進入南海，無疑是重蹈日本人在東海的覆轍。

（原載2015年10月30日菲律賓聯合日報「笑談古今」專欄）

美國承諾不再杯葛亞投行

中國國家主席習近平上週到美國進行國事訪問，獲得美國政府隆重的接待，奧巴馬總統先以私人晚宴招待，隔天由副總統拜登及國務卿克里出面以午宴款待，最後再以盛大的國宴正式歡迎習近平夫婦及隨行人員，盛狀空前。更令全球關注的是中美兩國元首進行了數小時的會談，從二人在聯合記者招待會上所透露的消息來看，這兩個全球最大經濟體的領袖會談的內容包羅萬象，由氣候變化、國際反恐、烏克蘭和敘利亞戰事、朝鮮半島局勢、東海和南海糾紛到其它涉及兩國關係的話題，無所不談；其中有一點頗耐人尋味的是美國宣稱不再杯葛由中國主催成立的「亞洲基礎建設投資銀行」（Asian Infrastructure Investment Bank，簡稱 AIIB 或「亞投行」）。

近年來中國迅速崛起，成為全球第二大經濟體，不但對發展中國家鼎力扶助，連歐美發達國家也視中國為經濟發展的「火車頭」。然而，儘管中國在國際社會舉足輕重，而且在一些國際性的金融組織中，例如世界銀行（World Bank，簡稱世銀）、國際貨幣基金組織（International Monetary Fund，簡稱 IMF）以及亞洲開發銀行（Asian Development Bank，簡稱 ADB 或亞銀），中國也都增加了大量的投資額，但卻沒有獲得應有的地位和話事權；同樣，其它發展中國家在這些國際金融機構裏也得不到公平的待遇，甚而連國家主權也經常受到那幾個操控這些金融機構的發達國家所侵犯。

一直以來，美國與其歐洲盟友左右著世銀和 IMF 的決策，世銀的總裁固定是由美國政府任命，而 IMF 的總裁則由歐盟決定人選，

美國在世銀甚至享有一票否決權；同樣，亞銀的決策權也控制在美國和日本的手中，亞銀的總裁例必由日本人出任。雖然這幾個國際金融機構近年來一直醞釀要進行改革，增加新興國家的話事權，但總是「只聞樓梯聲，不見人下來」。為了替發展中國家爭取更理想的融資平台，中國在去年的「博鰲論壇」上首次倡組「亞投行」，在不干預受益國主權的原則下協助第三世界國家推動基礎建設來促進經濟發展；今年初，中國政府把亞投行的倡議付諸實現，北京帶頭許諾投入鉅資，同時廣邀各國認股共同籌建銀行，得到五十個國家熱烈響應、積極參股，預計銀行在今年年底便可以正式成立。

中國主導創辦亞投行的動機，表面上來看，是要填補世銀和亞銀的不足，為發展中國家提供更多資金來推動基礎建設，但是美國人心裏有數，知道只要假以時日，亞投行將會茁壯成長，取代一大部分世銀和亞銀的功能，打破美國對國際金融系統的壟斷操控；因此美國從一開始便猛撥中國的冷水，企圖阻撓亞投行的設立，甚至警告其盟友不可參股作為該銀行的股東。可惜「形勢比人強」，在衡量利害輕重之下，許多與美國關係密切的盟友，包括英國、法國、德國、意大利、韓國、澳洲等都紛紛加入亞投行作為原始股東，讓奧巴馬和他的幕僚徒呼負負。

這一次習近平主席訪美，奧巴馬總統終於放下身段，改口聲稱不反對亞投行的設立，甚至表示可能加入該銀行的股東行列，而他的下台階只是習主席承允亞投行的管理經營將符合國際水準，並表示中國會繼續注資支持世銀和其它國際性金融機構。其實，當北京倡辦亞投行的時候，便已經向國際社會提出保證，銀行將採取最高的國際標準來經營和監督，而中國也從來沒有說過有了亞投行，便不再支持世銀或亞銀，反而一直清楚表明亞投行僅是「填補」其它金融組織的不足而已；也可以說，這一次習近平對奧巴馬提出的「許諾」，並不是任何新的「讓步」，但是奧巴馬的表態，卻是完完全全的「向後轉」姿態。

平心而論，美國之所以「偉大」，便是這一個國家具有「不怕認錯、知錯能改」的處事作風，這次在亞投行的取態便是一個明顯的案例。如果再看遠一點，美國執行「種族隔離」的政策達兩百年，到了覺醒的那一天，執政當局不怕冒犯既得利益者的反對，毅然向全國人民以及全世界表示懺疚，同時立即改正錯誤的政策，不但切切實實執行種族平等的措施，甚至在選舉中把一名黑人送進掌控國家最高權力的白宮。在外交方面，美國政府與古巴斷交並進行經濟制裁達五十餘年，同樣與伊朗斷交並進行經濟制裁也有四十餘年之久，最近，美國主動向古巴和伊朗伸出友誼之手，等於承認自己幾十年來政策的錯誤，並且以實際行動作出糾正，這就是美國人「知錯能改」的表現。

　　肯俯首認錯、肯就錯誤作出誠意的道歉並進行彌補，必將得到別人的接受和諒解，一個最好的例子便是第二次世界大戰後的德國。二戰期間，發動戰爭的納粹德國燒殺搶掠、殺人無數，但戰爭一結束，德國人與納粹分子劃清界線，向全世界表明對戰爭的懺悔以及深切反省，德國總理布蘭特（Willy Brandt）甚至在波蘭華沙的猶太人遇害紀念碑前跪下默禱以表示誠摯的歉疚，德國因而得到全世界的諒解，連在戰爭期間遭受嚴重破壞的法國和東歐各國、被飛機轟炸得滿目瘡痍的英國，甚至有數百萬同胞被慘殺的猶太人，也不再追究德國的戰爭責任。相反，不肯對戰爭表達真誠歉意、甚至想修改歷史來美化戰爭的日本，以及那些膜拜戰犯的東瀛政客，始終得不到鄰邦受害者的原諒。

　　死不認錯的傲慢政客，定必受到世人的唾棄；肯作出自我檢討、不怕認錯道歉的國家和領袖，才是真正偉大的國家和政治家。

　　　　（原載2015年10月2日菲律賓聯合日報「笑談古今」專欄）

美國奧運選手服裝起風波

2012年奧林匹克運動會將於本週五（七月二十七日）在倫敦開幕，世界各國政府花費鉅資組織參賽隊伍，希望選手們在運動場上替國家爭取榮譽，而全球各地的運動健兒也都磨拳擦掌，希望在這個四年一度的國際賽會上一展身手。

美國是世界運動強國，每一屆奧運會都選派精壯的隊伍參加比賽，今年也不例外，儘管國內目前正面臨經濟困境，美國依然將選派一個龐大的代表團前往倫敦，還特別請享譽國際的美國服裝設計師羅倫（Ralph Lauren）為代表團成員設計了一套外觀雅麗、富有濃厚美國國家氣息的服裝，準備讓運動健兒們穿著參加倫敦奧運會的開幕典禮。

正當大家爭相讚譽這一套上身深藍、下身雪白的服裝非常美觀大方時，突然發現服裝裏面有一塊小招牌寫著「中國製造」（Made in China），這一下子可成了大新聞，有些媒體乘機興風作浪，誇張地報導說美國隊還沒有到達倫敦，已經先敗在中國隊手裏。新聞界大動干戈之外，政客們也大作文章，在美國失業率高企的今天，正好利用這個機會來攻擊中國搶走美國人的飯碗，藉以討好選民。參議院多數黨領袖雷德（Harry Reid）更發表激昂的言詞，痛罵美國奧林匹克委員會，說要把服裝收回，堆在一起放一把火燒掉，掀起了一場不小的風波。

美國奧林匹克委員會滿腹委屈地解釋，政府沒有撥款替奧運選手添置服裝，這些服裝乃是熱心的設計大師羅倫先生私人贊助的。可憐的羅倫設計師好心沒好報，被一些政客和媒介以及網民罵得狗血淋

頭，連「叛徒」、「賣國賊」這些罪名都搬出來加在他頭上。羅倫只好垂頭喪氣地道歉，說現在要更改出征倫敦的制服為時已晚，來不及在開幕禮穿戴出場，但承諾兩年後的冬季奧運會中，他所贊助的美國選手服裝，一針一線都會在美國製造。

其實這就是美國人的「阿 Q 精神」，羅倫先生贊助的選手服裝可以在美國製造，但如果要把他在市場上銷售的服裝全都從中國大陸搬回美國製造，生產成本能夠與其它國際品牌競爭嗎？若是堅持羅倫先生把服裝生產基地搬回美國，相信「Ralph Lauren」和「Polo」的招牌和產品很快便會在國際市場上消失。

雷德參議員不愧是一個標準的政客，講話是「有聲有勢」，做事卻是「無心無力」；美國奧運選手隊缺乏經費時，怎麼不見他幫幫忙？為什麼不見他施加壓力叫政府撥款補助？等美國奧委會找到熱心人士贊助服裝，又見他「瞪眼碌鬚」、高調批評。網民訕笑雷德，在燒燬選手的服裝時，最好看看他自己穿的衣服，很可能也要脫下來一起燒掉；雷德回應說他的西裝都是在美國裁製的，然而他要知道，裁縫是美國的裁縫，但美國還有織布廠為他供應布料嗎？新華社網站也發表文章批評雷德的狹窄國家觀念，在國際經濟快速「全球化」的今天，雷德的言論無疑在開歷史的倒車；他有沒有想想，燒掉中國製造的服裝事小，要是中國採取報復手段，把飛機的訂單全改向歐洲的空中巴士訂購，波音公司以及下游企業有多少工人要砸飯碗？要是中國停止向美國購買大豆和小麥，雷德豈不是要天天回家喝豆漿吃麵包來拯救美國的農業？雷德好像是華人區王彬街頭那些拉車的老馬，戴上了眼罩就只能看到前面有限的視野了。

有一則故事，聽起來有點「種族歧視」的味道，但因為是美國人自己編的，倒是很現實地反映出他們國家目前的狀況。一個失業的美國佬忙著找工作，一大清早就被日本製造的鬧鐘喚醒，決定先喝杯咖啡醒醒神，於是拿出中國製造的咖啡壺，放進哥倫比亞生產的咖啡

豆，用泰國製造的電爐燒起開水來沖泡，再吃一隻厄瓜多爾生產的香蕉。之後用香港製造的電鬚刨刮刮鬍子，穿上斯里蘭卡製的襯衫，以及新加坡製的牛仔褲，再穿上越南製造的球鞋，戴上台灣造的手表，帶著馬來西亞裝配的電腦、韓國製造的手提電話、西班牙出產的手提皮包，坐上德國製造的汽車，在加油站加了從沙特阿拉伯進口的石油，開始了一整天到處接受面試的求職工作。傍晚回到家裏，換上巴西製造的拖鞋，用墨西哥製造的計數機算算今天花了多少錢，然後倒一杯法國紅酒，打開印尼製造的電視機，報導的新聞是失業率又上升了。想一想，除了美金鈔票是在美國本土印製以外，好像沒有任何東西是美國製造的；也難怪，連美國總統也是肯尼亞製造的。

　　雷德參議員，請用你視線模糊的眼睛向週圍看一看，也用你有限的腦汁想一想，在「經濟全球化」的今時今日，如果美國還要採納「單邊主義」的政策，實施壁壘分明、閉關自守的「門羅主義」，美國人民活得了嗎？

（原載2012年7月23日菲律賓聯合日報「笑談古今」專欄）

美國擬更改街道名羞辱中國

報載，美國眾議院撥款委員會以口頭表決方式，通過由弗吉尼亞州共和黨眾議員沃爾夫（Frank Wolf）提出的議案，將中國設於華盛頓特區國際廣場（International Plaza, Washington D.C.）的駐美大使館前面一段街道改名，如果得逞，中國大使館的地址今後將變成「劉曉波廣場一號」（1 Dr. Liu Xiaobo Plaza）。議案得到眾院少數黨領袖、加尼福尼亞州民主黨籍眾議員佩洛西（Nancy Pelosi）以及代表華盛頓特區的眾議員諾頓（Eleanor Holmes Norton）等人支持，在撥款委員會並沒有遇上阻力，順利通過。議案通過後，興高采烈的沃爾夫等人隨即通知華盛頓特區政府執行改名工作，卻發現國際廣場並不屬特區政府管轄，只有聯邦政府才有權更改該條馬路的名稱；於是沃爾夫策動修改決議案，責成國務院把街道改名，但由於議案只是由眾議院屬下一個委員會所通過，國務院目前並沒有採取行動，要等國會有了整體的意見之後才作出決定。

捷克作家、後來當上總統的哈維爾（Vaclav Havel）於1977年發起撰寫並發表了一篇反體制的象徵性文章「七七憲章」（Charter 77），中國作家劉曉波「東施效顰」，也於2008年砲製了一份所謂「零八憲章」並徵求到上萬人聯署，主張中國修改憲法、廢除共產黨一黨專政、進行民主選舉、維護言論以及集會、結社、宗教信仰等各種自由和權利。對西方國家來說，劉曉波是一個「維權鬥士」，是鼓吹人權、推動民主、改變社會制度的先鋒，還頒給他2010年諾貝爾和平獎；但對中國來說，劉曉波在社會上散播反黨、反政府言論，妄

圖配合別有居心的外國政治集團在中國進行顛覆政府和叛亂行動，是一個不折不扣的「顛覆份子」，因而將他判罪，至今還在獄中服刑。沃爾夫於「天安門事件」二十五週年之際，提案將中國駐華盛頓大使館所在地改名以紀念劉曉波，而且聲明此舉是要「抗議中國政府對人權的踐踏，並向中國人民傳達美國政府對他們基本人權的關注」，其存心羞辱北京的意圖躍然紙上。

對於眾議院撥款委員會這一種行動，美國國內有識之士反對的聲音此起彼落，美國前駐華大使芮效儉（J. Stapleton Roy）便公開表示，這種作法「非常愚蠢、非常幼稚，貶低了美國自身」，他認為國會「應當撤銷和收回這一項提議」。中國外交部發言人華春瑩把美國眾議院這一項動作稱為「一場鬧劇」；記者問她中國會不會也把美國駐北京大使館的馬路改一個令美國人不高興的名字，華春瑩反問：「你想我們會像美國那樣做麼？」言下之意是說美國人幼稚，中國人不會跟著不理智。

其實，中國也曾經有過更改街道名字來羞辱外國的經驗。文革時期，紅衛兵在江青團夥的慫恿下鬧翻了天，為了「破舊立新」，所有「舊文化、舊傳統」都要連根拔起，連國歌「義勇軍進行曲」的歌詞也被修改得面目全非，「起來，不願作奴隸的人們，把我們的血肉，築成我們新的長城」變成了「前進，各民族英雄的人民，偉大的共產黨，領導我們繼續長征」，而一些大城市的街道名字更被改得一塌糊塗。當年，中蘇的外交關係跌至冰點，蘇聯駐北京大使館前面的馬路亦被改名為「反修路」，用來污辱莫斯科；想不到「風水輪流轉」，現在竟有美國議員學起紅衛兵，想以更改街道名稱來羞辱北京。如今中國已是崛起的大國，大國自有大國的風範，不齒像美國眾議員那樣搞小動作；然而，平白讓美國人羞辱而不予以報復，這一口氣實在嚥不下去，許多中國網民都希望政府以牙還牙，也讓美國政府難堪一下。

美國並非白璧無瑕，如果中國政府決定還擊，並非難事；諸如

將美國駐北京大使館的地址改為「奧沙瑪、賓、拉登大道 911 號」（911 Osama bin Laden Avenue），可以堂而皇之說是為了悼念 2001 年 9 月 11 日在拉登發動的恐怖襲擊中受害的數千名無辜平民百姓，其中包括不少華裔；同時闡明更改地址旨在敦促各國政府隨時注意反恐工作，也鞭策中國政府加強打擊「三股勢力」恐怖分子的行動，更提醒其它國家不該針對中國的反恐工作說三道四。又或將美國駐上海總領事館地址改為「關塔拿摩大街 779 號」（779 Guantanamo Place），紀念美國於 2002 年設立關塔拿摩監獄並用極不人道的刑罰處置 779 名回教徒「恐怖分子」的歷史事件，提醒美國政府在反恐戰爭中必須兼顧人權，不可以眼睛只看到別人在「點燈」，而沒有注意到自己在「放火」。又或將美國設在港島花園道的駐港總領事館地址改為「愛德華、斯諾登廣場 1 號」（1 Edward Snowden Plaza），因為那位揭露美國情報單位在全球進行監聽電話和竊取電子郵件的情報員斯諾登，在叛逃之後便是跑到香港來避難，而更改美國駐港總領事館地址有助警惕世人維護自己的隱私權。

　　沃爾夫及其他美國眾議員做出旨在羞辱中國的幼稚行動，理由是「中國違反人權」，實際上他們應該自己先照照鏡子；美國政府一百多年來在所謂「建國」的過程中，為了侵奪土地而屠殺了數百萬印第安人，為了謀取經濟暴利而奴役了數以千萬計的黑人奴隸，近年來以酷刑逼訊回教徒及其他被他們懷疑為「恐怖分子」的囚犯，而且還明目張膽侵犯海外人士以及自己公民的隱私權，這種危害人權的事件做得還少嗎？西方有一句名言：「住在玻璃屋裏便不要亂扔石頭」（People who live in glass houses shouldn't throw stones.），難道美國政客忘了這一個道理？或許這些政客們到現在還天真地相信，美國的強權便是真理。

　　　　（原載2014年7月16日菲律賓聯合日報「笑談古今」專欄）

六歲美國小孩要殺光中國人

今年十月十六日,美國廣播公司(ABC)電視台深夜節目的主持人吉美、基梅爾(Jimmy Kimmel)與四個五、六歲小孩對話,基梅爾問這些小孩要如何阻止中國人前往美國,一個黑人小孩回答說應該築一道很高很高的牆,不讓中國人出來;基梅爾又談到美國欠了中國一筆巨債,問他們應該如何解決,其中一個白人小男孩說,可以跑到地球的另一邊,把中國人全部殺光。節目播出之後,美國各地的華人社會反應激烈,展開一連串的示威抗議活動,要求美國廣播公司公開向華人華裔道歉,並將基梅爾革職;雖然 ABC 的高層以及基梅爾本人都出面表達歉意,但許多華人組織認為誠意不足,揚言將繼續示威遊行,直到基梅爾被解僱為止。

針對舉行示威遊行活動,美國的華人社會產生了分歧的意見,來自中國大陸的新移民和留學生為主的群體認為事態嚴重,必須抗爭到底,而在美國土生土長的華人社團則未見積極參與。應該如何看待美國廣播公司播放小孩子要殺光中國人的節目,在全球的華人社會同樣引起迴異的意見;有人認為必須採取行動,讓美國傳媒瞭解事件牽涉到種族歧視、甚至是種族仇恨的觀念,將在社會上產生極端不良的嚴重效果,但也有人認為示威活動適可而止,不要「無限上綱」。

澳洲有一位何威廉先生投書當地的「澳週刊」雜誌,表達他對美國華人抗議受到歧視的看法。何先生基本上並不贊同抗議活動,因為他在文章裏說:「古語道:童言無忌,幾歲大的小童……肯定不會清楚明白說話的涵意內容。」但如果我們想深一層,問題的嚴重性就在

這裏：為什麼一個天真無邪的小孩，會想到要「殺光中國人」？是不是在家裏或學校聽到太多排華的聲音，曠日持久便養成要「殺光中國人」的心態？令美國華人深感憤慨的是小孩子說完要「殺光中國人」，電視節目的主持人不但沒有改正他，還認為他的想法「很有趣」。況且這一個節目並非現場直播，如果是直播節目，可以解釋說沒有辦法控制小孩子講話的內容，但節目是事先錄影，電視台大可在播出前先作編輯修剪，ABC 電視台沒有將話詞刪掉，豈非等於認同小孩子的說法？如此一想，「殺光中國人」便不是「童言無忌」那麼簡單了，也難怪美國華人堅持要求 ABC 公開道歉並辭退基梅爾。

何威廉先生在文章裏指出：「⋯⋯幾十年，中共把美國當成是頭號敵人，在所有的政治宣傳和教育中，都有打倒美國鬼、打倒美帝國主義的口號。直到 1970 年中美關係恢復正常後才逐步消除⋯⋯中共的反美宣傳造成十多億人口的中國大陸民眾頭腦中留下打倒美國鬼的烙印，反之，美國人亦會因此而由反感產生鄙視中國人和對中國人抱有敵意的情緒。這是錯誤的歷史造成的惡果，中國人只能無奈地自食惡果。」這種說法令人訝異，何威廉先生應該認清一點，中、美在冷戰時期互不相容、爭鬥得你死我活乃是一個歷史的事實，難道何先生認為到了今天還繼續保持冷戰期間的思維是正確的？請問何先生，如果今天在北京的電視節目裏出現「殺光美國人」的言詞，美國國務院以及駐華大使館會保持緘默而不提出強烈的外交抗議嗎？

何威廉先生又說：「平心而論說句公道話，今天在世界上到處都有卑視中國人和對中國人抱有敵意的事發生。例如中國製造的商品聲譽掃地和中國遊客的醜態百出⋯⋯」不錯，有些中國製造的商品的確是品質欠佳，許多中國遊客也確實在海外「醜態百出」，但所有中國人都要因此而受到鄙視嗎？美國也出口了許多轉基因的食品而遭人非議，紐西蘭出口的乳製品被發現受到污染而要回收，日本遊客被揭露是「嫖娼團」，澳洲旅遊團被越南當局發現是前往挑選並購買新娘，

難道美、日、紐、澳各國的人民也要因此而受到國際社會的鄙視？

何威廉先生的文章一開頭說道：「美國小孩的一句話〈殺光中國人〉引起驚天波濤，令中國人十分震怒，然而在震怒之餘，這句話是值得中國人深思反省的」，結尾又寫道：「童言天真無邪這句古語絕對正確，言者無罪聞者足戒，你是一個中國人就應該尊循中國傳統文化、倫理道德去做人對事，自省其身潔身自愛，才會改變人家對你的歧視。正如筆者在十多年的日子中，由於長期參與社區義工服務，曾多次獲得澳洲各級政府的表揚，筆者真誠地融入澳洲社會的所作所為，絕不存在被歧視和攻擊的情形。」誠然，何先生參與社區義工服務、融入澳洲社會的一片「真誠」，的確值得讚許表揚；然而，美國各地熱心公益的華人華裔絕對不比何先生遜色，洛杉磯那位每天為露宿者提供熱湯的華裔家庭主婦更獲得美國總統頒授「傑出公民獎」，美國華裔榮膺內閣部長、州長、市長、大使等各項政府要職的比比皆是，得到的殊榮，更是何威廉先生以及其他澳洲華裔所望塵莫及的；然而，就在這種「民族大融化」的社會裏，「殺光中國人」的論調出現了！難道在澳洲的大社會中就沒有歧視華人的氣氛嗎？何威廉先生可以慶幸自己目前得以安居樂業、頤養天年，但絕對不應該姑息或認同「殺光中國人」這種有違人性的言詞；須知一旦發生排華事件，即使何先生有十張、八張獎狀，還是要與其他中國人一起遭殃。全球華人華裔務須警惕，種族歧視的情況必須防微杜漸，不能讓星星之火發展成燎原的災難。

（原載2013年12月13日菲律賓聯合日報「笑談古今」專欄）

烏烟瘴氣花旗國

美日政客的滿口荒唐話

西方國家的政客們習慣於信口雌黃,經常發表一些莫名其妙的論述,即使貴為美國的總統和國務卿,同樣會講出一些不經大腦的言辭,令人深感啼笑皆非;而最近日本主管教育的高官為了掩飾在二次世界大戰中所犯下的戰爭罪愆,也製造了一套荒天下之大唐的理論,令人不齒。

「沒有士兵傷亡便不算戰爭」

美國憲法規定,向其它國家宣戰的權力屬於美國國會。1973 年,美國國會制訂一條「戰爭權力法案」(War Power Act of 1973),一方面重申憲法的規定,闡明總統只有在國會的授權下,才能派遣軍隊出國參戰,但同時卻又授權總統在「緊急的狀態下」,可以遣兵調將參與戰爭,只是這種行動必須在四十八小時內知會國會,若是國會沒有批准正式參戰,也沒有通過議案授權總統用兵,則總統已經派遣參戰的軍隊必須在六十天內結束行動,另加三十天撤退的期限,亦即是說在九十天之內必須終止一切戰爭的行為並撤回所有的美國軍隊。

1999 年,克林頓總統越過國會,派遣美國空軍戰機對原屬南斯拉夫的科索沃(Kosovo)進行轟炸,連續炸了七十八天,違反了「戰爭權力法案」。最近,同屬民主黨的奧巴馬總統再一次漠視國會制訂的法例,沒有得到國會的授權,便派遣戰機參與北約轟炸利比亞的行動,歷時已經五個多月。美國的國會議員質疑白宮違犯「戰爭權

力法案」,奧巴馬總統向國會提出解釋,說在轟炸利比亞的行動中,美軍並沒有人傷亡,因此不算「戰爭」,不需要國會授權。儘管眾議院最後還是通過議案譴責總統越權,但議員們似乎接受奧巴馬這一套說詞,慢慢地也就沒有再聽到指責和追究的聲音了。

「沒有美國士兵死亡便不算是戰爭」,這種說法實在是荒唐透頂。難道美軍的飛機在利比亞丟下的那數千噸炸彈都是麵粉做的?美軍沒有人傷亡,但多少利比亞人死在美國空軍的彈火之下?連利比亞領導人卡達菲的兩個兒子也在轟炸中喪生,這還不算戰爭?

真想問一問奧巴馬和美國的國會議員們,俄羅斯或者中國可不可以向夏威夷或美國本土發射幾枚遠洋導彈?只要沒有俄軍或中國軍人喪生,應該也不算是「戰爭」吧?

「要慎防新的殖民主義」

自從 1949 年取得政權之後,中國共產黨著重於鞏固與亞洲、非洲和拉丁美洲第三世界國家的邦誼,藉以提高在國際政治舞台上的地位。歷年來,中國與非洲各國保持著非常密切的外交關係,雙邊貿易與日俱增,中國的國有企業以及民間企業紛紛前往非洲大陸投資,促進當地的經濟發展;北京並以低息貸款、承包工程、勞務合作等種種方式協助非洲進行大型的基礎建設工程。由於近年來中國積聚了龐大的財富和經濟實力,因而北京大幅度加強了對非洲地區的經濟援助以及人道救援,實際上中國已經取代了歐美國家成為非洲最親密又可靠的朋友。

有鑑於中國在非洲的影響力日益壯大,以「國際龍頭」自居的美國難免氣急敗壞,國務卿希拉莉‧克林頓有點像醋意十足、弄姿爭寵的深宮怨婦,較早在非洲政治領袖的峰會上,居然警告非洲國家要提防「新殖民主義」;雖未指名道姓,明眼人都知道希拉莉是劍指北

京，刻意挑撥離間非洲與中國的友好關係。

提防殖民主義的警告出自美國國務卿之口，滑稽得好像由希特勒來宣傳世界和平，或者由妓院的鴇母來鼓吹社會道德重整一樣，實在是荒唐可笑。美國人拿錢援助貧窮的國家，總要附帶一連串的條件，甚至軟硬兼施來改變這些窮國的政治和社會制度；像伊拉克的薩達姆和利比亞的卡達菲這種不聽話的領導人，更不惜派遣軍隊入侵或動用戰機轟炸以推翻他們。反觀中國，不管用多少錢、用什麼形式去援助友邦，總是嚴守不干涉其他國家內政的原則；許多非洲的政治領袖都讚嘆說，接受中國的援助總能保持住自己的尊嚴。

其實，出席非洲國家峰會的領導人應該問一問希拉莉，她提醒非洲國家提防的「新殖民主義」，是不是指那些天天派戰機對利比亞進行疲勞轟炸的國家？

「發動戰爭替亞洲擺脫殖民統治」

報載，日本橫濱教育委員會決定讓全市一百四十八所市立中學改用右翼團體編寫的歷史教科書。該書美化二次世界大戰日本侵華以及侵犯東南亞各國的戰爭，把它稱為「大東亞戰爭」，說「這場戰爭旨在為日本求生存和自衛」。

荒唐！日本人為求自己的「生存」，便不惜發動戰爭讓別人不能生存，跟深山荒嶺裏的野獸有什麼不同？跑到別人的國土上去燒殺搶掠也叫「自衛」，這是什麼廢話？這樣的教科書教出來的學生，豈不是又成了一群沒有理智、沒有良知的禽獸？

橫濱教育委員會的負責人答記者問時還大言不慚地說，大東亞戰爭把許多國家「從歐美殖民統治者手上解放出來」，似乎全部亞洲人都要謝謝日本發動那一場慘絕人寰的血腥戰爭。聽了這一套荒唐話，

不禁要問問日本的政客們，目前日本本土以及沖繩島都有美軍駐紮，而且發生過多次美國大兵姦殺日本少女的罪案，為了解救日本平民免受美國大兵的欺凌，中國是不是也應該發揮「大東亞共榮」的精神，發射幾枚導彈到橫須賀和普天間的美國軍事基地，並且派遣軍隊登陸東京和大阪，以便把日本「從美國殖民統治者手上解放出來」？

（原載2011年8月19日菲律賓聯合日報「笑談古今」專欄）

一切都是「石油美元」在作怪

近日讀到一篇以英文撰寫的文章,可惜沒有註明出處;該文對美國近數十年來肆無忌憚以武力威霸國際舞台的動機和目的,有深入而精闢的探索,謹將之翻譯並略作修改如下:

相信大家沒有忘記「大規模殺傷性武器」(Weapon of Mass Destruction)這一個名詞。2003年3月,美國總統小布殊(George W. Bush)便是以伊拉克總統薩達姆、侯賽因(Saddam Hussein)擁有大量「大規模殺傷性武器」為理由,揮兵直搗巴格達,推翻薩達姆的政權,更把這一個中東的政治強人送上斷頭台。活抓薩達姆之後,美軍搜遍伊拉克整片土地,根本找不到任何一件「大規模殺傷性武器」,也沒有任何蛛絲馬跡可以證明薩達姆正在發展這一類武器;然而,此時的伊拉克已在美國的掌控之中,布殊也已經把他的眼中釘薩達姆除掉,有沒有「大規模殺傷性武器」已不再是重要的論點了。

目前,美國正施展一切所能,圍堵和攻擊伊朗,實施經濟制裁以及貨物禁運之外,更配合以色列在波斯灣進行一連串軍演,聲稱不排除對伊朗採取軍事行動,理由是「伊朗正在發展核武器」。果真如此嗎?有人問,北朝鮮比伊朗更積極、也更公開地在發展核武器,巴基斯坦更已進行了多次的核武試爆,為什麼美國對伊朗的反應特別強勁?理由只有一個,伊朗與伊拉克一樣地下有石油,而朝鮮和巴基斯坦卻沒有。如果更深一層研探,可以發現美國對伊拉克和伊朗咬牙切齒,主要的原因還不是這兩個國家擁有石油,而是伊拉克和伊朗如何進行石油交易。

1973年，美國總統尼克森（Richard Nixon）對當時毫無國防能力並且受到蘇聯虎視眈眈的沙地阿拉伯王室提出保證，美國將保護其油田的安全，免受外敵的武力侵犯；而美國要求的回報，便是沙地阿拉伯以及受其控制的石油輸出國組織（The Organization of the Petroleum Exporting Countries，簡稱 OPEC）一律以美元作為石油交易的結算貨幣。結果正如美國所願，石油輸出國組織成員以「石油美元」（Petrodollar）作為石油買賣的報價和結算貨幣，而石油輸出國更把這些龐大數額的石油美元資產，投資於美國的國債券以及其它美國商業債券；與此同時，向 OPEC 成員國購買石油的國家由於謀求結算方便，不得不持有大量美元，更因利乘便將手頭的美元投資於美國的債券市場，以確保得到 OPEC 持續供應能源。因此，美元在國際金融市場上有了「唯我獨尊」的鞏固地位，美國的經濟在上世紀八、九十年代也因而得以平穩發展。

2001年，「國際秩序」突然間「亂了套」，薩達姆出人意料地公開宣佈，伊拉克在結算其所出售的石油賬款時，將以歐元（Euro）取代美元。過了沒多久，美國軍方及情報單位突然間「發現」伊拉克儲存了大量「大規模殺傷性武器」，接下去更理直氣壯地以「維護世界安全」的藉口發動了震驚寰宇的「第二次海灣戰爭」，最後薩達姆命喪黃泉，伊拉克又回到「正常的軌道」，恢復了以美元結算該國所出售的石油。

與薩達姆同樣犯下美國人不可原諒的滔天大罪的是利比亞領導人卡達菲（Muammar Gaddafi），這個政治狂人曾經砲製令人髮指的「洛克比慘案」（Lockerbie Bombing），栽彈炸毀滿載乘客的泛美客機，並且為國際恐怖組織提供避難所和訓練基地，亦曾先後試圖從中國、巴基斯坦和印度購買核武器，又嘗試向泰國洽購毒氣彈；儘管英、美、以色列曾經進行了五十餘次暗殺卡達菲的行動，但基本上美國還是讓利比亞自生自滅。購買核武器，甚至支持恐怖分子，美國都

還可以容忍，可是當卡達菲決定以別的貨幣來取代「石油美元」時，他犯下了一個致命性的大錯誤；在不足一年的時間內，「阿拉伯之春」悄然降臨在利比亞，反政府的叛軍被迅速武裝起來，同時北約將整個利比亞訂為「禁飛區」，禁止利比亞空軍起飛打擊叛軍，但是北約的飛機卻不停地對利比亞政府軍進行疲勞轟炸，將卡達菲的軍隊和軍事設備炸得稀巴爛，結果卡達菲也被美國支持的叛軍活抓並就地處決，利比亞的石油貿易終於又用回美元作為結算的貨幣。

國際貨幣基金（International Monetary Fund，簡稱 IMF）前總裁卡恩（Dominique Strauss-Kahn）較早曾公開表示，歐元可以成為一種比美元更適當和可靠的石油儲備貨幣。發表這一番言論之後不到三個月，卡恩突然被紐約警方以強姦罪嫌高調逮捕，並被拒絕保釋而需鋃鐺入獄。過了一段時日，卡恩最終被判無罪釋放，然而他人生的前途已經宣告終結；他的國際貨幣基金總裁一職已被別人取代，他原本是法國總統的熱門候選人，可惜政治夢也隨著他在紐約所受的羞辱而煙消雲散了。國際貨幣基金新任總裁拉賈德女士（Christine Lagarde）一上任即表明她的立場，認為目前的國際金融秩序無需改變，也即是表明不會妄圖改變美元的國際地位，因而她的位置應該可以穩如泰山。

伊朗現在成為美國的頭號敵人，緣起伊朗一直在試圖打破美元對石油市場的壟斷。2005 年，伊朗計劃成立「石油交易所」，越過美國操控的「石油美元」進行石油買賣，後來由於西方強國威脅要凍結伊朗在倫敦及其它歐洲銀行的資產，計劃乃告「胎死腹中」。但是伊朗並未死心，依然想方設法要擺脫美元的束縛；據聞在幾個主要的顧客中，印度已經同意以黃金來換購伊朗的石油，中國也同意以黃金、人民幣或伊朗貨幣 Rial 來結算，另一個大買家韓國倘若能夠突破歐美的「禁運」抵制，也同樣會以黃金及本國貨幣結算，而俄羅斯與伊朗之間的貿易更是早已不用美元結算了。伊朗如果能夠成功擊破美元對石

油市場的控制,其它石油生產國也可以依樣畫葫蘆,那將是美元的窮途末路了;在這種情況下,美國焉能坐以待斃而不對伊朗施以辣手?

回頭一想,中國在崛起之後,為了維持平穩且長久的發展,近年來不遺餘力地與主要的貿易夥伴商討建立雙方貨幣的互換機制,目前已經有多個國家付諸實施。如果這一項措施擴大進行,勢將削弱相關國家的貨幣對美元的依賴性,美國不會善罷干休,北京應該未雨綢繆,慎防華盛頓會施出嚴峻的報復手段。

(原載2012年10月31日菲律賓聯合日報「笑談古今」專欄)

白髮漁樵江渚上
笑談古今6

泛論美國的總統大選

美國的選民已經在四年一度的總統大選中投了票,再過幾個小時,鹿死誰手便可揭曉。今年的美國大選,競選連任的民主黨候選人奧巴馬(Barack Obama)和挑戰者共和黨候選人羅姆尼(Mitt Romney)勢均力敵,鬥得難分難解,其間波濤起伏,形勢一再發生變化。選戰剛一開鑼,民調顯示出奧巴馬遙遙領先,但是在第一回合的總統候選人辯論會之後,情況有所改變,平素口若懸河的奧巴馬在辯論會中,被咄咄逼人的羅姆尼攻擊得體無完膚,這一場辯論會大幅度提升了羅姆尼的聲望和認受性,新的民調顯示二人旗鼓相當、難分勝負,甚至有些民調更指奧巴馬落後於羅姆尼。儘管奧巴馬在接下去的兩場辯論會中表現得比羅姆尼優越,但二人在民調中依然呈現「五五波」的膠著狀態,並沒有拉開距離;直到選舉前一天,二人都沒有必勝的把握,而須繼續在「搖擺州」之間奔波拉票。

許多人覺得奇怪,為什麼在選舉的最後衝刺時刻,兩個候選人都只在俄亥俄(Ohio)、佛羅里達(Florida)、維吉尼亞(Virginia)等幾個州之間跑來跑去,而沒有到其它地方去拉票。理由很簡單,美國的選舉制度有別於其它國家,雖然選民都到投票站去投票,但總統並不是由這種「一人一票」的多寡來決定勝負。美國採納「選舉人團」制度,每一個州有法定的「選舉人」數目,候選人在某一州的一人一票選舉中勝出,便可以獲得該州的全部「選舉人票」。兩黨的候選人在大多數州份的輸贏早已成了定局,例如加利福尼亞州(California)是傳統性的民主黨陣地,奧巴馬對贏取該州的選舉人

票已無疑問,又如德克薩斯州(Texas)一向是共和黨的天下,羅姆尼對贏得該州的選舉也有絕對的把握;但是在俄亥俄、佛羅里達、維吉尼亞這些所謂「搖擺州」(Swinging States),並沒有固定傾向任何一個政黨的慣例,因而這幾個州往往影響著整個選舉的最後結果。例如2000年的大選,儘管時任副總統的戈爾(Al Gore)在全國的選民投票中得到的票數超過小布殊(George W. Bush),但佛羅里達這一個州的投票結果便擊碎了戈爾的總統夢,把小布殊送進了白宮。奧巴馬和羅姆尼近日在競選活動的最後階段,不約而同集中火力進攻這幾個「搖擺州」,因為他們都深知這幾個州選民投票的動向,很可能決定美國大選的最後輸贏。

美國憲法規定,總統和副總統是由一個「選舉人團」(Electoral College)選出;這一個「選舉人團」由五百三十八個「選舉人」(Elector)組成,誰獲得「選舉人團」當中的二百七十張選舉人票便能順利當選。五百三十八這個數目是按照國會議員人數而訂的,目前美國國會有一百名參議員,四百三十五名眾議員,這五百三十五個參、眾議員代表著全美五十個州的人民;總統的「選舉人團」便是依照這個數目,分配了五百三十五名「選舉人」予五十個州,然後加上首都華盛頓的所在地哥倫比亞特區(District of Columbia)所選出來的三名代表,一共湊足五百三十八人來進行正、副總統選舉的投票工作。「選舉人」名額的分配按各州的人口多寡而定,像全美人口最多的加利福尼亞州便獲分配了五十五個選舉人,佔「選舉人團」成員一成以上,而人口第二多的德克薩斯州也有三十八個選舉人,人口最少的阿拉斯加(Alaska)和德拉瓦(Delaware)等州則各僅由三個選舉人代表。而在每一次的總統大選中,各州獲得分配的「選舉人」名額會隨著該州人口的增減而變動,例如紐約州(New York)在2008年的大選有三十一個代表,但由於近年來人口銳減,今年的代表人數便降為二十九人;相反地,德州則因近年人口增加,2008年的三十四名

代表增至目前的三十八人，佛羅里達州也由二十七人增至二十九人。

一般來說，如果奧巴馬在加州獲得勝利，他便可以得到加州全部五十五張選舉人票；雖然法律沒有嚴格規定選舉人一定要按照所代表之州份的多數人意見去投票，但政治道德在無形中規範著選舉人的投票行為。有些州份並不採納全州一致的投票方式，好像尼布拉斯加州（Nebraska）和緬因州（Maine），則是按照州裏不同選區選民的投票取向而決定支持那一個總統候選人，因而在2008年的選舉中，尼布拉斯加州的五個「選舉人」當中，便出現了四票投給共和黨的麥凱恩（John McCaine），而另外一票則投給奧巴馬的現象。

介紹了美國的總統選舉制度，應該談談今年的選舉形勢。有一個很奇怪的現象，在菲律賓，所有競選連任的總統都會輸掉選舉，奧斯敏迎（Sergio Osmena）、基仁諾（Elpidio Quirino）、賈細亞（Carlos Garcia）、馬加巴牙（Diosdado Macapagal）等人無一例外，只有馬可斯（Ferdinand Marcos）和阿羅約（Gloria Macapagal-Arroyo）得以獲選連任，但贏得並不光彩，選舉舞弊的流言不絕於耳。相反地，在美國競選連任的總統當中，卻很少輸掉選舉的，近幾十年來只有福特（Gerard Ford）、卡特（Jimmy Carter）和老布殊（George H. W. Bush）未能贏得連任。照說，奧巴馬是現任總統，手中掌握著行政資源，在選舉中佔有極大的優勢，但是處在全球經濟蕭條的陰影下，美國的失業率一直高企不下，民生凋敝、怨聲載道，民眾對奧巴馬是否能夠帶領美國經濟走上復甦的道路，難免產生疑問。奧巴馬的對手羅姆尼則是一個成功的商人，2002年他接手擔任鹽湖城冬季奧運會主席，把一個百孔千瘡的運動會搞得有聲有色，原本預計應該產生約四億美元的虧空，結果卻還有一億美元的盈餘，許多美國人因而認為羅姆尼是一個優秀的理財專家，相信他可以帶領美國走出經濟困境。

羅姆尼的弱點在於他缺乏誠信，民主黨的競選團隊將他避稅的事實以及所用的手法公諸於世；羅姆尼口口聲聲指責中國是拖累美國經

濟不振的「禍根」，指責現政府「護國無方無力」，奧巴馬卻指出羅氏口裏罵中國，實際上他本身與中國有著密切的商業關係；兩個人的弱點都擺在選民的面前，令美國的中間選民舉棋難定。老天爺似乎有意幫助奧巴馬連任，去年五月，發動「911」襲擊而逃避美軍追殺達十年之久的恐怖大亨本拉登（Osama bin Laden）被美國特種部隊擊斃於巴基斯坦，成了奧巴馬一項可以向選民炫耀的政績；近期日本發生大地震和海嘯的天災，導致日本汽車行業大量減產，美國汽車行業因而得以「死部復活」，也成了奧巴馬的經濟建樹；更令人意料不到的是在選舉前一個多星期，超級颱風吹襲美國東岸，造成了極大的破壞，在此關鍵時刻，奧巴馬的行政團隊立即投入救災，手裏掌握的行政資源發揮了功效，令他得到民眾的好感，一向以獨立見著的紐約市長布倫博格（Michael Bloomberg）也公開表態支持奧巴馬，說風災讓他體會到奧巴馬是位好領袖。

全世界都在注視著誰會是這一場美國大選的優勝者，不管誰勝誰敗，奧巴馬與羅姆尼這一次的確打了一場很劇烈的硬仗。

（原載2012年11月7日菲律賓聯合日報「笑談古今」專欄）

奧巴馬面對嚴重的經濟困境

美國共和黨幾個有意問鼎總統寶座的政客從去年初便即開始進行劇烈的爭鬥，直到該黨於今年八月二十七日至三十日在佛羅里達州籐柏市（Tempa, Florida）舉行全國代表大會，推選出前麻薩諸塞州州長羅姆尼（Mitt Romney）及威斯康辛州眾議員萊恩（Paul Ryan）為正副總統候選人，才算塵埃落定。民主黨接著也於九月四日至六日在北卡羅萊納州夏洛蒂郡（Charlotte, North Carolina）召開全國代表大會，確定由奧巴馬總統（Barack Obama）和拜登副總統（Joe Biden）代表該黨競選連任，兩黨問鼎白宮的正副總統選戰正式拉開了帷幕。

經過兩個多月的混戰，美國民眾於十一月六日投下了神聖的一票；結果奧巴馬獲得全國五百三十八張「選舉人票」當中的三百三十二張，勝過羅姆尼的二百零六張而當選連任；但是如果以全美投票人來計算，奧巴馬得到六千零三十六萬餘張選票，而羅姆尼則獲得五千七百五十七萬餘票，奧巴馬僅以百分之二的微小差額勝出。

十一月七日凌晨，雖然佛羅里達州還沒有完成計票，但奧巴馬已確定獲得了超過可以當選的二百七十張選舉人票，羅姆尼隨即打電話恭喜奧巴馬當選，並召開記者會正式承認參選失敗，在記者會上更呼籲兩黨的政治領袖應該跨越黨派差異，「將人民置於政治之上」，聲稱「國家正面臨巨大挑戰」，祝福奧巴馬能夠成功引導國家走出風浪。而奧巴馬在宣佈勝利的祝捷會上也公開讚揚羅姆尼，說二人有激烈的競爭只因二人都「深愛著國家並強烈地關心著它的未來」，同時

表明他將在今後的幾個星期內,邀請羅姆尼一起研討從何處努力來推動美國向前邁進。不管是勝是敗,二人都充分地表現出政治家的胸襟和君子的風度,令人敬佩。

明年元月二十日,奧巴馬便將宣誓就職,繼續擔任四年的美國總統職務;擺在他面前的雖然是世界第一強國領導人的權力和榮耀,卻要面對一個由反對黨控制的眾議院,更有一個百孔千瘡的經濟以及怨氣沖天的社會等著他去處理,還有一個砲聲隆隆、狼煙四起的國際社會考驗著他的政治智慧。

首先,民主黨雖然贏得總統和副總統的選舉,也在參議院佔據多數的席位,但是眾議院卻仍然由共和黨控制,奧巴馬的行政措施勢將受到多方的牽制。奧巴馬確定當選連任之後,隨即伸出友善的橄欖枝,打電話給共和黨籍的眾議長博納(John Boehner),商討立法機構與行政部門攜手合作、共同解決美國目前所面臨之財政危機的事宜;但由於兩黨對解決財政赤字的主張南轅北轍,博納給予奧巴馬的回應頗為冷漠,相信在未來的日子裏,白宮和國會山莊之間的矛盾還有好戲看。

奧巴馬需要馬上解決的問題,便是美國的所謂「財政懸崖」危機(Fiscal Cliff)。如果國會不採取緊急措施,美國政府目前的減稅方案到今年底便要終止,同時,政府為了提高債務上限而於較早與國會協定的削減開支協議也將生效。終止減稅方案以及削減政府開支的目的,乃是為政府推動有效的開源和節流行動,以降低美國的債務負擔,聽起來無疑是一樁好事,但是突然全民加稅,必將對企業造成打擊,也會降低民間的投資和消費意願,而大幅削減社會福利和國防開支,對國防工業和其它百行百業都會有嚴重的影響,難免會導致早已不景氣的美國經濟雪上加霜。經濟學者估計,「財政懸崖」中的加稅及刪減政府開支,產生的效果將令美國的本地生產總值(GDP)降低百分之三點五,失業率亦將驟升至百分之十左右,奧巴馬政府豈能不急?

從另一方面來看，美國的財政赤字不斷增加，目前的國家債務已超越十六兆（16 trillion）美元，每天還以三十五億（3.5 billion）美元的數額在增加中。2011 年 7 月的統計數字顯示，美國政府的開支有百分之四十是靠舉債來支撐，要不是聯邦儲備局可以不斷印發新鈔票，財政情況比希臘還差的美國早已破產；然而印鈔紓困無疑是「飲鴆止渴」，始終不是解決問題的最佳辦法，如何在不影響經濟發展的情況下減低國家的負債水平，乃是奧巴馬政府的當務之急。

奧巴馬面對的經濟和社會問題還包括高企不降的失業率以及洶湧的退休潮。據美國政府宣佈，目前美國全國的失業率是百分之七點九，這一個數字在選舉前公佈時，據說為奧巴馬得分不少，可想而知實在的情況比宣佈的數字還要差。美國各大城市都可以見到一大批掛上「拍賣」牌子的房屋，這些業產都是因為業主付不了貸款而被銀行沒收的抵押品，許多人淪為街頭露宿者，甚多家庭支離破碎，失業為民眾帶來了悲慘的現象，而等待拿失業補助金的民眾更加重了政府的財政負擔。第二次世界大戰之後美國發生了一波「嬰兒潮」（Baby Boom），那一大批當年出生的嬰孩現在已年屆退休年齡，政府必須負擔的退休福利與日俱增，為「捉襟見肘」的美國政府增添了不少的困擾。

中國人最關心的事情當然是未來的中美關係，許多政論家都認為，奧巴馬在第二個任期內，沒有了競選的壓力，不必刻意討好民眾，因而不會再把中國妖魔化，可能會以務實的態度與中國合作，以求搞好美國的經濟。這種想法不無道理，但是要知道，奧巴馬把「重返亞洲」視為他的重要國策，在爭取亞洲各國承認其「盟主」地位的過程中，首先他一定要想方設法抑制中國的崛起。美國政府刻意在國際社會攻訐打擊中國，也是一種政治手腕，目的在分散國內民眾對政府不滿的注意力、減輕經濟困境所導致的社會動盪不安。當選之後，奧巴馬隨即宣佈再過幾天，他便將出訪緬甸、柬埔寨和泰國，而他的

國務卿希拉莉和國防部長班內塔也將馬不停蹄分別訪問亞洲幾個國家；領導人如此風塵僕僕，所謂「司馬昭之心，路人皆知」，美國企圖圍堵中國，並且不惜代價猛挖中國牆腳的陰謀於此暴露無遺，北京豈能按兵不動？

（原載2012年11月12日菲律賓聯合日報「笑談古今」專欄）

奧巴馬首訪緬甸居心叵測

在美國進行總統大選的過程中，共和黨和民主黨的候選人都肆意嚴重地把中國「妖魔化」，以此來討好選民，爭取選票。

近年來，美國經濟低迷不振，政客們不好好檢討國內的種種問題並徹底改革金融和經濟結構，反而輕率地把所有的困擾都歸咎於中國的「不合理」競爭。早在去年初，共和黨內多名有意角逐總統候選人的政客即高舉批評中國的大旗，藉強烈的反華論調來塑造自己愛國以及關心民眾的形象。因為這種「妖魔化中國」的歪風在美國找得到市場，所以許多嘩眾取寵的政客便靠這一股歪風來獲取民眾的掌聲；相反地，任何親華的言論都會受到民眾的噓聲，例如那一位熟諳華語並瞭解中國國情的駐華大使洪博培（Jon Meade Huntsman, Jr.），特地辭卸大使職務回國參加總統提名競選，卻因為他的親華形象不受美國選民歡迎而不得不黯然退出競選。最後代表共和黨披甲上陣出征總統選戰的羅姆尼參議員（Mitt Romney）便是一個醜化中國的高手，他把美國的經濟問題全都怪罪於中國，咬定是中國人搶走了美國人的飯碗，更口沒遮攔地謾罵中國是「騙子」、「偷竊了美國的科技工藝」，還指責奧巴馬總統對付中國太過軟弱，以此來挑動民眾對奧巴馬的不滿，承諾自己一旦當選，就任後第一天便會將中國列為「匯率操縱國」；就是這一些沒有理智的「反華急先鋒」，反而可以獲得美國選民的青睞。

為了順應民意潮流並取悅選民，民主黨候選人奧巴馬也罕見地把中國公開標簽為「敵人」；他攻擊羅姆尼在中國進行投資，並以自己在總統任內曾多次將中國告上世界貿易組織作為他驕人的政績。共和

黨和民主黨的總統候選人不約而同地都在為自己塑造反華的形象,更在美國選民的心目中製造了一種極端危險的歪曲理念,那便是任何政客如果與中國為友便是壞人,敢與中國抗衡便是美國人的大英雄。

如今美國的總統大選已經塵埃落定,奧巴馬成功獲選連任,中國人最關心的事情,便是中美關係未來會如何發展。

甚多政論家都認為,奧巴馬在第二屆任期內,已經沒有競選的壓力,不必再刻意把中國妖魔化來討好民眾,相信會務實地與中國密切合作來搞好美國的經濟。這種想法不無道理,但是要知道,在國務卿希拉莉的推波助瀾之下,奧巴馬近兩年來把「重返亞洲」視為他的重要國策,而在爭取亞洲各國承認其「盟主」地位的過程中,難免要與中國抗衡,勢將盡力抑制中國的崛起。一些美國的有識之士指出,目前中、美兩國面臨甚多共同的問題,如國際恐怖主義、經濟蕭條、氣候變化、能源短缺、核安全等等,亟待中、美這兩個世界最大的經濟體協商合作、齊心攜手來解決這些問題。然而,美國政府高層非但不謀求與中國的領導人進行衷誠的合作,反而殺氣騰騰地到亞洲來大搞特搞所謂「勢力再平衡」(Re-balancing of Power)的玩意兒,令人深感莫名其妙。美國學者認為這種現象的發生,乃是美國政客對中華文化缺乏認識的緣故,奧巴馬是一個廿一世紀的領袖,卻擁有上世紀中葉的冷戰思維,身為自由派的民主黨首領,卻與鷹派的希拉莉同樣具備共和黨人的保守和好戰心態,實在是美國人的悲哀,也是國際社會的不幸。

當選連任之後,奧巴馬隨即宣佈將於十一月十七日至二十日出訪緬甸、柬埔寨和泰國,並將在金邊出席東盟峰會,成為第一個訪問緬甸和柬埔寨的美國在任總統;國務卿希拉莉和國防部長班內塔也將分別訪問亞洲多個國家。在頻繁的「重返亞洲」行動中,美國不遺餘力、企圖爭取幾個一向與中國關係非常親密的國家,「挖中國牆腳」的用心不言可喻。

多年來,柬埔寨與中國保持著極為密切的關係,在一些國際事務上

也秉持著一致的立場。美國一直鼓吹東盟各國必須針對南海主權糾紛採取統一的意見，用意自然是讓東盟各國團結起來對抗中國，但今年擔任東盟組織輪值主席的柬埔寨強烈抗拒這個建議，甚至不肯把南海爭端列進東盟峰會或外長會議的議程，拒絕把南海的主權問題寫進公告文件。柬埔寨同意中國的立場，認為南海主權的糾紛應該由相關的雙方自己進行友好協商，外人不應插手；希拉莉國務卿已經多次會晤柬埔寨領導人，但卻動搖不了中柬的堅固友誼，如今奧巴馬「御駕親征」，希望親自游說柬國首相洪森就範，不難猜想到他焦急的心情。

美國國務卿希拉莉早些時候訪問了緬甸，而緬甸總統吳登盛和反對派領袖昂山素姬也分別受邀作客白宮。近數十年來，緬甸一直依賴中國的援助而得以生存，但近期在美國政府的「統戰」下，不但政治氣氛有所改變，甚至連對待中國這個鄰邦老大哥的態度也已經變了味道。中緬兩國有一個很大的合作項目，便是在伊洛瓦底江建造規模宏大的「密松大壩」，這個發電站建成之後，除了供應緬甸的電力需求之外，還可以把一大部分電力賣給中國來賺取外匯，對緬甸的經濟有極大的幫助，但是現在已經被緬甸政府叫停。中緬兩國還計劃建造一條由孟加拉灣橫跨緬甸而通往雲南的石油管道，這條管道建成之後，中國在中東採購的石油便可以借道緬甸直接輸送到雲南，而不必經過馬六甲海峽的長途海上運輸了，不管在安全保障以及運輸成本上都能帶來極大的效益，對中國的經濟有著重大的影響，而緬甸不必花費建築成本便可以長期坐收管道費，也是一盤對經濟有很大幫助的生意，但是美國人早已虎視眈眈，伺機掣肘並破壞中國的計劃，油管的建造今後會不會胎死腹中，還是一個未知數。

奧巴馬當選後立即風塵僕僕造訪緬甸，到底是何居心？美國會不會拋出美麗的條件以利誘緬甸政客，來達到離間中、緬關係的目的？這些都是北京應該慎重注視的焦點。

（原載2012年11月14日菲律賓聯合日報「笑談古今」專欄）

美國政府踐踏民眾隱私權

有人說:「世界上只有強權,沒有公理。」聽起來令人感到頹喪,也覺得不可理喻,但想深一層,卻發覺這一句話所說的乃是殘酷的現實。

最近美國政府一再公開指責中國,說北京當局不但縱容「駭客」(Hackers)侵襲美國的網站,甚至有政府機構直接參與其事,竊取美國的軍事機密以及武器資料。美國新聞界把這一個話題炒作得沸沸揚揚,美國國會也藉題發揮、大作文章;國防部長哈格爾(Chuck Hagel)最近到新加坡出席「香格里拉對話」時,同樣把「網絡戰爭」(Cyber Warfare)當成一個重要的課題拿來談論。上周末奧巴馬總統與習近平主席在加州安納伯格莊園(Annenberg Estate)舉行「習奧會」時,「網絡安全」也是兩國領導人會商的課題之一,可見美國人的確把中國政府當成可怕的「大駭客」。

就在「習奧會」進行的同時,英國「衛報」(The Guardian)刊登了一則爆炸性的專訪報導,揭發美國政府一直以來透過情報機關秘密收集電話記錄以及監控互聯網活動,揭露出美國政府的「大駭客」身分,也揭發了美國政府嚴重違犯美國憲法所保障的人民隱私權的罪狀。華府起初還想推搪,主要的互聯網公司也異口同聲否認有配合美國政府監控用戶的活動,為知提供消息的「吹哨人」(whistleblower)公開露面,竟然是美國中央情報局的前職員斯諾登(Edward Snowden);他揭露出國安局以代號「稜鏡」(Prism)的專案負責竊聽工作,並講出他本身參與這種侵犯人權行動的經驗,令

美國政府以及情報機構無所遁形、啞口無言。

年僅二十九歲的斯諾登並沒有正式的學術銜頭或背景，雖曾就讀於社區學院，但並未畢業，然而他卻成功地進入中央情報局工作，而且獲擢升為分析員。幾個月前，他轉赴一家叫Booz Allen Hamilton的私人機構任職，這家公司獲得美國國防部屬下的國家安全局（National Security Agency）聘任為合約代工（contractor）。斯諾登受該公司委派，前往夏威夷工作，有機會繼續接觸安全局的機密檔案。斯諾登自認收入不菲、生活穩定而舒適，但是他總覺得自己在工作上「助紂為虐」，心中一直內疚不安，最後決定揭露美國政府的不法行為，對自己的良心作一個交代。他於本月初飛到香港，最初接觸「華盛頓郵報」（Washington Post）的記者，準備讓該報披露機密的消息，但是郵報以消息過於敏感而躊躇不決，結果被敢言的英國「衛報」獨佔鰲頭。

斯諾登的揭密無可避免地引起一陣大風浪，美國政府受到的衝擊可想而知，連日來白宮、五角大樓、國會山莊以及其它相關機構都疲於奔命，企圖堵塞漏洞以減低損傷的程度。在國際社會上，美國一向以「國際警察」自居，口口聲聲以維護人權為己責，如今被暴自己做出這一種漠視民眾隱私權的可恥行為，形象自然嚴重受損。而更令全球人士提心吊膽的是幾乎所有主要的網絡公司，如谷歌（Google）、微軟（Microsoft）、美國在線（AOL）、雅虎（Yahoo）、臉書（Facebook）、推特（Twitter）等等網絡龍頭，都把總部和伺服器（server）設在美國，也即是說美國政府隨時可以掌握全球網絡用家的資訊材料。

揭密後，社會大眾對斯諾登的反應迥然迥異，許多人把他視為富有正義感、敢作敢為的英雄，但也有一些美國人指責他是出賣國家利益的「叛徒」；美國司法部已著手介入調查事件，相信即將全面展開追捕斯諾登的行動。斯諾登也知道現在已經是有家歸不得，香港與美

國又早就簽訂了「引渡罪犯協定」，因此香港並非他久留之地；他向新聞記者表示，希望冰島這個以尊重言論自由見著的國家能夠接受他為政治難民，而俄羅斯總統普京的發言人也已表示歡迎他前往俄國居留，相信這個美國的眼中釘不致於走投無路。由於擔心本身的安危，斯諾登已離開了下榻的香港酒店，目前下落不明；佩服他那股勇氣的人都希望他平安無事，但同時也對這一位敢於挑戰美國情報機構的「唐吉訶德式英雄」的安全問題感到憂心忡忡。

美國的政客和情報機關以「反恐」為藉口，辯稱監控民眾的電話記錄和互聯網乃是為了確保國家的安全；但與此同時，美國政府卻恬不知恥地把包括中國在內的許多國家批評得體無完膚，指責這些國家違犯人權、監控通訊，沒有賦予人民充分的信息自由；「只許州官放火，不准百姓點燈」，美國政府這一種雙重標準的做法實在令人不齒。

美國政府連自己的人民也採取如此凌厲的手法來監控，怎可能不在網絡上監控外國政府的活動？而被華盛頓視為第一號競爭對手的中國，自然而然便成為美國政府監控的主要對象了。美國政府既然以國防安全為理由來辯護其監控其它國家互聯網活動的行為，而如今只因懷疑有黑客來自中國大陸便大肆興師問罪，真不知道美國要如何自圓其說？美國政府這種作法，何異於「作賊喊賊」？一些美國網民在網上留言，指出美國人不斷指責中國在網上侵權，其實本身才是最大的網上侵權者，並批評美國政府乃是厚顏無恥的「偽善者」（hypocrite）；美國公民自由聯盟已經對聯邦政府提出法律控訴，要求法庭頒令禁止美國政府的非法行為。

在「網絡安全」問題上，中國政府一直處在非常被動的地位，分明是吃了虧，還必須在各種國際場合低聲下氣，既解釋、又保證，甚至還要送小心、賠不是；其實美國破壞其它國家網絡安全的情況更為嚴重，連日本也在自衛隊的架構下成立了「網絡軍」，赤裸裸地排出戰鬥方陣。中國政府應該高調闡明立場，在反恐和維護國家安全的前

提下,勢必有需要加強軍中的網絡專家隊伍,採取更積極、更主動的步驟來保障國家的網絡信息安全,理直氣壯地打一場沒有硝煙的現代戰爭。

(原載2013年6月14日菲律賓聯合日報「笑談古今」專欄)

斯諾登揭發美國非法勾當

美國中央情報局前職員斯諾登（Edward Snowden）潛逃到香港，向國際新聞界揭露美國國家安全局多年來一直進行著一項以「稜鏡」（Prism）為代號的專案工程，竊聽和竊取美國國內以及國際間的電話、電郵內容和互聯網資料，不但違犯了普羅大眾的隱私權，還竊取了世界各國政府及領導人的機密，嚴重地侵犯了這些國家的主權。斯諾登的揭秘，不但揭開了美國政府一個大醜聞，更在國際社會掀起一場軒然大波，歐洲各國的領袖已紛紛表態，要奧巴馬在即將召開的 G8 高峰會議上作出交代。

斯諾登事件令美國政府丟盡顏面、狼狽不堪；一直以來，美國以「維護人權先鋒」自居，不但將自己視作全球的人權模範，國務院還每年發表一份所謂「人權白皮書」，針對世界各國的人權狀況說三道四，將某些國家批評得體無完膚；想不到美國政府如今竟然暴露出自己的另一副嘴臉，不但剝奪了民眾的隱私權，還赤裸裸地踐踏人民言論自由的基本人權。不過，華盛頓的政客臉皮特別厚，今年度的「人權白皮書」當然照樣出版，裏面也一定只會對其它國家進行嚴厲的批評和撻伐，而絕對不會出現斯諾登所揭露之美國政府踐踏人權的事實。

兩年前，時任美國國務卿希拉莉·克林頓（Hillary Clinton）趾高氣揚公開點名指責中國政府侵犯美國的網絡系統，早些時候，美國還公佈了解放軍在上海的辦公大樓照片，指稱該大樓乃是中國的「駭客總部」，專責襲擊包括美國在內的外國網站，更誣責中國從網上偷竊美國的武器資料。今年六月初在新加坡舉行的「香格里拉對話」以

及中、美兩國領導人在加州安納伯格莊園舉行的「習奧會」中，美國都提出「網絡安全」作為商談的課題，簡直把中國當成國際大駭客看待，令北京疲於接招應付。想不到才過幾天，斯諾登把美國政府的「稜鏡」專案曝光，而美國人「作賊喊賊」的面具也被撕開，雖然中國人比較厚道，沒有乘機加以訕笑反擊，但是美國的高官面對這種情況，豈能沒有尷尬難堪的感覺？

所謂「狗急跳牆」，顏面盡失的美國情報機構為了遮羞，居然含血噴人，指稱斯諾登是為了經濟因素而「叛逃」，並懷疑是被外國所收買，言下之意，暗示斯諾登乃是中國人用金錢收買的「雙重間諜」；眾議院情報委員會主席邁克、羅傑斯（Mike Rogers）更莫名其妙地作出露骨的公佈：「我們將徹底調查他的中國聯繫人是誰，有許多問題似乎不同尋常」。美國政客本來就滿腹存著「陰謀論」，「杯弓蛇影、疑神疑鬼」更是他們的本性，而斯諾登早不揭秘、晚不揭秘，偏偏挑在習近平主席與奧巴馬總統會面、而奧巴馬又指明要談「網絡安全」的時候才揭秘；而且斯諾登別的地方不去，偏偏跑到香港這個屬於中國的特別行政區來揭秘，善鑽牛角尖的美國人自然把他與中國政府拉在一起。美國人這種不自反省認錯，卻一味把別人抹黑的作法，確是令人不齒。

中國人實在是太過善良，如果倒過來，斯諾登是叛變的中國情報員，可以想像美國人會怎麼利用他來煽風點火、大作文章。如今斯諾登逃到香港，香港特區政府和北京中央政府卻一直低調處理，盡量避免提起事件；外交部發言人到現在還對事件隻言不加評語，香港特首梁振英也只說香港政府會依法律程序處理問題；反觀敢作敢為的俄羅斯總統普京，已經透過發言人表示，如果斯諾登提出請求，俄羅斯將給予政治庇護。斯諾登表示他暫時無意離開香港，儘管美國與香港簽訂有「引渡協定」，他也將在法庭抗爭到底。法律界人士指出，即使美、港訂有引渡協約，而香港在「一國兩制」下又有高度的自治權，

但基本法規定任何牽涉國防和外交的重要事件,特區政府必須與北京協商;很明顯,就斯諾登事件來說,北京是不可能置身度外的。依照香港法律,斯諾登可以在香港逗留九十天,但九十天後香港政府會容許他繼續居留,或是把他遣配回美國,抑或將他送往第三國,成了目前大眾關注的焦點。上周末,二十多個香港民間團體組織了示威遊行,聲援斯諾登;全世界的眼光都注視著香港和北京將採取什麼行動來處理這一個事件。

所謂「人善被人欺,馬善被人騎」,就因為中國人太過善良,結果往往會受別人欺負;每一次中、美元首會晤,雖然大家客客氣氣,但總是美國總統採取攻勢,而中國領導人則處處佈防,還要事事陪小心。例如談到朝鮮半島,美國老是怪責中國沒有管好朝鮮這個小兄弟,而中國也每次都陪著指責朝鮮,何曾聽過中國領導人警告美國不要在朝鮮半島和黃海搞軍事演習以免挑逗朝鮮?談到東海和南海,只聞美國一再警告中國不要提高地區的緊張氣氛,什麼時候聽到中國叫美國約束其盟友不要搞事,並警告美國不要火上澆油?談到人權,也只有美國講話的份,每一次領導人碰面,美國人總是拿新疆、西藏、劉曉波、王炳章……來說事,何曾聽到中國領導人提起美國在關塔拿莫監獄踐踏人權的事實?何時指責過美軍利用無人飛機在北非和中東濫炸無辜平民的慘狀?何時替那些遭受到美國警察毒打虐待、甚至肆意槍殺的非洲裔美國人講句公道話?同樣,在網絡安全問題上,中國分明是駭客的最大受害者,卻每次都要向美國人陪笑臉,到底中國人什麼時候才敢挺起脊椎骨,把手指指向美國人講幾句強硬的話詞?

令人深感訝異的是居然有些人高聲疾呼,說為了鞏固中、美的友好關係,特別是不要沖淡剛完成的「習奧會」的良好氣氛,更為了刷除中國慫恿及收買斯諾登的嫌疑,應該把斯諾登引渡返美國。說這種話的人一心只想討好美國,根本沒有考慮到中國的國家利益;試問俄羅斯為什麼急著要收留斯諾登?理由很簡單,斯諾登肯定知悉大量美國攻襲其

他國家網絡的詳情，對任何國家來說，這些資訊都是今後保護網絡安全的寶貴參考資料；中國政府如果妄然將斯諾登遣配，非但得不到第一手資料，還會因完全漠視斯諾登的人權而再一次被國際社會批評得體無完膚。那些主張以引渡斯諾登來促進中美邦交的人士，為什麼不建議美國把法輪功教主李洪志遣返中國，以鞏固兩國的邦誼？

（原載2013年6月19日菲律賓聯合日報「笑談古今」專欄）

美國竊取資料以掌控各國政要

美國中央情報局前僱員斯諾登（Edward Snowden）叛逃後，向媒體揭露出美國國家安全局多年來執行著一項代號「稜鏡」（Prism）的專案工程，大規模竊聽和竊取電話及電郵通訊，範圍之廣令人難以置信，不但覆蓋美國公民，也包括外國政要、平民以及政府和私人機構。

斯諾登學歷不高，但精於電腦技術，離開中情局後任職於「博思艾倫公司」（Booz Allen Hamilton）；這家公司乃是美國國家安全局的承包商，因此斯諾登平日可以接觸到最機密的檔案。根據斯諾登揭露的資料，這一項全球大竊聽的方案是由美、英兩國的情報機構聯手進行的，在舉行國際會議期間，連各國元首的電話及電訊紀錄，也都被美、英情報機構全盤掌握，難怪在國家之間的談判中，美國對其它國家的談判底線都一目瞭然，而別的國家只好讓美國人叉著脖子走路。

中國成為美國竊取電訊資料的主要對象不足為奇，斯諾登的資料顯示，香港也同樣成為美國國安局監控的目標，連北京清華大學和香港中文大學這種學術機構，居然也受到國安局的「青睞」而成為被長期監聽的對象。

對美國來說，斯諾登的揭密無疑是一個極為嚴重的打擊；儘管美國政府祭出「反恐維穩」的「護身符」，企圖以提防恐怖活動為理由來掩飾其違犯公民隱私權、踐踏自由通訊基本人權的罪行，但華府平日滿口仁義道德，如今卻被剝掉虛偽的面具，暴露出猙獰的真面目，難堪之情可想而知。

美國情報機關利用個人的機密資料來對一些特定的目標人物進行威脅恐嚇，早已不是新聞；早年美國聯邦調查局局長胡佛（Edgar J. Hoover）便慣於利用收集的隱私資料來控制政治人物，在需要的時候逼使他們就範，甚至連時任總統的甘迺迪也成了他的受害人。近日，一個名叫魯塞‧泰斯的前美國情報分析員也爆料，他早年曾參與國安局的大規模監聽活動，對象包括個人以及社會團體，在監聽的政治人物當中，除了法官、國會議員、內閣官員、軍中將領之外，還包括有當時任職律師的伊利諾州參議員候選人、現任總統奧巴馬（Barak Obama），可見美國政府執行侵犯人權的監聽行為由來已久，而且是無遠弗屆。

　　斯諾登披露機密後，美國的盟友們才驚訝地發覺，原來美、英的砲口同樣對著他們，而且其嚴重性已經到了難以想像的程度。斯諾登揭發美、英情報機構在 G20 峰會期間，竊聽了俄羅斯、土耳其和南非等國領導人的通訊，震撼力頗大；俄羅斯不高興不在話下，土耳其和南非一向認為自己是美、英的親密夥伴，土耳其更是他們的北約盟友，如今才發現美、英對他們根本完全沒有信任感，枉費自己的一片痴心，真是情何以堪？

　　美國的情報機關如何把友邦的政客操控在股掌之中，不妨回顧一下日本政壇的動態，便可瞭解詳情。幾年前，自民黨因執政無方引起廣泛的民憤，而在野的民主黨聲譽卻如日中天，眼看著民主黨馬上可以成為執政黨而黨魁小澤一郎即將出任首相之際，突然傳出小澤的首席秘書涉嫌違反「政治資金規正法」，逼得小澤要辭掉黨魁的職務，把首相的寶座拱手讓給副手鳩山由紀夫。為什麼小澤一郎會「出師未捷身先死」呢？大家都知道，小澤與北京的關係非常密切，他一向主張日本應該擺脫美國的陰影，與中國這個近鄰發展更密切的外交關係，美國人怎會放心讓他當上日本首相？為什麼小澤的秘書接受不正當的政治獻金會「適時」曝光呢？不難理解，如果電話和電郵都被人

竊聽竊取，還有什麼秘密可以隱瞞？

　　鳩山由紀夫的命運也好不了多少，他只做了九個月首相，便含淚宣佈辭職，結束了他的短命內閣。鳩山在日本政壇站不穩，理由很簡單，因為他也是「親華派」，在競選的過程中，他鼓吹日本「外交重新定位」、「重返亞洲」，同時主張美軍基地遷離沖繩普天間。雖然鳩山的政見得到選民的支持，但是在美國的壓力下卻不得不擱置自己的政治理念、違背他的競選諾言而同意讓美軍基地繼續留在沖繩，卻也因此而結束了自己的政治生涯。是什麼原因逼使鳩山由紀夫作出這一個「自殺式」的決定呢？經過斯諾登這一次揭秘，得曉美國情報機關全盤掌握了外國政要電話和電郵紀錄的實況，便不難理解當年鳩山為什麼必須含淚辭職的背景了。

　　鳩山的接班人菅直人年青時曾以「日中交換青年」的身分訪問中國，與胡錦濤主席及多名中南海領導人有著深厚的私人交情；他曾對新聞記者說過，日本應該「脫美入亞」，難怪華府對他同樣不放心，菅直人也只當了一年零兩個月的首相便不得不匆匆下台。

　　再往遠一點看，安倍晉三於 2006 年首度組閣擔任首相，當時的中日關係被甫下台的首相小泉純一郎搞得「冰凍三尺」，安倍一上台便打破日本首相就任後必須先造訪美國的慣例，而是把北京作為他出訪的第一站，意圖為中日外交關係破冰。安倍這一個動作引起國際社會的注目，也引起華盛頓對他的極端不滿，結果在安倍的內閣裏面，一連有好幾個閣員鬧出醜聞，之後更曝光了「養老保險金」大醜聞，狼狽不堪的安倍最後在首相位子上坐了不到一年的時間便以「健康問題」為理由鞠躬下台。可能是好好地反省了上一次被迫下台的前因後果，安倍晉三此次東山再起，便絲毫不敢怠慢，一直抱著美國的大腿認「爺爺」，同時不斷向中國開砲；很明顯，他知道那些足以置他於死地的黑材料並不在北京，只要一味討好華盛頓便可保平安無事。

　　世界各國有甚多政要，甚至包括某些國家元首和內閣閣員，親美

的程度令人難以置信，有時候甚至罔顧國家利益而追隨美國的腳步，讓人不能不猜測，很可能他們也有一些不可告人的資料，掌握在美國人的手裏，因而不得不向華府低聲下氣、俯首稱臣，甚至全盤接受華盛頓的指揮和控制。作為國際第一號大駭客，看來美國政府的確得到了不少非常有價值的私隱資料，而且善於利用這些竊取來的資料進行威迫脅持，收到了他們所期待的效果。

（原載2013年6月26日菲律賓聯合日報「笑談古今」專欄）

美英監聽電話無孔不入

美國前情報員斯諾登（Edward Snowden）獲俄羅斯政治庇護之後，繼續不斷揭露美國情報機構在全球各地監聽電話和竊取電郵通訊的狀況，每一次爆出新的資料，總會引起全球一片驚訝的嘩叫聲。

最近斯諾登揭發美國情報單位監聽電話的範圍，竟然包括關係密切的盟友如德國和法國，而東南亞國家如印尼、馬來西亞等也同樣無一倖免。令德國人傻了眼的是到現在才知道，他們的總理默克爾女士（Angela Merkel）每一通手提電話的談話內容，都被美國情報機構竊聽並錄音存檔，而且這項監聽行動始於她還沒有當上總理的2002年，十餘年來從未間斷。斯諾登還披露，美國雖然與墨西哥稱兄道弟，但三年前也曾截取時任墨西哥總統卡爾德隆（Felipe Calderon）的電郵，這一項消息的暴露令墨西哥當局憤慨萬分。斯諾登掌握的資料可能只是冰山一角，美國情報機構滲透全球各國政經高層的嚴重性，遠非一般人所能想像。

德國「明鏡週刊」（Der Spiegel）上月底報導，根據美國國家安全局（National Security Agency，簡稱NSA）內部機密文件透露，美國在全球各地設立了八十個特殊情報蒐集站，遍佈在亞洲、歐洲、非洲、拉丁美洲各大城市；這些情報蒐集站位於美國駐該地的大使館或領事館裏面，設有先進的監聽儀器，美國派駐該等國家的情報人員則以外交官身分作為掩飾。國安局的名單顯示，亞洲地區多個城市，包括北京、上海、成都、香港、台北、馬尼拉、曼谷、雅加達等都設有美國情報蒐集站。根據消息報導，美國情報機構還開發出一種以「愛

因斯坦」為名的天線設備，安裝在大使館的屋頂或較高樓層；該天線的監聽性能非常強，不但可以監聽手提電話和衛星電話的通話內容，還能探測出被監聽對象的處身地點，更可以截取微波電訊、解密外國的通訊聯絡。

美國與另外四個英語國家，即英國、加拿大、澳洲和紐西蘭，組織了一個稱為「五眼」（Five Eyes）的聯合情報機構，五國互相配合，分工監聽其它國家的通訊，然後共同分享監聽的資料。近日，印尼和馬來西亞外交部都召見了駐該國的澳洲大使，提出嚴重的抗議並要求澳大利亞政府作出解釋，原因便是澳洲利用駐當地的大使館充當了「五眼」集團監聽電話以及收集情報的大本營。英國駐柏林大使館屋頂也被發現建造了巨型的天線，而該大使館距離德國政府中樞辦事處只是幾百米之遙；英國外交大臣黑格（William Hague）在接受電視訪問時，被節目主持人追詢是否監聽德國政府，他給了一個模稜兩可的荒唐答案：「我不會承認、也不會否認有關這一方面的問題。」任何人都能夠理解，這種推搪式的說法完全是「做賊心虛」的表現，如果實在沒有做，為什麼不敢坦蕩蕩地加以否認？「不承認也不否認」，便是無形的「承認」。

英國三大情報首腦同時接受國會責詢時聲稱，情報單位的監聽行動，是「為了保衛自由和民主」；多麼堂皇亮麗、正義凜然的藉口！聽到這種言詞，不禁想起希特勒揮軍波蘭時，也說是「為了遏制蘇聯的勢力擴張」；日本侵略鄰國是「為了建造大東亞共榮圈」，血洗東南亞是「為了把亞洲人從歐美殖民者手中解放出來」；瘋狂的前烏干達獨裁者伊迪・阿敏（Idi Amin）據傳在吃下政敵的心肺時，也說他是在「清除世間的妖魔」。英美的情報單位為了「保衛民主」而施行獨裁式的監聽行動，為了「維護自由」而踐踏人類的言論和通訊自由，難免讓人想起法國大革命期間，站在斷頭台上的羅蘭夫人（Madame Roland）所講的那一句話：「噢，自由，多少罪惡藉你的

名而犯！」（原文：O Liberté, que de crimes on commet en ton nom!）

近期斯諾登再爆料，指美國國安局針對法國的主要電訊營運商「橙」（Orange）和電訊設備龍頭「阿爾卡特-朗訊」（Alcatel-Lucent）進行情報截查，單在去年底至今年初的三十天內，便截聽了法國七千萬個電話的通話內容，以及數百萬條短訊資料；而監控的目標並不只限於被懷疑與恐怖分子有關的人物，而是包括一些商界和政界的重要人士，以及某些公務員。消息傳開，法國朝野群情洶湧，外交部長法比尤斯（Laurent Fabius）立即召見美國駐法大使，要求提出解釋；為此美國總統奧巴馬（Barack Obama）不得不打電話給法國總統奧朗德（Francois Hollande），一方面怪罪媒體「扭曲事實、誇張其詞」，一方面卻又承諾華盛頓會檢討收集情報的手法。美國眾議院情報委員會主席被問及監聽法國民眾的通訊時，竟傲慢地聲稱，如果法國人明瞭美國政府的監聽是在維護他們的安全，他們應該開香檳酒慶祝。這種說法，何異一個強姦犯辯稱他犯下強姦罪是為了向婦女提供性愛的享受？堂堂一個國會議員，對本國政府侵犯友邦公民的隱私權，不但毫無歉意，還要人家開香檳慶祝，無疑在別人的傷口上撒鹽，不知道這種政客到底是愚蠢無知，或是厚顏無恥？

美國政府以「反恐」為名，公開踐踏國際人權公約所規定的通訊自由，嚴重侵犯各國公民的隱私權，令人髮指。竊取如中國和俄羅斯這些具競爭性或敵對性國家的資料尚可理解，但連德國總理的電話也監聽，卻是令這位親密的國際盟友從內心湧起「孰可忍孰不可忍」的憤慨。法國、墨西哥、巴西、東南亞國家的領導人也同樣被美國竊聽電話、截取電郵，儘管奧巴馬總統忙著打電話向友邦領袖們保證不會再進行這種「偷雞摸狗」的行為，但所謂「一朝被蛇咬，十年怕草繩」，大家既然見識了美國的真正面目，盟友之間的互信實已蕩然無存矣！

（原載2013年11月15日菲律賓聯合日報「笑談古今」專欄）

「911事件」十二週年祭

今天是 2013 年 9 月 11 日,是 2001 年所發生的那一場改寫現代世界歷史的「911事件」十二週年紀念日。

記得十二年前的今天,我吃過晚飯,正在香港家中觀賞電視連續劇,突然接到大女兒從加拿大多倫多打來的長途電話,氣急喊叫老爸趕快看新聞報導。還沒問清原由,電視台已經中止了連續劇的播放,臨時插上特別新聞報導,畫面上只見紐約曼哈頓地區的地標建築「世界貿易中心雙子星摩天大樓」(Twin Towers, World Trade Center)其中一座冒出一股濃煙;就在此時,在全球億萬電視觀眾睽睽注視下,忽然再有一架飛機飛進電視畫面,撞向雙子星另一幢大樓,頓時又是一股濃煙。接著,電視螢光幕的畫面又轉到美國首都華盛頓近郊的「五角大樓」(Pentagon),一架飛機撞進國防部的辦公大樓;再過一會兒,鏡頭顯示另一架飛機在賓夕凡尼亞州墮毀,說是飛機上也發生了劫機事件,機組人員及部分乘客與劫機者進行搏鬥,最後飛機墮地燒毀,全機乘客與恐怖分子同歸於盡。當電視螢光幕再轉回紐約世貿中心時,鏡頭上只見一群群驚惶失措的逃難者,在滿身蓋著煙灰硝塵的消防員以及其他救援人員的扶持下逃離現場;畫面上也看到一些小小的黑影從樓上飄下來,電視台的記者聲嘶力竭喊道:「又有人耐不住高溫,從樓上跳了下來。」接著,難以置信的現象發生了,只見這兩幢高達百餘層的摩天大樓在焚燒了一個多小時後先後坍塌了下來,飛揚的灰燼有如剛爆發的火山口,當時是美國東岸的上午十時左右,但整個紐約「下城」(Downtown)卻籠罩在一片黑暗中,世界的面貌也從此改變了。

2001年9月11日美國東岸的晨早,十九名回教極端分子在「基地組織」(Al Qaeda)創始人奧沙瑪、本、拉登(Osama bin Laden)的策劃下,懷著「風蕭蕭兮易水寒,壯士一去兮不復還」的心態,分別登上了四架由美國東岸起飛的航機,把這四架民航飛機騎劫來作為他們襲擊目標的巨型炸彈。「911事件」的確經過非常周詳的計劃和籌備,那些慷慨赴死的基地組織「死士」全都經過嚴格的訓練,大部分敢死隊隊員都在飛行學校完成了駕駛飛機的課程,熟悉飛機的性能以及駕駛的技術;當天早上他們挑選乘坐的都是由美國東岸飛往西岸的長途班機,目的是確保每架飛機上都裝載著大量燃油,可以發揮最大的爆炸和燃燒威力。恐怖分子選擇的襲擊目標也是經過精心思慮,兩架起飛自波士頓的班機衝撞紐約世界貿易中心雙子星大樓,成功地把這兩幢象徵美國資本主義社會經濟雄風的紐約地標徹底毀滅;起飛自華盛頓的班機衝撞國防部五角大樓,很明顯是在挑戰美國的國防軍事力量;第四架飛機由新澤西州紐瓦克(Newark)機場起飛,據稱撞擊的目標是華府的國會山莊或白宮,是拉登挑戰美國政治權力中心的象徵;無奈人算不如天算,由於這一架由紐瓦克機場出發的航班起飛時間延誤,以致被騎劫的時候機組人員和乘客都已經知道恐怖分子劫機衝撞世貿中心的事件,遂英勇地與劫機者奮死搏鬥而致飛機墜毀於賓夕凡尼亞州,白宮和國會山莊因此得以倖免於難。

騎劫飛機這玩意兒相信是菲律賓華僑青年洪祖鈞所發明的,在他之前好像沒有聽說有過騎劫民航班機這種轟天動地的行為。洪祖鈞於1952年在馬尼拉槍傷移情別戀的女朋友,然後劫持菲律賓航空公司的客機,脅逼機師轉飛廈門,糾纏之間又槍殺了一名機師和一個空中服務員;最後菲航客機被當時掌控台灣海峽制空權的台灣空軍逼降金門,洪祖鈞被押送台灣,結束了一場轟動一時、史無前例的劫機行動。至於利用飛機作為自殺工具與敵人同歸於盡的行為,則以日本人最為瘋狂;第二次世界大戰末期,日本軍隊在太平洋戰場上節節敗退,於是組織了「神風特攻隊」(Kamikaze),由青年機師駕駛滿

載炸藥的小飛機,撞向美國海軍的艦艇,犧牲一己之軀來破壞敵軍的實力。幾十年後,「恐怖大亨」拉登將洪祖鉤的劫機技巧和神風敢死隊的「玉石俱焚」精神融合於一爐,炮製出舉世震驚的「911事件」。事件發生之後,美國發動了一場覆蓋全球的「反恐戰爭」,戰火燃燒到伊拉克、阿富汗、巴基斯坦以及中東和北非多個國家,而恐怖分子的「人肉炸彈」也隨時隨地出現在全球各地的人群當中,世界從此再無寧日。的確,「911事件」改寫了現代的世界歷史。

恐怖分子在「911事件」中所襲擊的目標全是美國的「精神堡壘」,是美國人引以為傲的經濟、軍事和政治威權象徵;幾架飛機的撞擊,打破了美國「堅不可摧」的形象,是日本偷襲珍珠港之後,美國本土第二次遭受重大的襲擊。事件中,共有二千九百九十八人罹難,包括四百一十一名消防員、警察和救援人員;拉登也成了美國的頭號敵人和通緝犯。為了追捕拉登,美國不惜出兵阿富汗,因為美國政府認為阿富汗的塔里班政權乃是拉登的「保護神」。花了十年的時間,美國「燒掉」近五千億美元的戰爭費用,七千多名美軍在戰場上或死或傷,雖然推翻了塔里班政權,卻始終沒能抓獲或殺死在山野間流竄的拉登;最後美國掌握了拉登藏匿於巴基斯坦的情報,終於在2011年5月1日派遣特種部隊,以「迅雷不及掩耳」的手段擊斃了拉登,並隨即將他的屍體丟進阿拉伯海,雪清了十年的積恨。

然而,拉登之死,並非美國遭受恐怖威脅的終結,因為回教徒仇美的情緒依然存在,恐怖行動也會「野火燒不盡,春風吹又生」。拉登生前曾說出了全球伊斯蘭社會的心聲,他們之所以仇美,原因是以色列迫害巴勒斯坦人,而美國卻一味偏袒護短,不分青紅皂白地支持以色列。追根究底,美國應該深入檢討其中東政策,督促以色列訂出與巴勒斯坦人和平共處的長遠計劃,才能消除種族之間的仇恨,為世界帶來真正的和平和安全。

(原載2013年9月11日菲律賓聯合日報「笑談古今」專欄)

美國果然是「紙老虎」

「紙老虎」這個名詞在中國大陸可以說是家喻戶曉、無人不識，大家都知道它是用來形容「外強中乾」的人，過去指的是「美國帝國主義」，後來有一段時間針對的是「蘇聯修正主義」。想深一層，把美國和蘇聯稱為「紙老虎」倒是一點也沒錯，蘇聯老大哥曾經獠牙利齒、凶猛威凜，但只經歷一場風暴便隨即土崩瓦解，不但「華沙公約國」的東歐盟友各自分飛，連加盟共和國也紛紛宣佈獨立，大部分國家更已「琵琶別抱」，向西方集團投懷送抱去了，昔日不可一世的「蘇維埃社會主義共和國聯盟」已經成為歷史的渣滓。至於美國，如今搖身一變成為中國的「友邦」，大陸民眾也已不再以「紙老虎」相稱了，但只要看看華盛頓的實際狀況，雖然美軍的艦隊和戰機遍佈全球，但面臨考驗時卻龜縮一旁；近期在敘利亞和烏克蘭克里米亞發生的事件中，讓全世界發現中國人確實有先見之明，美國果然是一隻如假包換的「紙老虎」。

文革期間人手一冊的毛語錄裏面有一段紅衛兵們很喜歡背誦的金句：「一切反動派都是紙老虎，看起來，反動派的樣子是可怕的，但是實際上沒有什麼了不起的力量。」這一段話是毛澤東於 1946 年 8 月間在延安楊家嶺窰洞外會見美國女記者安娜、路易斯、斯特朗（Anna Louis Strong）時所說的。許多人都以為「紙老虎」這一個名詞是毛澤東所發明的，其實不然，中國民間早有「紙虎」、「紙糊老虎」這種說法，在章回小說裏也屢有出現，明朝施耐庵在「水滸傳」裏描寫西門慶與潘金蓮偷情時，聽說武大郎前來捉姦，西門大官人有

點驚惶失措，潘金蓮便是用「紙虎」來形容自己的丈夫，罵了西門慶一句：「見個紙虎，也嚇一交！」晚清重臣李鴻章整編淮軍、創辦水師，然而自知難與列強的陸、海軍抗衡匹敵，曾在信函中自譏是「裱糊匠」，所建的軍隊是「紙糊老虎」；而八國聯軍攻進京畿地帶時，倉皇逃難的慈禧太后也用「紙老虎」來比擬日暮西山的滿清皇權。毛澤東熟讀史籍和章回小說，在談話中引用「紙老虎」不足為奇；但儘管這個詞句不是毛澤東最早發明，無可否認地卻是他把「紙老虎」的概念發揚光大，更把這一個名詞介紹給西方世界，讓它變成一個舉世俱知的詞句。

雖然「紙老虎」這一個名詞不是毛澤東的發明，但是英文譯名「Paper Tiger」卻地地道道是他的創作。據聞當年毛澤東與斯特朗談話時，由「解放日報」總編輯余光生擔任翻譯的工作，毛澤東略懂幾個英文字，他知道紙是 paper，老虎是 tiger，但是他並沒有聽到余光生在傳譯時講到這兩個單字，於是向余提出查詢；余光生向毛澤東解釋，英文字彙裏沒有「紙老虎」這樣東西，所以他用了非常神似的「稻草人」（scarecrow）來代替，毛感到不滿意，堅持要余直譯他的原意，於是「Paper Tiger」這一個新的英文名詞誕生了，經過斯特朗女士在國際間廣為宣傳，從此便成為西方社會所接受的詞彙。

毛澤東說美國是一隻「紙老虎」，一點也沒有言過其實。美國擁有全球最強大的軍力以及最先進的軍事設備，世界上任何國家都無法與之比擬；美國的航空母艦作戰群固定性地在太平洋、大西洋、印度洋、波斯灣、南中國海、波羅的海、地中海等各地巡弋，還頻頻與盟友舉行聯合軍事演習，擺出來的姿勢無疑是一隻張牙舞爪的猛虎；但正如廣東人所說：「有姿勢，無實際」，到了重要關頭，美國總是找個下台階，灰頭土臉地鳴金收兵，變成一隻名符其實的「紙老虎」。

不知道俄羅斯總統普京有沒有讀過毛澤東選集，他對美國那種「紙老虎」的作風認識得比任何人都清楚。敘利亞內戰已經打了三

年多,歐美國家全力資助敘國的反對派,務要推翻現任總統阿薩德（Bashar al-Assad）；美國總統奧巴馬（Barack Obama）更劃下紅線,嚴厲警告敘利亞政府不得使用化學武器,說基於人道精神,一旦敘國出現化武,便是西方國家出兵干預的時刻。幾個月前,大馬士革市郊爆發了化學武器襲擊民眾的事故,死傷無數,敘國反對派圖文並茂向國際社會提出控訴,怪責阿薩德的軍隊使用化學武器,阿薩德政府則指稱使用化武乃是反對派在栽贓誣害。不管化學武器來自何方,敘利亞已經踩越了美國政府劃下的紅線,法國和其它歐洲盟友都已磨拳擦掌、如弓在弦,準備隨時進兵敘利亞；在這個關鍵時刻,普京派了兩艘軍艦駛進敘利亞軍港,然後再拋出阿薩德政府願意配合國際社會銷毀敘國化武的橄欖枝。在俄羅斯軟硬兼施的策略下,奧巴馬選擇普京拋過來的橄欖枝,靜悄悄地不再重提「出兵敘利亞、活捉阿薩德」的宣示,更忘掉他自己劃下的「一旦敘利亞出現化學武器,便是出兵的時候」那一道紅線。

近一個多月來,在烏克蘭克里米亞發生的連串事件,充分地展現出普京的強悍作風,也再次揭穿了美國的「紙老虎」本相。由於烏克蘭總統亞努科維奇（Viktor Yanukovych）決定終止加入歐盟的談判,西方國家遂慫恿烏國反對派發動示威遊行,甚至不惜進行武力鬥爭,逼得亞努科維奇要逃離總統府、流亡俄羅斯請求庇護。就在西方國家沾沾自喜,以為成功地爭取到深具戰略地位的烏克蘭「脫俄入歐」之際,普京突然進行大規模軍演並陳列重兵於俄、烏邊界,接著不動聲色增兵克里米亞,以蒙面的武裝分子裝扮成民兵,包圍該地的烏克蘭軍營和重要設施,然後以迅雷不及掩耳的速度進行克里米亞全民公投,通過了脫離烏克蘭並加入俄羅斯聯邦的議案,把整個克里米亞納入俄羅斯的版圖。普京所採取的行動令歐美國家暴跳如雷,奧巴馬一再發出嚴重警告,卻被普京當成耳邊風,美國軍艦開進黑海,美軍還聯合波蘭和芬蘭進行軍事演習,又增加北約在波羅的海的駐軍人數,

可是普京照樣視若無睹。如今克里米亞已經正式成為俄羅斯領土的一部分，俄國總理梅德韋傑夫更翩翩前往造訪，分明是捋歐美國家的虎鬚。然而，歐美除了宣佈對俄羅斯實施經濟制裁以外，還能夠做什麼？普京又一次戳穿了美國的「紙老虎」面具。

最早認清美國是「紙老虎」的是毛澤東，但如今真正看清美國是「紙老虎」、並從中得益的乃是俄羅斯總統普京。中南海的領導人實在應該多作一番政治學的研究並進行沙盤推演，不要屈服於「紙老虎」的裝腔作勢，才能夠為國家爭取到最大的利益。

（原載2014年4月2日菲律賓聯合日報「笑談古今」專欄）

漫談奧巴馬總統的亞洲行

美國總統奧巴馬於四月二十三日開始了他的亞洲四國之行，先到日本，然後訪問韓國、馬來西亞，最後一站是菲律賓。奧巴馬高調訪問亞洲，引起全球政治觀察家的諸多議論，更令亞洲相關的國家或憂或喜，反應甚為兩極化。

美國政府官方宣稱，奧巴馬的亞洲行目的是要表達美國重返亞洲的決心，尋求亞太地區再平衡，同時向盟國表明堅定支持的態度，重申維護盟邦以及地區安全的承諾。儘管美國一再否認，但很明顯，奧巴馬亞洲行的真正目的乃是企圖聯合其亞洲盟邦對中國進行圍堵，削弱中國在亞太地區的影響力。

有一點可以預見的，奧巴馬此行講的話一定頗為硬朗，表現的態度也一定極為凶狠；事實上在奧巴馬成行之前，美國國防部長哈格爾已經先在夏威夷和東京對中國發出極不友善的言詞。美國之所以要在現階段表現出極強硬的態度，緣因在近期的烏克蘭事件中，美國政府被國際社會看穿了其懦弱的「紙老虎」本色，眼睜睜看著克里米亞被俄羅斯吞併卻只能空喊制裁；看著烏克蘭東部各大城市的親俄份子在莫斯科慫恿下，肆意佔據政府辦公大樓並鼓吹獨立公投，美國政府也只能作出口頭抗議；明知俄羅斯派遣重兵駐紮俄、烏邊界卻愛莫能助。雖然美國副總統拜登親自造訪了基輔，對烏克蘭政權表示全力支持，但所答應給予的經濟援助僅是五千萬美元，與俄羅斯原本承諾給烏克蘭的一百五十億美元經援根本不可同日而言。

美國在烏克蘭事件中的表現，令其盟友對華府平素作出的承諾產

生了極大的懷疑態度，因而奧巴馬政府選擇在亞洲問題上採取強硬的立場，希望裝腔作勢一番之後，在國際政治舞台上爭回一點面子，也加強其亞洲軍事盟友對山姆叔叔的信心。奧巴馬在起程之前，便肆無忌憚地宣稱釣魚島包含在美日安保條約範圍內，而且有可能會應安倍的要求而把這一點寫在聯合公報上；到了馬尼拉之後，奧巴馬或許也會針對南海島礁問題發表一番措詞嚴厲的言辭，來取悅菲律賓這個盟友。

　　試問奧巴馬的亞洲四國行有可能收到豐碩的成果嗎？看起來很難！首先談談日本，由於安倍晉三首相去年底參拜靖國神社而引起美國總統奧巴馬極端不滿，導致了美日關係呈現出緊張的狀態；安倍對奧巴馬此次的來訪感到無比興奮，認為可以籍此來改變奧巴馬對他的態度。奧巴馬原本計劃只在東京逗留一個晚上，安倍費盡九牛二虎之力，爭取到奧巴馬提早一個晚上抵達，並希望將此次訪問定格為「國賓訪問」；然而奧巴馬拒絕住進國賓館，還建議安倍安排的「私人宴會」只到小餐廳去吃壽司，在準備隆重歡迎美國老大哥的安倍頭上澆了一盤冷水。而奧巴馬與安倍這一次見面，心裏各打各的算盤，奧巴馬希望日本許諾接受加入「泛太平洋戰略經濟夥伴關係協議」（Trans-Pacific Partnership Agreement，簡稱 TPP）的條件，但安倍由於害怕得罪日本農民，一時答應不了奧巴馬的要求；而安倍一心盼望的是美國公開答應與日本聯手打擊中國，儘管奧巴馬嘴硬，鑒於自己的國家利益，也不敢冒冒然與中國撕破臉皮。奧巴馬和安倍二人各懷鬼胎，但都得不到自己想要的承諾。

　　不過天真的美國人懵然贊成日本修改目前的「和平憲法」，還同意日本解禁「集體自衛法」，更容許日本政府可以派兵到海外執行軍事任務，又可以出口武器。美國人沒有想深一層，日本人把第二次世界大戰投降的日子訂為「國恥日」，每年都舉行隆重的儀式來紀念廣島遭受原子彈的轟炸；試問，是誰為日本帶來「國恥」？是誰讓日本變成目前全世界唯一被核武器攻擊過的國家？不是美國人嗎？儘管日

本人對美國搖頭擺尾，但心中的怨恨豈是時間所能洗脫？准許日本人出口軍火，競爭的對象豈非美國的軍火商？美國善於「搬石頭砸自己的腳」，就像當年栽培本拉登對抗蘇聯、武裝薩達姆對抗伊朗，最後本拉登和薩達姆的槍口都轉向美國；如今想養肥日本來對抗中國，有一天日本強大了，回頭來要洗刷「國恥」，算一算當年東京被炸成廢墟，以及廣島和長崎遭原子彈轟炸的舊賬，那齣戲便精彩了。

再看韓國之行，奧巴馬最主要的目的是希望拉近日、韓兩國的關係，促成美日韓的「鐵三角」軍事一體，但是這一個如意算盤最後恐怕也會落得「竹籃子打水一場空」。去年底安倍拜祭靖國神社引起奧巴馬震怒，原因是安倍的參拜激怒了韓國人，令奧巴馬的「美日韓大聯盟」美夢成為泡影。上個月在荷蘭舉行核峰會時，奧巴馬硬把韓國總統朴槿惠拉來與安倍坐在一起，本想這一次到首爾可以再拉近日韓關係，但是安倍近日又縱容閣員前往靖國神社參拜，自己也送了祭禮，日本文部省更批准在中、小學教科書上寫明「尖閣諸島（釣魚島）及竹島（獨島）是日本固有領土」，還說明「竹島目前被韓國非法佔據」；安倍晉三如此撩是生非，朴槿惠怎麼有可能賣奧巴馬的賬而向安倍展露笑容？

馬來西亞稱不上是美國的「知心盟友」，自從上世紀八十年代初馬哈迪首相登台執政，大馬對美國一直保持著「敬而遠之」的態度；馬國的軍備幾乎全部都由俄羅斯供應，戰鬥機是俄製米格機，軍隊用的槍枝也是俄製 AK47，華盛頓對此耿耿於懷。而近年來中國和馬來西亞的關係非常融洽，即使南海島礁存在主權的糾爭，但雙方都低調處理；很明顯，作為近二十年來第一個訪問馬來西亞的美國元首，奧巴馬除了想爭取馬國全力支持 TPP 之外，更想拉攏吉隆坡，削弱中國對東盟的影響力。但相信馬來西亞於衡量自己的國家利益後，必定會採取平衡的態度，不會完全聽任美國擺佈而採納「一邊倒」的政策。

奧巴馬亞洲行最順利的一站應該是菲律賓，在菲國總統阿基諾的親

美仇中政策下，美軍的機艦以及士兵早已廣泛地使用著菲國軍事基地，簽署新的防衛協定只不過是一種形式而已。到達菲律賓之後，奧巴馬一定會信誓旦旦承諾保護菲國的安全，正如向日本保證釣魚島包含在美日協防範圍內一樣，無形中鼓勵盟友與中國對著幹，到真正發生衝突時會不會像當年在格魯吉亞那樣拍拍屁股開溜，那又是另一回事。

其實，日、菲各國應該瞭解，美國經過伊拉克和阿富汗兩場戰爭後，已經患上了「戰爭恐懼症」；而奧巴馬頭上戴著「諾貝爾和平獎得主」的光環，絕不會輕易為盟邦的海島之爭而冒然出兵，何況對手是美國最大債主且擁有核武的中國。

去年六月初，習近平主席於訪問中美洲三國之後，獲奧巴馬特別邀請到加州安娜伯格莊園聚晤，成為外交界美談。中國何不舊戲重演，邀請奧巴馬完成四國行之後，到海南島或杭州小住一兩天，與習主席在三亞海灘或西湖湖濱漫步一番？如果成行，屆時夕陽的餘暉將會特別溫馨暖和。

（原載2014年4月25日菲律賓聯合日報「笑談古今」專欄）

綜論奧巴馬亞洲行的成果

奧巴馬四月底的亞洲四國行終於拉下了帷幕，縱觀美國總統此次出訪，概括來說，堪稱「乘興而來，敗興而歸」，除了從菲律賓政府手上取得一份十年有效期的「擴大防衛合作協議」（Enhanced Defense Cooperation Agreement）之外，幾乎一無所獲。美國傳媒一面倒認為奧巴馬的亞洲行是一次失敗的外交活動，有人更說此行讓奧巴馬政府提早成為「跛腳鴨」，俄羅斯的政治評論員認為奧巴馬這一次的亞洲行嚴重地損害了中、美關係，無疑是一項「自殺行為」。

在日本，奧巴馬最希望得到的，是安倍政府同意簽署「泛太平洋戰略經濟夥伴關係協議」（Trans-Pacific Partnership, 簡稱 TPP），因為他把 TPP 視為任內最重要的工作，也是他政治生涯中最具歷史性的貢獻；華府認為一旦將 TPP 付諸實現，不獲邀請參加的中國勢將被邊緣化，而美國便將成為亞太地區的經濟龍頭。為了讓日本盡速接受 TPP 談判的條件，奧巴馬做盡一切來迎合安倍晉三的心願，不但接受日本政府的安排，提早一天到達東京以升格為「國賓訪問」，給足安倍面子，還公開表示支持日本右派政客修改「和平憲法」，贊同修訂「集體自衛權」讓日本擴建軍隊，並且可以派兵到海外執行軍事任務，還可以出口軍火和武器，甚至不惜冒犯北京而宣稱「美日安保條約」適用於釣魚島。然而，儘管奧巴馬放軟身段、曲意奉承，最後還是得不到安倍政府在 TPP 談判上的讓步，日本政府堅持不肯放鬆農產品進口的嚴格管制，奧巴馬因此對美國農民無所交代，他的日本之行也可以說是鎩羽而歸。

奧巴馬原來的行程並未包括韓國，但華盛頓知道首爾對美國偏袒日本深感不滿，為了安撫這個盟友，乃特別增加首爾這一站，主要目的是想消除韓國與日本的隔膜，把兩國的關係拉近，以利構建美日韓鐵三角的軍事聯盟。奧巴馬沒有想到，安倍晉三和他的黨羽根本擺脫不了軍國主義的心魔，在奧氏抵達東京之前，安倍不但容許多名內閣閣員陪同一大群國會議員再度前往靖國神社參拜，他本人還以「內閣總理大臣」的名義致送祭品，引起韓國民眾的憤慨，日韓兩國的關係根本無法破冰。更令奧巴馬感到尷尬的是韓國總統朴槿惠無時不忘提出慰安婦的歷史問題，在聯合記者會上，韓國記者故意質詢奧巴馬對慰安婦問題的立場，逼得他不得不公開譴責迫害慰安婦的不人道行為。如果日本繼續拒絕面對歷史，甚至妄圖篡改歷史，要韓、日兩國解除糾爭的心結根本是癡人說夢，奧巴馬妄圖構建美日韓鐵三角軍事聯盟的美夢也註定落空。

　　在處理敘利亞和烏克蘭事件中，美國政府展露出畏首畏尾、懦弱無能的窘態；奧巴馬此次訪問首爾，另一個目的是要加強韓國人的信心，告訴他們在面對朝鮮武力威脅的時候，美國乃是最可靠的盟友。可是在奧巴馬抵達首爾之前，朴槿惠先致電北京，向習近平主席表明與美國總統的會晤絕對不是針對中國，更要求北京勸阻朝鮮別再進行核試驗。朴槿惠這一通電話，除了向北京備示好之外，更表明了她的觀點，認為美國奈何不了金正恩，只有中國才能有效地控制平壤的行為，無疑打了奧巴馬一巴掌。不過，瘋狂的金正恩倒是為奧巴馬送上一份大禮，自從他登基以來，頻頻的動作展示出他好戰的本色，對韓國造成極大的威脅，這一次為了「歡迎」奧巴馬訪問首爾，朝鮮恐嚇要進行第四次核試，把朝鮮半島的氣氛搞得緊張兮兮，因而讓奧巴馬有機會、也有理由要求延遲把「戰時作戰指揮權」移交給韓國，算是奧巴馬訪韓的一項意外收穫。

　　近半個世紀以來，馬來西亞沒有邀請過任何美國總統前往訪問，

奧巴馬是大馬獨立以來第二個到訪的美國總統，前一次到吉隆坡訪問的美國總統是1966年越戰期間走訪東南亞各國的約翰遜（Lyndon B. Johnson）。擔任馬來西亞總理一職達22年的馬哈迪（Mahathir bin Mohammed）平素秉持反西方的立場，與華盛頓保持相當的距離；現任總理納吉布（Mohammad Najib Abdul Razak）對西方國家較為友善，奧巴馬此次到馬來西亞進行國事訪問，可以說是一次「破冰」之舉。

在東南亞地區，最令美國耿耿於懷的是東盟與中國的親密關係，削弱了美國在本地區的影響力和領導地位，因而近年來華盛頓利用南海主權的糾爭，不斷煽動有關國家挺身與中國抗衡，藉而破壞中國與東盟之間的友好關係。馬來西亞與中國也有島嶼主權之爭，但一直以來低調處理爭端，兩國也保持著極為友善的外交關係；奧巴馬此行到吉隆坡，顯然有心利用南海的糾爭來挑撥離間中、馬關係，遊說大馬向美國靠攏，然而納吉布不受擺佈，他在記者會上聲言任何主權糾紛都應該透過友好協商以求和平解決，承諾馬來西亞將努力促進南海的和平穩定；同時還清楚表白，馬來西亞視中、美兩國為同樣重要的友邦，他告訴記者：「如果要我們在兩國之間挑選一個，對不起，我們辦不到」，這種表態無疑讓奧巴馬吃了一記悶棍。

奧巴馬走訪亞洲四國最順利的一站應該是菲律賓，在他抵達馬尼拉之前幾個小時，美國駐菲大使高伯格（Philip Goldberg）和菲律賓國防部長葛斯敏（Voltaire Gazmin）已經簽署了「擴大防衛合作協議」（Enhanced Defense Cooperation Agreement，簡稱EDCA），容許美軍全面使用菲國軍事基地，這一項協議也成了奧巴馬整個亞洲行最大的成果。

美國目前面臨的最大挑戰，乃是如何盡速讓國內經濟復甦，改善民生福利；然而綜觀奧巴馬的亞洲行，得不到日、韓、大馬各國對TPP的讓步，對美國經濟一點幫助也沒有，反而得罪了中國這個最大的債主和主要的商貿夥伴，後果堪慮。奧巴馬草率同意日本出口軍火

武器，似乎忘掉美、日的目標市場幾乎一致，日本把軍火賣到國際市場，勢將對美國的軍火商構成極大的競爭。奧巴馬對日、韓、菲各國所作出的軍事承諾，與美國現行大幅削減國防開支的政策大相逕庭；在國防預算捉襟見肘的情況下，奧巴馬的許諾會不會又是「空雷無雨」？如果真地要擔任東海和南海的海上警察，豈不是又要拜託中國政府多買一些美國的國債券？美國傳媒咸認奧巴馬的亞洲四國行是一次外交上的失敗，看來一點也沒有說錯。

（原載2014年5月2日菲律賓聯合日報「笑談古今」專欄）

評奧巴馬和安倍的荒謬言行

美國總統奧巴馬於四月二十八日抵達菲律賓訪問，二十九日專程前往「馬尼拉美軍公墓暨紀念館」，向第二次世界大戰期間在菲律賓戰場陣亡的美國軍人獻花致敬並表示哀悼。根據紀念館的資料說明，公墓裏安葬了一萬七千多個捐軀的美國軍人，紀念館牆壁上還刻著三萬六千多個相信已葬身沙場但卻屍骨無存的軍人的名字。據紀念館的資料闡述，日本於 1941 年 12 月 8 日偷襲珍珠港，同一天也派兵進攻菲律賓這一個美國的殖民地，美軍經過四個月苦戰，於 1942 年 4 月 9 日在呂宋島的峇沓安半島（Bataan）投降；隔天，殘無人性的日本皇軍強迫包括一萬二千個美國人在內的七萬六千多名戰俘進行「死亡行軍」（Death March），用槍托、刺刀和子彈逼令這些戰俘步行前往一百餘公里外的集中營，成千上萬的戰俘不堪折磨而在行軍途中喪命。據美國政府資料統計，被日軍俘虜的三萬多名美軍戰俘中，超過一萬一千人死在俘虜營裏，日軍虐待殘害戰俘的惡行可見一斑。

在電視畫面上看到，奧巴馬遠眺一排排整齊的十字架，近閱牆壁上密密麻麻雕刻著的名字，神色凝重，氣氛肅穆，令人感動。然而，奧巴馬的內心應該聽聽公墓裏英魂所發出的怒吼，他在幾天前剛到過東京，公開表示支持日本右翼政府修改「和平憲法」、擴建軍隊並可以出兵海外執行任務，也等於為日本軍國主義的死灰復燃開了綠燈。既然奧巴馬心甘情願當日本軍國主義的幫凶，還有什麼面目來拜祭這些犧牲在軍國主義份子刀槍下的英靈？一方面緬懷日本軍國主義鐵蹄下的犧牲者，一方面又鼓勵日本軍國主義僵屍復活，奧巴馬的思維正

常麼？

　　奧巴馬出生於夏威夷，對日軍偷襲珍珠港的事件應該比其他美國人更有深刻的瞭解。他難道不知道那個下令偷襲珍珠港以致二千多名美國軍民慘死的日本首相東條英機、那個故意委派特使與美國進行談判來鬆弛華盛頓的警戒以便成功偷襲珍珠港的日本外相東鄉茂德，以及那個簽署攻擊珍珠港作戰命令的日本海軍軍令部長永野修身，都被供奉在東京的靖國神社裏？奧巴馬在馬尼拉哀悼葬身異國的美軍英魂，難道他不知道那個擔任日本派駐菲律賓第14方面軍參謀長並砲製出「馬尼拉大屠殺」的大魔頭武藤章，也同樣是供奉在日本靖國神社的甲級戰犯之一？日本政府容許這些殺人如麻的戰犯被供奉在靖國神社，被視為日本的民族英雄並接受日本政客的膜拜，對於戰爭的受害者來說無疑是在他們的傷口上撒鹽。在奧巴馬抵達東京的前一天，安倍晉三的內閣總務大臣新鄉義孝率同一百四十六名國會議員前往靖國神社參拜，安倍本人也以「內閣總理大臣」的名義致送祭品，奧巴馬到東京之後居然可以隻言不提、若無其事地與安倍把酒言歡，還接受安排前往參觀供奉日本軍國主義鼻祖明治天皇的「明治神社」。貴為美國總統，竟然如此善惡不分，甚至姑息養奸，奧巴馬已經完全喪失了一個民主國家元首應有的道德規範。

　　由於記者的提問，奧巴馬在首爾與韓國總統朴槿惠共同舉行的聯合記者招待會上，對二戰期間日本迫害良家婦女充當慰安婦的惡行嚴詞譴責。但是他在東京時，不但對日本篡改歷史的動作視若無睹，還對那個拒絕接受慰安婦此一歷史事實的安倍晉三刻意奉承，甚至協助安倍把軍國主義重新帶回日本政壇。兩天之內，只因在不同地點，面對不同的聽眾，言詞居然可以有天淵之別，奧巴馬這種是非不辨、沒有立場的表現，實在有失大國領袖的風範。

　　日本首相安倍晉三的思維邏輯也同樣錯亂。在東京會見奧巴馬之後，安倍立即展開他的歐洲六國行；出訪前，他於四月二十九日接受

德國「法蘭克福彙報」記者訪問,安倍明確告訴記者,「日本不會就東亞歷史問題效仿德國向鄰國道歉以尋求和解」,他還強詞奪理指出,「二戰後歐洲的最大課題是大團結……因為歐洲存在大團結氛圍,所以德國才表現出道歉與和解的態度」。安倍這種說法完全是本末倒置,如果德國像日本那樣絲毫沒有道歉與和解的誠意,歐洲何來大團結的氛圍?德國在戰後立即清除納粹餘孽,從一開始便表現出道歉與和解的態度,當時冷戰的氣氛正籠罩著整個歐洲,東西歐分別組成華沙公約國以及北大西洋公約國兩大集團,何時出現過大團結氛圍來促成德國的道歉?德國總理布蘭特於1970年12月在華沙集中營受害者紀念碑前跪拜贖罪時,波蘭還是華沙公約國的成員,而德國則是北大公約國的成員,可見並不是歐洲的大團結促成了德國的道歉,相反,是德國誠摯的道歉促進了歐洲的大團結。美國「時代週刊」把布蘭特推選為1970年度風雲人物時稱讚說:「由於他為東西兩大陣營帶來一種新的關係,布蘭特事實上結束了第二次世界大戰。」布蘭特也於1971年獲得諾貝爾和平獎。

　　由此可見,歐洲之能夠有和平、和解以及大團結的氛圍,很主要的關鍵是源自布蘭特以及德國人對納粹主義的唾棄以及對鄰國所表達的歉意。反觀日本至今仍然擁抱軍國主義,不但拒絕對發動戰爭表示懺悔,也不肯對受害的鄰國表達歉意,更妄圖篡改歷史來美化戰爭,如今又振振有詞說「歐洲為實現一體化所作的共同努力在亞洲沒有出現,因而日本不會效仿德國道歉」,如此強詞奪理,真是厚顏之至。身為日本首相,講話顛三倒四、本末倒置,如何能取信於國際社會?安倍晉三自稱他的歐洲行是宣揚「積極和平主義」,他的所謂「和平」把戲可能騙得了西方國家,但卻騙不了深受戰爭傷害的中、韓這兩個鄰邦。

　　　　　(原載2014年5月7日菲律賓聯合日報「笑談古今」專欄)

白髮漁樵江渚上
笑談古今6

美國不斷拿石頭砸自己的腳

週末偷閒到電影院看「侏羅紀世界」影片，故事描述恐龍公園為了刺激遊客的觀感以增加門票收入，由科學家將不同種類的恐龍基因配種，製造出巨大兇猛而且具備高度智慧的新品種恐龍。結果是改變基因的恐龍不受控制，將恐龍公園破壞殆盡，殘殺同類之餘更吞噬遊客和工作人員，公園的大老闆毫無對策，最後更墜機喪命；負責配種的科學家逃之夭夭，倖存的遊客和工作人員匆忙乘船逃命。影片的結局是故事中的男女「英雄」釋放出另一隻改造過基因的巨龍，讓兩隻恐龍自相殘殺，雖然死掉了一隻，但影片結束時，恐龍島依然由另一隻巨龍盤據著。

仔細一想，影片描繪的不正是美國政府的寫照嗎？美國政府歷年來把中東、北非以及亞、歐、南美各地變成「恐龍公園」，在當地培植出為害人間的巨龍，搞到整個世界亂哄哄，而最後這些恐龍往往不受控制，甚至反咬美國一口，讓美國人痛不欲生。

最令美國人痛心疾首的莫過於 2001 年發生的「911 事件」。當年九月十一日清晨，十九個年青的回教徒分別劫持了四架巨型客機，駕駛著這些坐滿乘客的班機撞向他們的目標。兩架由波士頓起飛的飛機分別撞進紐約地標「世界貿易中心」（World Trade Center）的兩幢「雙子星摩天大樓」（Twin Towers），一架由華盛頓起飛的班機撞進美國國防部大本營「五角大樓」（Pentagon），另一架由新澤西州紐瓦克（Newark）機場起飛的飛機由於機組人員及部分乘客與劫機者進行搏鬥，最後在賓夕凡尼亞州墜毀，據稱該飛機的原訂撞擊目標

乃是華府的國會山莊或白宮。「911事件」是日本1941年偷襲珍珠港六十年之後，美國本土第二次遭受到重大的武裝襲擊，事件中共有二千九百九十八人罹難，不但打破了美國「堅不可摧」的形象，也讓美國人在自己的領土上體會到「殘垣敗壁、哀鴻遍野」的現象。

事後證明，「911事件」是回教恐怖組織「基地」（Al Qaeda）創始人奧沙瑪、本、拉登（Osama bin Laden）所策劃的；十九名劫機者都受過嚴格的訓練，大部分都在美國的飛行學校完成了駕駛飛機的課程，熟悉飛機的性能以及駕駛的技術。他們挑選乘坐的都是由美國東岸飛往西岸的長途班機，確保每架飛機都裝載著大量的燃油，可以發揮最大的爆炸和燃燒威力，因此連世貿中心那兩幢百層高樓也耐不住熱焰的焚燒而整幢坍塌。

「911事件」經過恐怖分子的精心設計，所襲擊的目標全是美國的「精神堡壘」，被徹底毀滅的紐約世界貿易中心雙子星大樓象徵著美國資本主義社會的經濟雄風，五角大樓象徵美國的國防軍事力量，白宮和國會山莊則是美國的政治權力中心；恐怖分子攻擊這些政治、經濟和軍事的目標，用意便是要向全世界展示，他們有能力破壞及動搖整個美國社會的基礎，令美國人顏面盡失。策劃事件的本、拉登因此成為美國的頭號敵人和通緝犯，為了追捕拉登，美國不惜出兵阿富汗，因為美國政府認為阿富汗的塔里班政權乃是拉登的「保護神」。美國政府花了十年的時間，「燒掉」近五千億美元的戰爭費用，七千多名美軍在戰場上或死或傷，雖然推翻了塔里班政權，卻始終沒能抓獲在山野間流竄的拉登。直到十年後，美國才掌握到拉登藏匿於巴基斯坦的情報，於2011年5月1日派遣特種部隊，以「迅雷不及掩耳」的手段擊斃拉登，雪清了積恨。然而，拉登雖死，「基地組織」依然存在，塔里班政權雖被趕出首都卡布爾（Kabul），但仍流竄在阿富汗的山區以及巴基斯坦北疆；美國遭受恐怖威脅的命運並未隨著拉登的死亡而終結，美國的駐外使領館仍然是恐怖分子的攻擊目標，

在海外居住或旅遊的美國人依然是恐怖分子綁架的對象，連生活在本土的美國人也同樣活在恐怖分子的陰影下。

回頭一想，到底是誰培植了奧沙瑪、本、拉登？是誰扶植了阿富汗的塔里班集團？不正是美國政府嗎？上世紀七十年代末，蘇聯軍隊入侵阿富汗，美國中央情報局花費大量金錢，提供先進武器，甚至進行大規模的培訓工作，養大了塔里班集團，也訓練出一個叫本、拉登的優秀游擊隊領袖。蘇聯從阿富汗撤軍之後，奪取阿富汗政權的塔里班集團作惡多端，實施回教原教旨主義統治手段，不但殺人如麻，還將阿富汗的歷史古蹟及文化遺產破壞殆盡，更擺明要與西方現代文明為敵，矢志根除歐美國家的勢力及影響。吃美國中情局奶水長大的拉登和「基地組織」成為全球恐怖主義行動的急先鋒，拉登更把恐怖活動帶到歐洲大陸和美國本土，成為一個令人「談虎色變」的「恐怖大亨」。美國人應該醒覺，本、拉登以及塔里班集團便是他們配種調教出來的另類恐龍，美國政府不但搬起石頭砸自己的腳，更為全人類帶來無窮盡的禍害。

近兩年來，最令國際社會頭痛的是快速崛起、無惡不作的「伊斯蘭王國」（Islamic State of Iraq & Syria，簡稱 ISIS）。這一個組織透過網絡在全世界各地招兵買馬，日益壯大，目前佔據了敘利亞和伊拉克一大片土地，最近更已進軍北非利比亞；ISIS 抓了不少歐美、日本國民，不但殘忍地逐個斬首示眾，並且在網上播放噁心的處決過程。這個草菅人命、殺人不眨眼的邪惡集團，同樣是美國政府為了推翻敘利亞阿薩德政權而栽培出來的「恐龍」，是美國人拿來砸自己腳的另一塊大石頭。

近幾個月來，北非難民紛紛乘船逃往意大利，除了一大批人隨著沉船成為地中海的海底冤魂之外，數以十萬計抵達意大利的難民為歐洲各國帶來了如何收容的苦惱。如果當日美國沒有聯同北約成員狂炸利比亞政府軍，把卡達菲趕上絕路，利比亞怎會變成今天這樣四分五

裂、戰亂不休？美國駐利比亞大使又何至被人當街擊斃？又怎會有大量利比亞難民不斷擁進歐洲大陸？再看看伊拉克，如果美國沒有派兵活抓薩達姆並把他送上斷頭台，美國怎會泥足深陷、燒掉幾千億美元還換來伊拉克人的滿腔怨恨？美國人不懂得汲取歷史的教訓，一次又一次搬起大石頭，最後砸的卻都是自己的腳。

如今美國肆意在東海和南海製造糾紛，看來又要再次搬起石頭砸自己的腳了。

（原載2015年6月19日菲律賓聯合日報「笑談古今」專欄）

從紀念「911事件」談起

上星期五（九月十一日）是美國遭受國際恐怖集團「基地組織」（Al Qaeda）於 2001 年發動「911 恐怖襲擊」的十四週年紀念日，紐約世界貿易中心、華府五角大樓等被恐怖分子駕機撞擊以及賓夕凡尼亞州墮機地點分別舉行追思儀式；一身素服的奧巴馬總統夫婦、國防部長卡特等高官分別出席不同地點舉辦的悼念活動，世貿中心更循例逐一唸出二千多個包括警察和消防員在內的死難者姓名，會場氣氛肅穆，令人動容。

看到美國「911」紀念儀式，不禁連想起日本每年八月六日在廣島以及八月九日在長崎舉辦的「原子彈爆炸」紀念儀式，悼念那兩個城市於 1945 年遭美國投下原子彈的死難民眾。雖然事過七十年，但日本政府每年都隆重地來一次大追思，不但首相、市長等高官務必出席，美國駐日大使也每年都奉陪參加；會場的鐘聲以及成千上萬隻白鴿展翅高飛的畫面，都讓人泛起無限的感觸。

美國人紀念「911」恐怖襲擊和日本人紀念廣島及長崎被原子彈轟炸，都應該存著「反思」的態度，因為不管是「911」恐怖襲擊，或是廣島及長崎被原子彈轟炸，都有著錯綜複雜的背景，也可以說是「有因有果」，值得深思檢討。

廣島和長崎的原子彈轟炸，乃是日本軍國主義分子發動戰爭，點燃戰火焚燒了整片亞洲大陸以及太平洋，甚至在納粹德國投降而歐洲戰爭宣告結束之後還垂死掙扎、頑強抵抗，美國才用兩顆原子彈來迫使日本宣佈無條件投降。日本政府在紀念原爆時，除了呼籲和平、鼓

吹禁核之外，更應該反思當年廣島和長崎為何會遭受原子彈轟炸，進而防止軍國主義復辟來遺害人間。然而，令人深感遺憾的是作為廣島和長崎紀念活動主賓的日本首相安倍晉三，不但沒有反省當年原爆的背景和因由，反而不遺餘力地營造環境和條件讓軍國主義在日本死灰復燃，難怪近期日本國內民情洶湧，猛烈抗議安倍政府企圖修改和平憲法及安保條例這種一意孤行的荒謬行動。

由於當年在廣島和長崎丟下兩顆原子彈，美國人一直懷有愧疚的心態，因而對日本頗為縱容；令人訝異的是美國政客似乎完全忘記當年丟下原子彈的歷史背景，如今任由安倍把日本重新武裝為二戰前的軍國政府，豈非要重蹈歷史覆轍？難道日本政客和美國政府都忘記了當年那兩顆原子彈的教訓？

「基地組織」宣稱他們發動「911恐怖襲擊」，目的是要報復美國包庇以色列在加沙地帶把巴勒斯坦人「趕盡殺絕」的行徑。恐怖組織表明他們對美國的中東政策極端不滿，甚至可以說深惡痛絕，因而不惜派出「死士」與美國人同歸於盡，以製造恐怖活動來「喚醒全球正視美國和以色列對阿拉伯人的迫害」。

美國人痛恨發動「911」事件的恐怖分子是完全可以理解的，因為兩千多名無辜的市民在襲擊中喪失生命，而且事件是美國在第二次世界大戰中珍珠港遭日本偷襲之後，本土首次遭到外來勢力慘痛的攻擊，讓美國人頓悟即使生活在自己的國土上也未必有安全的保障。基於對恐怖組織的痛恨，美國政府作出重大的決策，在中東採取了一系列軍事行動；然而，美國政府並沒有「釜底抽薪」地勸說或甚至施加壓力，迫使以色列人和巴勒斯坦人和平共存；美國應該瞭解，如果以色列和阿拉伯民族繼續為敵，「911」的恐怖陰影依然會籠罩住美國以及整個地球村。

為了追捕基地組織的首領拉登（Osama bin Laden），美國不惜於2001年出兵阿富汗，推翻了保護拉登的塔里班（Taliban）政權；

繼而為了追殺拉登以及塔里班組織的人馬，美國不斷派遣無人機（drone）在巴基斯坦和阿富汗山區進行轟炸，死傷者包括無數無辜的平民百姓。由於伊拉克總統薩達姆（Saddam Hussein）公開表示同情並支持拉登，美國復於 2003 年出兵伊拉克，推翻了薩達姆政權，並將他送上斷頭台。為了掌控中東及北非政局，美國於 2010 年年底發動了所謂「阿拉伯之春」（Arab Spring）的民主運動，煽動各地親西方的反對派進行示威暴動，甚至發動武裝革命；美國則聯合歐洲盟國進行武力干預，在多個國家和地區設定「禁飛區」以禁止該等國家的空軍空襲叛軍，之後更派遣北約（NATO）的戰機前往轟炸，協助各國的反對派奪取政權，先後摧毀了突尼西亞、埃及、利比亞和也門的政府，導致各國元首或逃亡他國、或鋃鐺入獄，利比亞領導人卡達菲（Muammar Gaddafi）更慘遭殺害。其他如巴林、阿爾及利亞、約旦、庫威特、摩洛哥、蘇丹等國也發生了大規模的示威運動，茅利塔尼亞、奧曼、沙地阿拉伯、吉布地等國家也都被捲入這一場風波。在美、英、法各國的支持下，敘利亞的反對派更奪得半壁江山，把阿薩德總統（Bashar al-Assad）逼困在首都大馬士革地區。

然而中東和北非並沒有因為美國和北約的軍事行動或政治干預而呈現出太平局勢，相反地，美國越多干預，恐怖分子在全球所進行的恐怖活動越變本加厲。拉登和馬蘇爾死了，基地組織和塔里班集團受到嚴重打擊，但是更兇殘的「伊斯蘭國」（ISIS）應運而生；塔里班政權、薩達姆、卡達菲倒台了，阿薩德總統受到邊緣化，但是阿富汗、伊拉克、利比亞和敘利亞的政局比以前更混亂，連美國駐利比亞大使也被當街槍殺。由於中東及北非多個國家戰火綿延不絕，造成了數以百萬計的難民擁進歐洲大陸，為歐盟國家帶來空前的難民潮困擾。美國在中東所採取的一連串行動，根本解決不了基本問題，反而加深了該地區以及全世界所面臨的安全威脅。

在紀念「911 事件」之際，美國的政客們應該好好反省一下，認

清他們目前所制訂的中東政策乃是全盤的錯誤,必須進行大幅度修正,西方國家應該尊重阿拉伯人的傳統制度及生活方式,不可盲目袒護以色列,才能消弭恐怖分子在全球各地滋事生非的藉口;只有中東保持和平的局面,全世界才能高枕無憂過太平的日子。

(原載2015年9月16日菲律賓聯合日報「笑談古今」專欄)

美國對歐洲難民潮袖手旁觀

新加坡建國後,一些西方國家和國際媒體不斷抨擊李光耀的「獨裁統治」,慫恿反對派及民眾奮起爭取自己的「人權」。1981年8月9日新加坡慶祝建國十六週年,李光耀總理在他的國慶演講詞中提醒新加坡人以越南為借鏡;他指出,在美國和西方國家的政治及軍事操弄下,越南人打了二十年內戰,到最後外國人拍拍屁股回老家,越南人則成了在海上漂流的難民。李光耀說新加坡僥倖沒有成為第二個越南,但是越南的慘痛經驗卻發生在今天的中東和北非多個國家身上。

歐洲目前正面臨著近幾十年來最嚴重的「難民潮」問題,數以百萬計來自中東和北非的難民,分水、陸兩路擁進歐洲大陸,令歐盟國家傷透腦筋。如果接受這些蜂擁而來的難民,歐洲各國實在不堪負荷;但如果拒人於千里之外,又違反了歐洲人自己一向所鼓吹的「人道主義」。在歐盟國家領袖們舉棋不定的時候,一幅敘利亞小男童伏屍海灘的照片在國際傳媒上出現,觸動了全球千千萬萬人的心弦,讓歐洲各國的領袖不得不改變強硬的態度,冒著遭受國內民眾群起攻擊的政治風波,也只好表明願意採納收容難民的人道立場。

難民們逃離家園,扶老攜幼奔向茫茫的異國他鄉,完全是逼於求生的意念。大部分難民都是來自敘利亞、伊拉克、阿富汗、利比亞這些戰亂的國家,他們的家園已經被砲火破壞殆盡,在動亂的家鄉更隨時會成為砲彈下的冤魂,因此才冒死走上逃難的征途。許多難民徒步行走千百里路,希望跨越土耳其、克羅地亞、匈牙利等等國家的國

境，前往他們嚮往的德國、奧地利、瑞典或英、法等國；也有許多人選擇乘坐破舊的漁船，希望橫渡地中海而登陸意大利或希臘，然後前往那些願意接受他們為移民的國家。然而，不堪顛疲和飢病而死於客途的難民不計其數，在洶濤巨浪中翻船以致整船難民葬身海底的慘案更是頻頻發生。

敘利亞三歲男童伏屍沙灘，母親和兩個哥哥也同樣葬身大海，電視上看到倖存的父親撫屍痛哭並誓稱要把妻兒的骨灰帶回故土的鏡頭，令人不禁灑下同情淚；看到在匈牙利火車站與兒女失散的母親那一個呼天搶地的斷腸畫面，的確令人心酸。所謂「惻隱之心，人皆有之」，不管在匈牙利、奧地利或德國，許多熱心的民眾都自動自覺地擔任起義工，出錢出力為難民提供服務；然而太多的難民蜂擁而來，最終還是會引起社會不安，德國的民粹分子便在慕尼黑燒燬難民中心，原本不設防的歐洲各國邊境也紛紛築起工事以防止難民擁進，奧地利更因匈牙利把裝滿難民的火車開到奧匈邊界而提出外交抗議；歐盟組織希望各成員國按比例收容難民，但是包括捷克、斯洛凡尼亞、匈牙利等東歐國家已正式表示反對，令歐盟內部的團結及合作精神受到嚴峻的考驗。另一方面，對於美國和阿拉伯國家聯盟在難民問題上採取的那種「置身事外」的冷漠態度，歐洲各國表示強烈不滿；事態發展至今，難民問題已經不單止是歐洲的經濟和社會難題，看來也將在歐盟成員國之間以及國際社會上掀起一場政治和外交的風波。

阿拉伯聯盟作出澄清，他們對逃避戰火而流離失所的難民並非不聞不問，阿盟秘書長指出，設在黎巴嫩和土耳其境內的難民營各收容了一百多萬名難民，約旦境內的難民營也收容了幾十萬人，而海灣國家對這些難民營提供了有力的經濟支援。相反地，造成今天「難民潮」的始作俑者是美國，但是華盛頓卻對歐洲所面臨的難民困境採取一種「旁觀者」的態度，直到近日才聽到奧巴馬總統勉強表示，明年將接收一萬名難民；在一片批評指責的噓聲中，正在歐洲訪問的國務

卿克里宣稱，美國可能會增加收容難民的數目，但要到明年才作出最後決定；明年奧巴馬已將鞠躬下台，這種惺惺作態的言辭很明顯是在敷衍應付國際社會的詰難，難怪歐洲國家義憤填膺。

千方百計逃難至匈牙利以取道前往德國的難民，大多來自阿富汗、伊拉克和敘利亞。上世紀七十年代蘇聯入侵阿富汗，美國即向「塔里班集團」以及由拉登領導的「基地組織」提供高性能武器，並且替該等組織培訓武裝分子及軍事專才。蘇聯撤軍後，「塔里班集團」和「基地組織」由於同情居住在加沙地帶而被以色列諸多逼害的巴勒斯坦人，同時也憤怒美國一味袒護以色列，遂把槍口轉向美國；而美國在911事件後出兵阿富汗，雖然推翻了塔里班政權，卻讓阿富汗陷入無盡頭的內戰，也因此製造了數以百萬的戰爭難民。

伊拉克也難逃不幸的國運，薩達姆掌權時，雖然殺害了一些異己分子，但整體而言，該國的國民總算安居樂業；可是美國於2003年冒然出兵伊拉克，推翻薩達姆政權並殺害了薩達姆，之後整個國家便籠罩在內戰的硝煙中，伊拉克也從此沒有了太平的日子。不幸的伊拉克老百姓歷經十數年戰火的煎熬，家破人亡、哀鴻遍野，許多在戰火中倖存的無辜百姓為了生存而只好離鄉背井、流落海外，做了國際難民，成為歐洲國家所厭煩的政治皮球。

逃至歐洲的難民當中，人數最多的是敘利亞人。敘利亞非常無辜，雖然與國際恐怖組織拉不上關係，但由於在歷史淵源上與原來的蘇聯以及今日的俄羅斯關係密切，境內更有俄國的軍事基地，因此成了美國及其盟友的眼中釘，華盛頓也堅持阿薩德總統非下台不可。十多年來美國和英、法大力支持敘利亞反對派，不惜斥巨資提供武器裝備，讓反政府軍有足夠實力對抗政府的軍隊，美國中央情報局還培訓了一大批驍勇善戰的死士，不但嚴重地破壞了敘利亞的穩定，也因此造成了「伊斯蘭國」的崛起。十多年來敘利亞內戰無日休止，便也產生出數以百萬計逃避戰火的難民了。

乘船到意大利和希臘的北非難民大多來自利比亞。利比亞本是北非一個非常富庶的國家，雖然國家元首卡達菲是一個獨裁的強人，但是在他的管治下，人民卻也過著安居樂業的生活。卡達菲由於早年親蘇，歐美各國領導人都想除之而後快，儘管卡達菲後來「改邪歸正」，積極謀求與西方和解，卻依然躲不過美國發動的「阿拉伯之春」民主革命。2011年，美國與其歐洲盟友把利比亞的反對派武裝起來，向他們提供先進武器與政府軍進行軍事對抗；在歐美的蠻橫操控下，整個利比亞的天空被宣佈為「禁飛區」，北約更不請自來，負責巡邏利比亞的上空以執行「禁飛令」，不准政府的空軍飛機飛上天空；而北約的戰機不但有效地破壞及癱瘓了利比亞政府的空軍，更猛烈轟炸政府軍的設施，最後連卡達菲也命喪槍火之下。卡達菲死後，再沒有人控制得了利比亞國內的各族各派，內戰於是爆發，局勢完全失控，連美國大使也在光天化日下遭到槍殺，歐美各國紛紛撤走大使館。美國人可以回到西半球去享受溫馨的家庭生活，可憐的利比亞人卻因戰火而淪為無家可歸的難民，應驗了當年李光耀所描繪的景象。

美國知名政治學家約翰、梅阿斯海默（John Mearsheimer）在他的著作「大國政治的悲劇」（The Tragedy of Great Power Politics）一書中寫道：「大國為了獲取利益，注定要犧牲他國的利益；在面對災難時，大國總是推卸責任、袖手旁觀。」聽到教授這番警世的理論，那些一向仰美國鼻息、唯美國馬首是瞻的國家，能不深思反省嗎？

（原載2015年9月23日菲律賓聯合日報「笑談古今」專欄）

從反恐看美國的雙重標準

每天翻開報紙,看到的總是一些令人觸目驚心的消息,國際恐怖分子幾乎天天都搞些新花樣,在全球各地製造各種各樣的恐怖活動。俄羅斯客機較早被栽彈而在埃及西奈半島上空爆炸墜毀,導致二百二十四名乘客死亡;上個月巴黎在一夜之間遭受多起槍擊和炸彈爆炸,導致一百三十餘人喪命、三百五十餘人受傷;黎巴嫩貝魯特發生兩起自殺式炸彈爆炸,四十餘人喪生;土耳其的親庫爾德人進行遊行時也發生炸彈爆炸,造成多人死傷;近日,也門亞丁省省長與隨從在上班途中被炸身亡;美國加州聖伯納迪諾護殘中心發生冷血槍擊事件,導致十四人喪生,數十人受傷⋯⋯這些讓人恍惚怔忪的事件,無一不是恐怖分子炮製出來擾亂國際秩序、破壞世界和平的行動。

國際性的恐怖組織為數甚多,但目前以「伊斯蘭國」(Islamic State of Iraq and Syria,簡稱 ISIS)組織最龐大、財源最豐富而破壞力也最強;許多地區性的恐怖組織,諸如菲律賓的「阿布沙耶夫」(Abu Sayyaf)、搞新疆獨立的「東突厥斯坦」(Sherqiy Turkistan)等等組織都宣佈向 ISIS 效忠、與之結盟並接受資助。曾於 2001 年在美國搞出「911 事件」的基地組織(al-Qaeda)以及奪得阿富汗政權的塔里班集團(Taliban)雖然都是令人聞名喪膽的恐怖組織,但如今與 ISIS 一比較,卻未免有「小巫見大巫」的感覺了。

「伊斯蘭國」利用網絡系統上的社交媒體,在全球各地招兵買馬;無可否認,他們的宣傳煽動手法非常成功,許多來自世界各角落的回教青年都被洗腦,不遠千里跋涉,前赴敘利亞和伊拉克北部 ISIS

的大本營,前仆後繼參加他們心目中的「聖戰」,甚至不惜捐軀獻體,與他們認定的敵人同歸於盡。由於大部分前赴敘利亞和伊拉克參戰的青年男女都在土耳其過境,近期歐美各國對買棹前往土耳其的青年遊客嚴加監督審查,有效地阻止了甚多全球各地的青年回教徒到中東參戰;有鑒於此,ISIS 領導層遂發出指令,告示全球的「聖戰士」不必長途跋涉前往中東戰場,而是在原居地拿起武器進行鬥爭,在世界不同的國家打擊他們心目中認定的敵人。從法國巴黎以及美國加州的恐怖襲擊事件來看,ISIS 的恐怖活動的確已經散播到全球各角落,這些無處不在的恐怖分子實在令人寢食難安。

近日,俄羅斯情報單位透露,十名屬於 ISIS 組織的恐怖分子已經潛入泰國,分散在曼谷、芭堤雅、布吉島等地,準備對前往泰國觀光旅遊的俄羅斯人進行恐怖式襲擊;日本東京的蘋果電腦產品商店準備舉行大型活動,也因為恐怖分子的威嚇而臨時取消;德國屬下的客機因收到炸彈恐嚇而折返停飛……這一連串的事件,都顯示出恐怖組織的猖獗行為,已經令全球各地感染到「風聲鶴唳、草木皆兵」的恐懼心態。

較早,ISIS 在網絡上發佈「宣戰書」,指出全球有約五十個國家和地區,是他們戰鬥的對象,除了眾所週知的美國和其歐洲盟友之外,連菲律賓、中國、台灣也都榜上有名。

菲律賓被 ISIS 點名宣戰不足為奇,因為菲國南部在傳統上乃是回教徒的家園,菲南的回教徒一直在爭取獨立,與政府軍進行著經年累月的反抗戰爭;歷年來,多個回教國家在精神上和物質上大力支持著菲律賓的回教徒,前利比亞獨裁者卡達菲便是菲南回教獨立運動的大金主,而目前在菲國領導回教叛軍的領袖,都與印尼、馬來西亞以及中東的回教極端主義組織有著千絲萬縷的密切關係,ISIS 把菲律賓列為恐怖襲擊的對象,實在不難理解。

中國也面臨著同樣的少數民族問題,所謂「東突厥斯坦組織」

（東突）多年來一直在煽動新疆人民與中央政府作對，企圖發動武力鬥爭而讓新疆脫離中國、宣佈獨立。東突不但得到某些回教國家的資助，甚至還獲得刻意為中國製造麻煩的歐美國家的支持。與其它回教極端恐怖組織一樣，東突在中國大陸進行了連串的恐怖活動，而且不單止在新疆殺人放火，疆獨分子甚至把血腥的恐怖襲擊，帶到北京、昆明等各地城市；全力扶持東突的 ISIS 把中國列為襲擊的目標，同樣可以理解。然而，台灣因何也被 ISIS 點名挑戰便有點奇怪了，可能是台灣與美國和以色列有著親密的關係，而這兩個國家被回教徒認定為頭號敵人，所謂「敵人的朋友便是敵人」，因而 ISIS 也憤怒地把台灣列入攻擊對象的黑名單。

　　美國一直以來都是抱著雙重標準來看待國際事件，當中國遭受東突極端分子恐怖襲擊而加以取締時，支持疆獨的美國政府總是搬出「人權」的金箍咒，指責北京漠視少數民族的權益；但當國際恐怖分子把拳頭打到美國人以及其西方盟友的頭上時，歐美國家的領導人便不惜動用飛機大炮進行玉石俱焚式的疲勞轟炸。明知道東突組織的疆獨分子與 ISIS 原本就是一個團夥，但是西方的政客，特別是華盛頓的執政者，為了達到遏制中國的目的，不但繼續縱容，甚至還慫恿、鼓勵及資助疆獨分子在中國各地進行破壞社會安寧的行動；歐美的政客用另一種眼光來看待疆獨恐怖組織，其實完全是自欺欺人的幼稚做法，為了打擊中國而培植東突，何異「飲鴆止渴」？

　　華盛頓政客雙重標準的另一個明顯表現，便是他們在中東的反恐政策。美國一直想在敘利亞搞「阿拉伯之春」的「顏色革命」，把這種以民眾反抗的力量來推翻現政權的行動帶到大馬士革，讓敘國總統阿薩德步上伊拉克薩達姆和利比亞卡達菲倒台的後塵。美國執政當局認定阿薩德是一個不尊重人權的獨裁者，必須下台，也因此培植了包括 ISIS 在內的敘利亞反對派；然而對於比阿薩德更獨裁的沙地阿拉伯和其它石油富國的統治者的所作所為，美國卻是噤若寒蟬，甚至呵

護備至。沙地阿拉伯及科威特是遜尼派回教徒管治的國家，把什葉派執政的敘利亞和伊朗視為不共戴天的仇敵，這兩個國家以巨額金錢資助 ISIS 來反抗阿薩德政權，乃是不容否認的事實；土耳其與敘利亞乃水火不相容的世仇，土國境內的庫爾德少數民族一直追求獨立，更是土耳其政府心頭的一根刺，為了打擊敘國阿薩德政權以及庫爾德人，土耳其暗中資助 ISIS 也是不辯的事實；土耳其容許來自全球各地的 ISIS 聖戰士過境前往敘利亞和伊拉克，而 ISIS 仰以為生的石油，也是經由土耳其銷售各地來套現的，這都是土耳其協助 ISIS 的明證。但由於沙地阿拉伯和科威特是美國的親密盟友，土耳其更是北約加盟國，因此美國對這些國家暗中資助 ISIS 恐怖組織的事實，一直都採取「隻眼開、隻眼閉」的駝鳥政策。

目前俄羅斯、法國、英國和美國等西方列強對 ISIS 的根據地進行著不間斷的轟炸，然而 ISIS 有如「九命貓」，雖然受到創傷但卻斷不了氣，而且在世界各地所進行的恐怖活動有增無減。莫斯科認為要消滅 ISIS，最根本的手段便是切斷他們的經濟來源，因此俄羅斯的軍機最近集中轟炸 ISIS 的運油車，但如果美國縱容其中東盟友繼續在經濟上資助 ISIS，恐怖組織的活動將會是「野火燒不盡，春風吹又生」；國際社會應該喚醒華盛頓的政客們，是時候修改他們反恐活動的雙重標準了。

（原載2015年12月9日菲律賓聯合日報「笑談古今」專欄）

東瀛妖風軍國夢

回顧日本侵華的血腥歷史

美國政府由於早年執行過歧視中國人的移民條例,最近特別由國會通過議案,向美國的華人公開道歉,撫平那一道歷史的傷痕,把一頁不堪回首的往事掀蓋掉。雖然道歉來得比較晚,但總算彰顯出美國的大國風度,肯為前人所犯的錯誤認錯道歉,表現出美國政府負責任的態度,不但會得到受害者的原諒,更將得到世人的尊敬。

對全球的炎黃子孫來說,還有一段刻骨銘心的難忘歷史,便是日本人自十九世紀末至二十世紀中葉對中國所進行的一連串侵略行為,令中華民族受盡摧殘凌辱,讓中國人受到難以形容的傷害,然而幾十年過去了,至今還聽不到日本政府誠摯道歉的聲音。

自十九世紀以來,日本不斷對華進行挑釁並動武,而且一再不宣而戰,利用犀甲利兵來欺凌積弱落後的中國,然後佔地索賠,予取予求。上世紀三十年代更發動全面的侵華戰爭,對中國百姓姦殺擄掠,對神州大地踐踏蹂躪,留下了斑斑血跡,製造了無數的孤兒寡婦,在中國那一片秋海棠的大好河山上可以看到的盡是殘垣敗壁。令中國人耿耿於懷的,乃是日本至今還不肯承認過去所犯的錯誤,更遑論提出誠心的道歉;日本政府甚至企圖篡改歷史以隱瞞所犯下的那一些傷天害理、神人共憤的罪行真相。日本人如此頑冥不化,中國人如何能忘掉民族的血仇和歷史的傷痕?

日本政府有計劃的侵華活動始於 1874 年,當年日本以琉球的漁民被台灣高山族人殺害為藉口,派兵攻台,濫殺高山族山胞,之後逼清廷簽約賠款,默認琉球人為日本人;1879 年更將原為中國藩屬國

的琉球王國併吞掉,將之改為沖繩縣。1894 年,清廷應朝鮮國王之請,派兵協助平定「東學黨」之亂,日本竟「不請自來」,不但派兵侵佔朝鮮半島,更對中國不宣而戰,襲擊中國軍艦,發動了震驚國際的「甲午戰爭」;日軍長驅直入旅順、大連,見人便殺,在旅順進行了四天三夜的大屠城,除了三十六名被徵召負責埋屍的市民以外,全城二萬多個中國老百姓全都成為日軍的刀下鬼。1895 年初,日軍攻佔威海衛,清廷的北洋艦隊全軍覆沒,又有二千多個中國軍民死於日軍的砲彈下,滿清政府更被迫簽署了「馬關條約」,賠償鉅款之外還割讓台灣和澎湖列島,開始了日本對台灣的五十年殖民統治。

甲午戰爭之後,日本視中國為「砧上肉」,肆意宰割。1898 年逼清廷將福建劃為日本的「勢力範圍」;1900 年日軍作為「八國聯軍」的主力部隊進犯北京城,逼得慈禧太后要帶著光緒皇帝逃難至陝西,最後簽訂了不平等條約,賠款之餘還要劃讓租界;1904 年日本又在中國的領土上與俄羅斯打了一場「日俄戰爭」,用砲彈和鐵蹄將中國的東北夷為平地,讓無辜的中國老百姓飽受戰火的煎熬;日本於打贏戰爭後不單止接管俄羅斯在華的租借地,還逼令清廷向日本增加開放城市及港口,並且讓日本擁有東北鐵路的經營權。1914 年第一次世界大戰發生後,日本乘機派兵攻佔濟南和青島,接管德國在山東的權益,佔據了膠濟鐵路全線。日本政府更於 1915 年逼時任大總統的袁世凱簽署喪權辱國的「廿一條」;1925 年在上海打死日商紗廠的工人領袖顧正紅,並配合英國入砲製了「五卅事變」,打死工人及學生七十一人;1926 年無端砲擊大沽口砲台;1928 年五月間製造了「濟南慘案」,打死中國軍民千餘人,包括中國政府派駐山東的外交特派員蔡公時及公署的十七名職員,稍後日軍更攻佔濟南城,大肆燒殺,以致中國軍民六千餘人喪生;同年六月在瀋陽皇姑屯炸死張作霖,乘亂派遣軍隊進駐中國東北。

1931 年,日本關東軍在瀋陽發動了「九一八事變」,中國東北

整片土地陷入日軍的鐵蹄下；1932 年日本人又在上海發動「一二八事變」，受到中國第十九路軍的頑強抵抗，激戰三十三天，中國軍民死傷一萬六千餘人，停戰之後，日軍馬上進駐上海；同年三月，日本扶植溥儀在長春成立「滿州國」，將整片大東北的土地分割出來、獨立於中國之外；1933 年日軍佔領熱河、察哈爾及河北省北部的大部分土地，直逼北平和天津；接著又策動「華北五省自治」，慫恿漢奸殷汝耕成立「冀東自治政府」，宣佈脫離中國，企圖讓華北地區像滿州國一樣淪為日本的殖民地。

1937 年，狼子野心的日本終於按捺不住其侵佔中國廣大領土的夢想，在北平西郊的宛平縣蘆溝橋發動了「七七事變」，把熊熊的戰火點燃在華北和華東地區。久經軍閥內戰而疲憊不堪的中國軍隊，難敵早懷侵略野心而配置了先進武器的日本皇軍，因而節節敗退。北平、天津相繼淪陷，上海經過三個月的苦戰，也於是年十一月被日軍佔領；日本皇軍於十二月十三日攻陷當時的首都南京，隨即進行了慘絕人寰的「南京大屠殺」，中國人的鮮血染紅了長江，屍體堵塞了秦淮河的河道，估計有三十萬軍民命喪日軍刀槍之下。直到日本投降的 1945 年，八年中日軍在神州大地橫衝直撞，每到一處便施行「燒光、殺光、搶光」的所謂「三光政策」，對陪都重慶進行了日以繼夜的疲勞轟炸，導致萬人窒息而喪命於防空洞裏；日軍甚至以中國人做為細菌戰的實驗品，把中國人活生生解剖進行醫學實驗；強徵無辜的中國婦女、甚至是未成年的少女充當「慰安婦」……八年之間，中國的領土上硝煙瀰漫、哀鴻遍野；保守估計，喪生於戰火之中的中國軍民至少有二千多萬人，財物的損失根本無從計算，日本在中國所犯下的戰爭罪行真是罄竹難書。

日本投降之後，當時管治中國的國民政府採取「以德報怨」的政策，妥善安置並有秩序地遣送日本戰俘回國，沒有向日本索討戰賠，也沒有索回原屬於中國的藩屬地琉球群島，甚至向美、英、蘇等同盟

國戰友遊說力爭，保住了日本的天皇制度以維持其國家的安定。中國政權交替之後，由共產黨執政的新政權於七十年代初與日本簽訂新的「中日友好條約」，同樣把日本在侵華戰爭中所造成的損失一筆勾銷。然而反觀日本，雖然發動戰爭，把痛苦加諸中國人的身上，卻沒有為其犯下的罪行而懺悔，從來沒有誠心誠意地向中國表達過歉意，更一直企圖篡改歷史以粉飾罪行，還把雙手染滿鮮血的甲級戰犯當成民族英雄，供奉進東京的靖國神社，許多政客和高官按時前往拜祭或供奉祭品，完全不顧中國人的感受。中國人以德報怨，日本非但沒有心存感激，反而利用中國發生內戰、政治混亂、國家分裂的機會，進行混水摸魚的勾當；日本至今仍堅稱中國的釣魚島是它的領土，近日更妄圖插手干涉南海諸島的主權糾紛，孰可忍孰不可忍。

　　第二次世界大戰中，納粹德國與日本如出一轍，德國在歐洲大陸進行的破壞一如日本對中國的摧殘，德機猛炸倫敦有如日機轟炸重慶，希特勒殺害猶太人的手段也與日本在南京進行的大屠殺同樣血腥；然而，今日的歐洲不但接受德國作為可靠的夥伴，更以德國馬首是瞻，猶太人也已經不把戰爭的罪行記在現代德國人的頭上，理由很簡單，現代的德國面對歷史、接受歷史，為歷史上的民族罪行做出道歉並進行反思，同時清清楚楚地與納粹德國劃清界線，將納粹黨羽視為人類公敵並加以譴責。日本人並沒有吸取德國的經驗和教訓，卻是反其道而行，不但不肯接受歷史事實，為發動戰爭而懺悔，反而肆意篡改歷史來美化發動戰爭的動機，掩飾戰爭的罪行，更把戰爭中的劊子手英雄化，試問中國和韓國這些戰爭的受害者如何嚥得下這口氣？

　　德國人完全不避諱希特勒和納粹黨那一頁不光輝的歷史，不但沒有掩藏或粉飾歷史真相，更出資在關押猶太人的集中營舊址建造紀念館，為猶太人遇害而建造紀念碑，讓世人清楚瞭解當年的歷史真相，以前車之鑑來警惕後人毋再重蹈歷史的覆轍。相反地，日本不遺餘力地進行著篡改歷史的勾當，右翼團體修改歷史教科書，把侵華以及侵

佔東南亞的戰爭，形容為一場旨在把亞洲國家從西方殖民者手上解放出來的聖戰，目的是要建立「大東亞共榮圈」；更睜著眼睛說瞎話，強辯沒有南京大屠殺這回事，也沒有「慰安婦」的存在。這種歪曲事實的教科書目前已逐漸被日本的公立學校所採用，不難猜想，在民粹分子刻意包裝和美化下，日本的下一代對軍國主義在上世紀所發動的侵略戰爭，將不可能再有正確的認識。

　　德國人不齒發動戰爭的希特勒及其黨羽，把他們視為人類的公敵和德國之恥；然而日本非但沒有唾棄發動戰爭的罪犯，反而將他們當成英雄烈士供奉在靖國神社，接受國民的膜拜。靖國神社供奉著二百五十萬個在戰爭中喪生的日軍靈位，其中二百一十萬人死於二次大戰；記念和祭祀為國捐軀的將士原本無可厚非，但是日本人連那些發動戰爭、點燃戰火的罪魁禍首，那些為日本以及鄰國帶來災難、雙手染滿鮮血的戰犯也供奉在神社裏，完全漠視被侵略國家人民的感受。靖國神社不但供奉著二千多名被遠東軍事法庭判決為乙級和丙級戰犯的牌位，最令人無法接受的，是日本居然於1978年秘密地將十四名甲級戰犯也供奉到靖國神社去，這其中包括了發動太平洋戰爭並下令偷襲珍珠港的首相東條英機、指揮南京大屠殺的松井石根、策劃九一八事變的板垣征四郎、殺人如麻的關東軍司令梅津美治郎、在山東設置集中營拘押平民強行抽血並在東北挖萬人坑堆埋屍體的木村兵太郎、有「朝鮮之虎」稱號的小磯國昭等等。日本人把甲級戰犯供奉進靖國神社，何異德國人把希特勒和蓋世太保的頭目們供奉在德國的英雄紀念館？全球愛好和平的人士能夠接受這種狂妄的做法嗎？而日本政府不但容許甲級戰犯被供奉進靖國神社，包括曾任首相的中曾根康弘、橋本龍太郎、小泉純一郎、安倍晉三等這一班政客，居然高調地定期前往神社拜祭，叫深受其害的中國人和韓國人情何以堪？

　　歐洲人和猶太人從心底原諒了德國人在二戰期間的罪行，因為德國人誠意表示「覺今是而昨非」的歉意，1970年，時任德國總理的

布蘭特（Chancellor Willy Brandt）更在波蘭華沙的猶太人遇難紀念碑前下跪，為戰爭而俯首懺悔；看到這動人心魄的一幕，戰爭的傷痕得到了撫慰，往日的仇恨也自然而然地煙消雲散了。美國、加拿大、紐西蘭也都為他們過去對別的民族的歧視提出道歉，而日本對鄰國的傷害，何止千萬倍於種族的歧視？然而，除了社會黨的村山富市首相曾經對日本在戰爭時為鄰國造成的損害表示「遺憾」之外，有那一個日本政要對中國道過歉？川梭訪華的日本首相，有那一個到南京大屠殺紀念館去鞠過躬？

偶然會看到一些日本老兵跑到中國來，為他們在戰時所犯下的罪行向中國人謝罪；也有若干像東史郎這樣有良心的老兵，把自己在戰時的所見所聞翔實地記錄下來，揭露當年日軍的暴行和中國人被害的悽慘苦狀。然而，這只是少數日本人個別的反省與懺悔，作為一個國家和民族，日本從來沒有實實在在反省過。日本在戰後成為一個世界經濟巨人，但是在國際道義上，卻是一個不敢面對事實的侏儒。日本要到什麼時候才會作出「民族的覺悟」呢？

（原載2011年10月17及19日菲律賓聯合日報「笑談古今」專欄）

認識日本軍國主義真面目

日本首相安倍晉三一意孤行,完全不理會鄰國的感受,也漠視其盟友美國政府的忠告,於去年十二月二十六日前往東京靖國神社參拜,令中、韓兩國的民眾怒火中燒,許多國家的領袖也紛紛予以譴責。然而安倍振振有詞,聲稱作為首相,拜祭為國捐軀的戰爭亡靈,乃是天經地義、理所當然的本份,更狡辯謂參拜靖國神社是為了祈求和平、提醒世人抑止戰爭。

安倍晉三的花言巧語雖然騙不了明眼人,但很明顯地騙到了一些缺乏政治警覺性的普羅大眾。在鳳凰衛視「一虎一席談」節目中,有一名年青觀眾發言,請大家「將心比心」,要中國人體諒安倍拜祭為國犧牲亡魂的苦衷;台北也有群眾質疑,為什麼馬英九可以到忠烈祠拜祭烈士英靈,卻不准安倍晉三參拜靖國神社?講這種話的人,其實對日本東京的靖國神社的本質完全缺乏理解。

不管是北京天安門廣場的人民英雄紀念碑,或是台北圓山的忠烈祠,抑或是美國華府的阿靈頓公墓,紀念的都是一些為了保衛國家而犧牲的英雄好漢,值得政治領袖和一般民眾膜拜致敬,甚至來訪的外國政要也經常被安排前往獻花致敬。但是日本東京靖國神社所供奉的亡魂中,包括了一些發動戰爭、為人類帶來災難而最後被國際軍事法庭判處死刑的戰犯;這些人臭名昭彰,雙手沾滿無辜平民百姓的鮮血,被國際社會定位為「人類公敵」;如果對這些戰犯頂禮膜拜,豈不是肯定了他們所犯下的戰爭罪行?況且靖國神社本身便是日本軍國主義的象徵,是戰爭的「圖騰」,怎麼可以與人民英雄紀念碑、忠烈

祠或者阿靈頓公墓相提並論？

如果我們翻一翻歷史書，便會發現靖國神社乃是由日本明治天皇於 1869 年所創立的，原名叫「東京招魂社」（Tokyo Shokonsha），1879 年改名為靖國神社（Yasukuni Jinja），用來進祀和紀念在戰爭中為國犧牲的將士，當初的確是一所純粹的「忠烈祠」；然而從 1887 年開始，靖國神社的祭典被日本軍方控制，神社的性質也發生了巨大的蛻變，最後更成為日本軍國主義的精神堡壘。

軍國主義份子鼓吹擴張軍事力量，主張以武力征服鄰國以擴大日本疆土；這些偏激的好戰分子操縱當年的日本政壇，發動了一場又一場的戰爭。1894 年，日本政府趁朝鮮發生「東學黨」農民起義事件，悍然派兵干預，之後更謀殺朝鮮皇后，逼得朝鮮國王逃進俄羅斯領事館避難幾近一年的時間；日本軍方起初以傀儡政府全盤掌控朝鮮王國，1910 年乾脆宣佈吞併朝鮮，將整個朝鮮半島納入日本帝國的版圖，進行了幾十年的血腥高壓殖民統治，其間殺害了不計其數的韓國平民以及愛國志士。同樣在 1894 年，日本軍國主義份子發動了對華的「甲午戰爭」，並於 1895 年脅迫清廷簽署喪權辱國的「馬關條約」，逼令滿清政府作出高額的戰爭賠償，更將台灣和澎湖列島割讓予日本，台灣自此被日本殖民統治達五十年之久。

1900 年，以日本軍隊為主力的「八國聯軍」發動侵華戰爭，直驅打進京津地區，逼得慈禧太后和光緒皇帝要遠逃陝西，清廷再次被迫簽下喪失主權兼賠償巨款的「辛丑條約」。1904 年，日本軍國主義份子發動「日俄戰爭」，日、俄兩國的軍隊在中國東北打了一年半的仗，把東北地區摧殘得到處都是殘垣敗壁、哀鴻遍野，而最後的戰果便是日本接收了俄羅斯在中國東北的權益，不但獲得旅順和大連的租借權，還接管了長春至旅順的鐵路經營權以及煤礦開採權。日俄打仗，遭殃的卻是中國的老百姓，大東北更淪為日本人的勢力範圍。

台灣和朝鮮半島並不能滿足日本軍國主義份子侵佔領土的狼子野

心，關東軍於 1931 年製造了「九一八瀋陽事變」，藉機佔據中國的東北，扶植宣統廢帝成立「滿州國」傀儡政權，實際上由日本皇軍控制了中國東北的整片土地。日本軍國主義分子於 1932 年在上海發動了「一二八事變」，觸動了震驚中外的第一次淞滬戰爭；接著日軍又於 1937 年砲製了「七七蘆溝橋事變」，正式發動全面的侵華戰爭，在華北和華東點燃起戰爭的硝煙；然後再公然發動第二次淞滬戰爭，並揮軍直驅佔領當時的中國首都南京，企圖席捲整幅神州大地。兇殘的日本皇軍在中國土地上進行了慘無人道的燒殺姦掠，據粗略統計，從「蘆溝橋事變」到抗戰勝利的八年中，慘死在日軍手下的中國軍民高達二千多萬人。

為了搶奪資源，日本軍國主義份子推動「南進」戰略，派兵進攻東南亞，侵佔印尼、菲律賓、緬甸、新加坡以及除了暹羅（泰國）這個中立國以外的整個印度支那半島，接著還進兵印度，在各地成立傀儡政府，美其名宣稱要將荷蘭、美國、英國、法國等白種人殖民統治者趕出亞洲，建立「大東亞共榮圈」，實際上是將全東南亞納入日本人的鐵蹄統治，以搜刮該地豐富的天然資源。日本皇軍在東南亞各國也同樣進行燒殺姦掠的罪行，強迫良家婦女充當日軍洩慾的「慰安婦」；日軍更漠視國際公約，殺害外交官、虐待戰俘，在馬尼拉便公開槍決了中國駐菲律賓總領事楊光泩以及全體領事館館員，描朳安戰事（Battle of Bataan）之後更強迫美菲戰俘進行「死亡行軍」（Death March），逼令傷殘飢餓的戰俘在日軍槍尖和烈日暴晒下從描朳安徒步走到丹轆省卡巴斯集中營，途中餓死和病死的美菲戰俘估計超過一萬人。日本軍國主義者所犯下的種種戰爭暴行，盡皆是違反國際公約的不人道行為。

日本軍國主義者還與納粹德國以及意大利法西斯政府互相勾結，組成了惡貫滿盈的「軸心國聯盟」（Axis）。為了配合德意兩國盟友牽制美國軍力以阻止其加入歐洲戰場，同時扼制美國阻撓日軍「南

進」東南亞，日本軍國主義份子悍然於1941年12月7日發動偷襲珍珠港的瘋狂行動，三百五十三架日軍戰機分兩梯次對珍珠港美軍基地進行猛烈轟炸，炸沉十餘艘美國艦艇和炸毀一百八十八架美軍戰機以外，還炸死了二千四百餘名美國士兵和無辜平民；在緊隨而來的太平洋戰爭中，日本與美國進行了多場的「奪島浴血苦戰」，雙方死傷無數，直到美國在日本廣島和長崎投下兩顆原子彈，才結束了日本軍國主義份子對人類所進行的殘害。

靖國神社便是這些日本軍國主義份子的思想堡壘和精神寄託，當年「神風特攻隊」隊員在出發前，總是互道「靖國神社再相會」，足見神社早已成為日本軍國主義份子發動侵略戰爭的精神支柱。如今安倍晉三再度利用拜祭靖國神社來鼓吹民粹思想，既想修改「和平憲法」，又不遺餘力整軍備武，全世界愛好和平、特別是二戰期間受害的國家和人民，豈能保持沉默無聲，讓軍國主義在日本死灰復燃？

（原載2014年1月10日菲律賓聯合日報「笑談古今」專欄）

白髮漁樵江渚上
笑談古今6

認識安倍拜祭的日本戰犯

日本首相安倍晉三於去年十二月二十六日前往靖國神社參拜,激發起中、韓兩國人民的憤慨,也遭到國際社會的非議和譴責。安倍一再辯稱作為首相,他有責任向戰爭中為國犧牲的烈士們致敬,並稱他到神社乃是祈求世界和平,警戒人類不可以再發生戰爭。中、韓兩國的政府發言人都直斥其非,指出靖國神社所供奉的亡靈,包括了一大批被國際軍事法庭判罪定刑的戰犯,其中更有十四名罪大惡極的甲級戰犯,拜祭這些戰犯便是肯定他們發動戰爭的罪行,也等於否定遠東國際軍事法庭對他們作出的判決,進而否定國際社會在二次大戰之後所訂定的規則和秩序。中國外交部發言人在嚴厲駁斥安倍的言詞時,指出他如果真地想祈求和平,應該到南京大屠殺紀念館去弔慰那些在戰爭中喪失生命的無辜平民,而不是到靖國神社去拜祭那一批雙手沾滿鮮血的戰爭罪犯。

靖國神社成立不久,便淪為日本軍國主義的精神堡壘;雖然一批極右派的軍國主義頭目在二次大戰之後紛紛伏法,更由於國際社會的嚴厲監督,日本軍國主義的氣焰有所收斂,然而上世紀五十年代,日本右翼份子苦心營鑽,把二次大戰後被遠東國際軍事法庭判定為乙級和丙級的戰犯,一批批列入靖國神社祭祀的名單,更令人髮指的是 1978 年,十四個罪孽深重的甲級戰犯,也被悄悄地進祀到靖國神社,令靖國神社再次成為日本軍國主義的圖騰以及好戰份子的精神寄託。我們不妨來瞭解一下這些甲級戰犯的罪行,只要認知他們在戰爭期間的所作所為,任何有良知的人都無法原諒安倍晉三以日本首相的

身份前往拜祭這些人類的公敵和歷史的罪人。

位列甲級戰犯之首的東條英機（Hideki Tojo）擔任過關東軍憲兵司令、關東軍參謀長及陸軍大臣等職，是發動侵華戰爭的主腦之一。東條在中國東北清剿抗日義勇軍時，枉殺無數無辜的平民百姓，被日本軍方冠以「剃刀將軍」的稱號；在「蘆溝橋事變」發生之後，他率軍攻佔察哈爾以及其它華北城市，踏著千千萬萬中國人的屍骨血泊而爬登上日本皇軍的領導顛峰。東條英機於 1941 至 1944 年擔任日本首相，是偷襲珍珠港、發動太平洋戰爭、侵略東南亞的罪魁禍首；他的雙手不但殺害過無數中國人，也沾滿了美國人和東南亞各國人民的鮮血。

土肥原賢二（Kenji Doihara）是一個惡名昭彰的特務頭子，發動「九一八事變」、成立「滿州國」、搞「華北自治」……這些侵華滅華的花樣，都是他精心製作的毒招。土肥原假借慈善機構名義在中國廣設衛生所，謊稱為民眾注射防肺結核的疫苗，其實是注射鴉片及嗎啡等毒品來毒化中國的社會，也利用毒品來控制東北的白俄羅斯女人進行賣淫。土肥原於 1940 年擔任日本最高軍事委員會成員，同一年，該委員會指令日本皇軍在中國土地上採取殺光、燒光、搶光的所謂「三光政策」，相信也是他的鬼主意。1943 年，土肥原出任第七方面軍司令官，統率駐紮馬來亞、蘇門答臘、爪哇以及北婆羅洲的日本皇軍，把血腥的魔爪伸向東南亞的無辜蒼生，多少南洋地區的平民百姓便是死在他的淫威下。

松井石根（Iwane Matsui）是一個中國人忘不了的名字。1937 年 8 月，松井作為日本上海派遣軍司令，率兵攻打上海，發動了震驚中外的淞滬戰爭。上海淪陷後，松井又以日本華中方面軍司令官身份，揮軍進攻當時的中國首都南京；禽獸不如的日軍入城後，進行了慘無人道、人神共憤的「南京大屠殺」，屍積如山、血流成河，製造出古今中外歷史上罕見的大慘案。雖然松井在國際審判庭上辯稱他當時臥病在床，但作為軍隊的最高指揮官，在南京發生大屠殺之後還騎著高

頭大馬、威風凜凜地舉行「入城禮」，這樣一個戰爭惡棍，豈能逃脫屠城的責任？豈能洗刷自己所犯下的那種人神共憤的罪愆？

木村兵太郎（Heitaro Kimura）曾先後擔任侵華日軍第 32 師團師團長、日本關東軍參謀長，在中國犯下燒殺姦掠的滔天罪行；他不但忠誠執行皇軍的「三光政策」，還到處抓捕中國平民百姓充當勞工，讓他們過著非人的苦役生活，更在山東、山西、吉林、遼寧各地挖了好幾個「萬人坑」，埋葬了無數冤死的中國老百姓。木村於 1941 年回國擔任時任陸軍大臣東條英機的次官，協助東條策劃擴大侵華戰爭以及制訂發動太平洋戰爭的策略。1944 年，木村重回戰場，擔任日軍緬甸戰區司令官，兵敗後曾在仰光進行大屠殺，因而有「緬甸屠夫」的稱號。

板垣征四郎（Seishiro Itagaki）不但是一個嗜血的劊子手，更是日本發動侵略戰爭的設計師之一。他在擔任日本關東軍高級參謀期間導演了「九一八事變」，開啟了日本大規模軍事侵華的序幕，之後在中國的大東北砲製出偽「滿州國」，還企圖搞華北和內蒙自治，夢想分裂中國並逐塊納入日本版圖。後來板垣出任日本皇軍第五師團師團長，參與了平津、察哈爾、太原、徐州等多場戰爭；1938 年出任陸軍大臣，大幅度擴大了對華的侵略行動；之後又回到中國，擔任「支那派遣軍」參謀長一職；1941 年，他出任朝鮮軍司令官，1945 年率兵進駐新加坡，不論在中國、朝鮮半島或是在東南亞，板垣都留下了殺人如麻的罪愆紀錄。

武藤章（Akira Muto）是日本軍方鷹派代表人物，力主對華動武，是發動中日戰爭的罪魁禍首之一。「七七事變」之後，武藤章獲擢升為日軍華中方面軍副參謀長，率兵進攻南京，是「南京大屠殺」的共犯。太平洋戰爭爆發時，武藤章正擔任日本陸軍軍務局局長一職，相信也是偷襲珍珠港的策劃者之一。1942 年，他被調往新加坡，稍後轉赴蘇門答臘，擔任駐當地近衛師團師團長，攻破荷蘭軍隊

的防線後,屠殺荷軍俘虜及印尼平民達二十五萬人。1944 年 10 月,武藤章抵達菲律賓,擔任山下奉文(Tomoyuki Yamashita)統領的第十四方面軍參謀長,炮製出 1945 年初的「馬尼拉大屠殺」,估計遇難喪命的美、菲軍民有十六萬人之多,武藤章確是一個殺人不眨眼的大魔頭。

廣田弘毅(Koki Hirota)是一個職業外交官,在擔任日本外相任內提出「廣田三原則」,作為侵略中國的綱領;1936 至 1937 年出任首相,實際上充當了軍方的傀儡,任由軍國主義份子控制內閣,把日本帶進了法西斯專制獨裁的政治體制。廣田更在首相任內與納粹德國以及法西斯意大利簽署「反對共產國際協約」,這一次的結盟成為 1940 年三國締結為「軸心國」的前奏。

松岡洋右(Yosuke Matsuoka)曾任日本駐中國領事,大力鼓吹「滿蒙是日本生命線」的理論,製造輿論侵華,慫恿日本軍方佔據中國的東北和內蒙古。「九一八事變」後,松岡以日本駐國際聯盟首席代表身份,為入侵中國東北以及成立「滿州國」而強詞辯護,混淆國際視聽。1940 年擔任日本外相期間,與納粹德國以及法西斯意大利結盟為「軸心國」,企圖瓜分全世界;松岡有效地助長了日本軍國主義份子的囂張氣焰,直到美國在廣島和長崎投下原子彈,松岡依然堅持己見,認為日本不可投降並主張作戰到底,是一個不折不扣的戰爭死硬派。

白鳥敏夫(Toshio Shiratori)也是一個外交官,曾任日本駐瑞典及義大利大使。「九一八事變」後,他促成了日本退出「國際聯盟」,為成立偽「滿州國」政權而奔波努力,他更是日本與納粹德國及法西斯意大利結盟的幕後推手。白鳥敏夫極力主張軍事擴張,為日本發動對外侵略戰爭而敲鑼打鼓;國際軍事法庭認為白鳥不遺餘力誘導輿論,為日本擴大侵略戰爭而進行宣傳工作,遠遠超越了他自己的職務,乃是軍國主義份子的共犯。

東鄉茂德（Shigenori Togo）是韓裔日本外交官，曾被派駐中國瀋陽及美國，並先後出任日本駐德國及蘇聯大使；於1941至1942年出任東條英機內閣外相兼拓務大臣，直接參與了太平洋戰爭的籌劃。東鄉密切配合軍方的行動，故意委派特使與美國進行談判，拖延時間並鬆弛華盛頓的警惕，以達到偷襲珍珠港的軍事目的。

　　平沼騏一郎（Kiichiro Hiranuma）曾任日本法務大臣、最高法院院長、內務大臣、樞密院院長等職，並曾短期擔任首相。平沼被冠以「日本法西斯教父」名稱，因為他為軍國主義提供了理論基礎以及制度保障。平沼為虎作倀，在樞密院極力支持日軍發動「九一八事變」以及佔領中國大東北的舉動，為日本軍國主義份子向外擴張的野心打下強心針。國際軍事法庭指出，平沼不是一個用槍砲進行戰爭的軍國主義者，但他是用思想和智力進行戰鬥的詭辯家。

　　永野修身（Osami Nagano）曾擔任日本海軍大臣、聯合艦隊司令官、海軍軍令部部長等要職，並曾擔任日本天皇最高海軍顧問，獲晉陞為日本帝國元帥。永野極力主張擴充日本海軍實力，對外奉行擴張主義，鼓吹侵略行動。1932年，他命令日本海軍陸戰隊在上海發動「一二八事變」，啟動了第一次「淞滬戰爭」，造成了三萬四千名中國軍民傷亡，近六十萬人無家可歸。1941年初永野出任日本海軍軍令部部長，授意山本五十六制訂皇軍「南進」攻擊東南亞的作戰計劃，雖然他初期不贊成立即對美國開戰，但1941年12月，他還是親自簽署了攻擊珍珠港的作戰命令。永野修身的雙手，沾滿了中、美和東南亞各國人民的鮮血。

　　小磯國昭（Kuniaki Koiso）於上世紀三十年代曾擔任日本陸軍次官及關東軍參謀長，還曾出任內閣拓務大臣，一早便策劃出以武力侵佔中國東北的方案；1931年擔任軍政局長時，大力支持關東軍發動「九一八事變」，開始對中國進行蠶食鯨吞。1935年擔任朝鮮軍司令官，1942至1944年出任日本駐朝鮮殖民政府總督，其間強徵韓國

人加入日本皇軍前赴海外作戰,充當日本侵略者的砲灰;他的高壓統治,替他賺來「朝鮮之虎」的稱號。小磯國昭於1944年繼東條英機出任日本首相,但只能目睹日本軍隊在各處戰場上節節敗退的慘象。

梅津美治郎(Yoshijiro Umezu)是日本侵華的罪魁禍首之一,於1934至1936年先後擔任日本支那駐屯軍司令員和日本皇軍第二師團師團長,在華北製造了一連串事故,脅迫當時擔任國軍北平行營主任的何應欽將軍與他簽訂了臭名昭著的「何梅協定」,強逼中國政府放棄河北的主權,為日軍侵佔華北打開大門。1937年發生「蘆溝橋事變」時,梅津正擔任陸軍省次官,直接參與了日本發動全面侵華戰爭的策劃工作;1938年任日軍第一軍司令官,率軍侵佔山西並進行所謂「治安整肅」,到處濫殺無辜。1939至1944年,梅津擔任日本關東軍司令官,在中國東北進行血腥的殖民統治,強迫中國勞工修築工事,然後以「防止洩露機密」為由將這些勞工集體槍殺;梅津還批准設立731部隊,以「醫療實驗」為藉口,將中國老百姓活生生、不加麻醉進行解剖或肢解,並把無辜的百姓作為細菌和化學武器的試驗品。梅津擔任關東軍司令官歷時五年,殺人無數,直至1944年才被調回東京,出任日本投降前的最後一任皇軍參謀長。

不談其他殺人盈野的乙級和丙級戰犯,單單看上述十四個甲級戰犯對人類所犯下的罪行,便已令人痛心疾首、義憤填膺;日本靖國神社居然將這些殺人不眨眼的大魔頭當成英雄供奉,而安倍晉三以首相身份前往拜祭,為軍國主義搖旗招魂的用心昭然若揭,卻還厚顏無恥強辯說他是在「祈求和平」。軍國主義份子本來就是一群狼子野心的好戰侵略者,他們嗜血的獸性難改,國際社會豈可姑息這些禍害人間的惡行?全球愛好和平的人士豈可不予以當頭棒喝?

(原載2014年1月15日及17日菲律賓聯合日報「笑談古今」專欄)

白髮漁樵江渚上
笑談古今6

南京和名古屋割席絕交

　　鄧小平實施改革開放的經濟政策之後，筆者於九十年代初即邀集菲、港、台幾位好朋友一起到中國大陸投資；因緣際會，投資的項目最後選址江蘇南京，因而在那十多年間，筆者每年總要飛十來趟南京，還辦理了當地的「暫住證」，變成了半個南京人。

　　在南京，筆者是金陵飯店的常客，但曾經有一段時間，改住進五台山體育中心對面的古南都飯店（Grand Hotel）。初時覺得「古南都」這個名字起得好，因為南京本來就是中國歷史上的「六朝古都」；後來又感覺到名字很有「日本味」，因為日本人唸英文的「尾音」很重，Grand 往往唸成 Gurando，音譯便是「古南都」了。一問，飯店果然與日本投資有關，已記不清是日本人投資、日本華僑投資或是日本政府資助興建的。飯店大堂有一個由名古屋人民贈送的「木偶彩虹鐘」，一到時刻，便有幾個「機械兒童」活動起來，彈奏起「小小世界歷險記」的主題曲「世界真細小」；飯店門前的廣場上還放置了一座不銹鋼的雕塑，號稱「中日友好大輪」。古南都飯店二十多層的大樓呈橢圓形，設計有點古怪，後來有一位南京的朋友問筆者，大樓的設計像不像日本的軍刀柄？一語驚醒夢中人，怎麼象徵「中日友好」的大廈，會設計成一把日本軍刀插在中國的土地上？筆者絕對無意詆毀任何商業機構，但基於個人的心理作用，從那時候開始，再也沒有住進古南都飯店。

　　同樣的事件也在上海發生。本世紀初，日本財力雄厚的森集團（Mori Group）計劃在上海浦東陸家嘴建造一座摩天大樓，設計圖上

只見大樓頂層留有一個大圓圈；有心人一看，這圓圈不正是日本那支白色國旗上的「紅太陽」嗎？大廈這種設計豈不是象徵著一面日本的「膏藥旗」永久地插在中國的土地上？消息一傳開，上海以至全國的民眾紛紛表示憤慨，在群情洶湧的民間壓力下，上海市政府最終沒有批准原來的設計圖；「上海環球金融中心」這座一百零一層的摩天大樓落成後，只見頂層那個大圓圈的設計改成了一個長方形的大洞。

當年筆者頻頻造訪南京，總是為商務而來去匆匆，直到有一次帶家人來到這個歷史古都，才決定去看看一些「旅遊勝地」。南京的朋友覺得奇怪，筆者一家人把秦淮河、夫子廟、棲霞寺、雞鳴寺、梅花山等等「觀光景點」放在一旁，而希望先到中山陵和南京大屠殺紀念館去憑弔一番。好朋友婉言相勸，中山陵可以去，但是帶小孩到大屠殺紀念館便不適合了，看那一堆堆的骷髏白骨和那些褪了色的黑白照片有什麼意思？然而我們還是堅持到紀念館，以沉痛的心情觀閱日軍殘酷殺害無辜南京市民的圖片，注目那一堆堆的遺骨和骷髏，讓我的兒女上了畢生難忘的一堂歷史課。南京大屠殺這一頁慘痛的歷史，深深地烙印在我們的心田裏，每年十二月十三日，不管身處何地，耳邊總會響起南京城為悼念三十萬遇難同胞而敲起的鐘聲。

南京市早於 1978 年即與日本的名古屋（Nagoya）結為「姊妹城市」，但南京市政府於本月二十一日正式宣佈，決定與名古屋暫停官方交往，而這一項「割席絕交」的行動得到了中央政府的支持。今年是中日恢復正常外交關係四十週年，兩國的政府和民間都準備舉行隆重的慶祝活動；偏偏在這個時候，南京和名古屋這兩個「姊妹」卻突然翻臉，未免令人深感遺憾和奇怪。事緣本月二十日，一個陣容鼎盛的南京友好訪問團造訪名古屋這一座姊妹城市，市長河村隆之在接見時，居然當著這一批來自南京的客人面前否認發生過「南京大屠殺」這件事。河村荒謬地指出，他父親戰後與其他二百五十名戰俘被收留於南京棲霞寺幾個月的時間，得到中國人的善待，由此他推理南京城

並沒有發生過大屠殺事件，不然南京民眾怎麼沒有對日本人採取報復的手段、反而卻善待日本戰俘？

河村隆之（Takashi Kawamura）與東京市長石原慎太郎（Shintaro Ishihara）乃是「一丘之貉」，都是日本政壇上的右派極端分子；這些人不但歌頌和美化日本軍國主義，還企圖修改歷史以掩飾日本在第二次世界大戰期間所犯下的滔天大罪。河村應該知道，「南京大屠殺」鐵證如山，有人證、有物證，既有劫後餘生的倖存者一字一淚訴說侵略者的罪行，也有居住在南京的德國和美國外交人員、傳教士、教授以及紅十字會工作者留下的照片和日記，翔實地記載了日軍入城後一連六個星期無休止地強姦婦女和殺害無辜平民的罪狀；許多日本士兵親手拍攝的照片以及他們所寫的戰時手札，都清楚揭露出當年日軍的殘暴罪行，日本皇軍老兵東史郎當年所寫的日記便詳盡地記述了他的親身經歷，而當年日本報紙刊登的日軍比賽殺頭的新聞報導也依然存在報社的舊檔案之中。戰後的遠東國際軍事法庭更從當事人和目擊者的口中，取得了日軍攻進南京城之後所犯下的姦淫擄掠、燒搶殘殺等種種惡行的詳盡資料，並依罪案的嚴重性而分別對戰犯判刑。歷史事實擺在面前，豈是河村之輩三言兩語便可以篡改得了？

河村隆之當選過日本國會眾議員，現在又是名古屋市長，像他這種蠻橫霸道、無理又無禮的「土包子」，居然能夠在日本政壇找到市場，可見日本選民的道德水準高不到那裏去。河村應該認清一點，日本官兵在南京城的那一場大屠殺，乃是「獸性」的發作；而中國人戰後採取「以德報怨」的態度善待包括他父親的戰俘，乃是發揮了「大仁大愛」的「人性」。如今河村隆之反過來「以怨報德」，忘恩負義之餘還在中國人的傷口上撒鹽，再一次將日本軍國主義的「禽獸本性」表露無遺。河村隆之親口透露，他父親在死前特別囑咐他母親隨同幾個老兵一起到南京，代他種下幾株櫻花樹；河村應該捫心自問，他父親的動機何在？很簡單，那是為了「懺悔贖罪」呀！河村隆之現

在卻反過來是非不分、信口雌黃,叫他父親九泉之下如何瞑目?名古屋選出這樣一個人做市長,與南京的姊妹市關係要如何維持?

中日兩個民族的確應該和平相處、和睦為鄰;但是,犯下歷史錯誤的人可以被寬恕,歷史事蹟卻不應該被遺忘(to forgive but not to forget)。所謂「相逢一笑泯恩仇」,大家不應該肩負著歷史的枷鎖過日子,但卻要牢記歷史的教訓;美籍西班牙裔哲學家杉達淵拉(George Santayana)說過:「忘掉過去必將重蹈覆轍」(Those who forget the past are condemned to repeat it),實在是警世名言。中日兩國的新一代都有權利知道這一段關連他們民族的歷史真相,史學家也有責任要用董狐之筆把真史留給後代,作為晨鐘暮鼓來警惕子孫免於重犯歷史的過失。如果隱瞞歷史事實,難保以後不會再有「南京大屠殺」和「廣島核爆」的慘劇重演;有良知的文化人必須毫不保留地揭發別有用心之徒的假面具,不容他們刻意篡改歷史來荼毒禍害兩個民族的子子孫孫。

(原載2012年2月27日菲律賓聯合日報「笑談古今」專欄)

白髮漁樵江渚上
笑談古今6

從「七七蘆溝橋事變」談起

上世紀九十年代末，筆者隨香港代表團前往北京參加世界反貪污大會；會議結束後臨返香港的當天，老當益壯的香港資深大律師張奧偉爵士突來遊興，說離班機起飛的時間還有幾個小時，要筆者介紹一個附近的觀光景點，利用空餘的時間參觀一番才前往機場。我們當時住的飯店位處城西，於是筆者建議前往西郊宛平參觀蘆溝橋；語音剛落地，陳普芬博士帶頭喊好，原來我們一行人居然沒有一個到過蘆溝橋。可惜時間有限，我們只能在蘆溝橋上漫步片刻，撫摸一下橋兩邊一對對的小石獅，在「蘆溝曉月」石碑前拍幾張照片留念，因為要趕往機場而來不及參觀抗戰紀念館，不無遺憾。儘管來去匆匆，但一走上蘆溝橋，便已激發起大家的思潮起伏，特別是幾位親身經歷過抗日戰爭的老人家，更有無限的唏噓感觸。

到了蘆溝橋，思憶起那一段不該褪色卻已逐漸褪色的歷史，緬懷起八年抗戰中的數千萬死難同胞，令人感慨萬千；耳邊似乎又聽到了密集的槍砲聲，眼前似乎又看到中國守軍血肉模糊卻咬牙苦撐的堅強臉貌。並非中國人喜歡「記恨」，而是侵略者不肯承認發動戰爭的罪過，更遑論對造成鄰國嚴重的傷害表示懺悔。日本首相小泉純一郎訪華時曾經專程前往蘆溝橋，但他的目的並非前往該地反省戰爭的歷史教訓，而是聲明要憑弔當年戰死他鄉的日本亡魂，孰可忍孰不可忍！

1937 年 7 月 7 日晚上，日本軍隊在沒有知會中國守軍的情況下，逕自在蘆溝橋附近舉行軍事演習，然後佯稱一名士兵失蹤而要求進入宛平縣城搜查；駐守該地的中國軍隊以夜色已晚，日軍入城必會

驚擾民眾而加以拒絕，詎料日軍竟向中國守軍開槍射擊，並且砲轟宛平城，明目張膽地發動了侵華戰爭。駐守蘆溝橋一帶的國民革命軍第二十九軍三十七師一百一十旅二百一十九團在吉星文團長率領下，奮起抗敵，打出了中國人八年抗戰的第一槍，掀開了中華民族救亡運動的序幕。這便是震驚全球的「七七事變」，史上也稱「蘆溝橋事變」。

事實上，日本軍國主義侵略者垂涎中國領土已久，侵華的野心早在明治天皇時期便已暴露無遺；當年「田中奏摺」中的所謂「大陸政策」即以侵佔中國和朝鮮半島為目標。藉著蘆溝橋的槍聲，日本隨即集結大軍，向北平和天津進行了全面性的攻擊，把戰火點燃了華北大地，日本的軍國主義侵略行動赤裸裸地暴露在世人面前。然而，直到今天，日本右翼依然堅稱「蘆溝橋事變」是中國軍隊先開槍挑釁，企圖以違背良心的謊言替劊子手們洗擦刀上的斑斑血跡，以塗脂抹粉來掩飾侵略者的猙獰臉孔。

1904年，日本與俄國在中國的領土上打了一場「日俄戰爭」，戰勝的日本接收帝俄在中國的權益，大肆在中國的東北殖民，更在該地派駐了設備精良的關東軍。第一次世界大戰期間，日本乘機出兵山東半島，接收德國在該地的權益，並且逼當時的大總統袁世凱簽訂喪權辱國的「廿一條」。1931年，日本關東軍在瀋陽發動「九一八事變」，在三個月時間內佔據了中國的整片大東北；1932年又製造出「一二八事變」，向駐守上海的第十九路軍發動攻擊，引發了震驚國際社會的「淞滬戰爭」，日本軍國主義侵略者毫不掩飾地展露出其狼子野心的真面目。

自九一八事變之後，日本不斷增派軍隊進駐中國的長城以北一帶，直接威逼到平津地區的防務。日本軍國主義分子更於1932年初扶植滿清廢帝溥儀在東北成立「滿洲國」，又指使漢奸殷汝耕成立「冀東防共自治政府」，企圖將中國的領土一塊一塊分割開，脫離中

央政府的管治，變成大日本帝國的「附庸國」。儘管如此，日本軍國主義統治階層對逐漸「蠶食」中國領土還是感到不耐煩，最後藉著「蘆溝橋事變」將「蠶食」的政策改變為「鯨吞」，夢想以發動全面性的侵華戰爭而在短期間內佔據整片中國領土。從「蘆溝橋事變」到抗戰勝利的八年期間，日本皇軍用血與火清洗中國的疆土，所犯下的姦淫擄掠、燒殺奴役等等各種慘無人道的罪行罄竹難書，令神州大地生靈塗炭，到處是殘垣敗壁、遍野屍骸，估計在這一場戰爭中被殺的中國軍民達二千餘萬人，經濟損失更是無從計算。

　　明天便是七月七日，是「蘆溝橋事變」的七十五週年紀念日，也是中華民族的苦難紀念日。在這個日子裏，炎黃子孫們必須重溫那一頁用血淚寫下的歷史，作一番自我警惕，因為歷史並非沒有重演的可能。當年發生「七七事變」，起因於日軍在蘆溝橋附近舉行軍演；如今，日本聯合美國頻頻在黃海和東海進行軍演，誰敢擔保不會擦槍走火？誰敢擔保 2010 年美韓聯合軍演時的天安艦「羅生門」事件不會再次發生？

　　日本政府最近已經把「防衛廳」升格為部級，國防預算也大幅提升，沖繩和西南諸島將會步署反導彈系統，也就是即將在這些鄰近中國的島嶼上步署攻擊性的導彈系統，緊扼中國通往西太平洋的咽喉，日本政府更正式批准自衛隊今後可以走出國門執行軍事行動。目前日本不但控制著釣魚島的海域，還想插手干預南海的爭端，東京都知事石原慎太郎這個政壇小丑更進行著籌款購買釣島的瘋狂勾當；在有心人的「洗腦」和炒作下，居然有近九成的日本民眾對中國表示不信任和厭惡。

　　中國人，是時候把眼睛睜大一點，認清日本右翼鷹派政客那一副嘴臉，他們企圖讓軍國主義死灰復燃的動機，應該為所有愛好和平的人們拉起警報。

（原載2012年7月6日菲律賓聯合日報「笑談古今」專欄）

炎黃子孫毋忘「國恥日」

應該沒有任何國家會由政府明令訂定一個「國恥日」，但是在各國的民眾心目中，總會感受到某一個日子是自己國家的「國恥日」。

上星期二，紐約舉行了911恐怖襲擊紀念儀式；雖然已經經過了十一年的漫長時間，但是美國人每一年都沒有忘記在這個日子舉辦悼念會，以鮮花臘燭來追思那兩千多名死在世界貿易中心的無辜受害者，9月11日已經成了美國的「國恥日」。發動太平洋戰爭的日本於遭受美國兩顆原子彈的轟炸之後，裕仁天皇終於在1945年8月15日宣佈放下屠刀、屈膝投降；每年的這一天，日本人沒有忘記舉辦「終戰紀念大會」，右翼鷹派的政客們更會在當天連群結隊跑到靖國神社去追悼戰爭亡靈，也毫不掩飾地拜祭那些供奉在神社裏的甲級戰犯，日本人似乎已經把這一個投降的日子視作他們的「國恥日」。

1931年9月18日，日本關東軍發動「瀋陽事變」，囂張地公開點燃戰火並迅速佔據了中國的整片大東北地區，讓數以百萬東北人失去家園，被迫流浪關內；當年，每唱起「松花江上」這首歌，中國人總會熱淚盈眶，每提起「九一八」，炎黃子孫總會熱血沸騰，9月18日成了中國人的「國恥日」。日本於1937年7月7日發動「蘆溝橋事變」，激發起中國人八年抗戰的怒火；同年12月13日，日本侵略軍攻入當時的首都南京，連續數天殘殺了三十萬中國軍民，釀成了慘絕人寰的「南京大屠殺」事件；因此，7月7日和12月13日也同樣是中國人的「國恥日」，但「九一八事變」乃是日本人侵華的啟端，

以之為「國恥日」似乎更為名正言順。明天便是 9 月 18 日了，中國人應該牢牢記住這個令中華民族屈辱蒙羞的日子。

近幾十年來，由於中國被籠罩在國共內戰的陰霾下，那一頁被帝國主義侵略者糟蹋踩躪的慘痛經歷，似乎已在國民的腦海中逐漸被淡忘；大家都把注意力集中在兄弟鬩牆的糾紛之中，卻沒有太多人有興趣去研究一下中國一百多年來遭受日本以及西方列強欺凌侮辱的歷史真相，這便是中華民族最大的悲哀。

日本人在甲午戰爭之後逼中國割地賠償，上世紀三十年代更發動全面的侵華戰爭，無惡不作，在神州大地上姦殺擄掠，造成了二千多萬中國軍民命喪黃泉；如今日本人不斷篡改歷史，美化其戰爭罪行，而中國人除了一再抗議之外，並沒有見到有比較權威性的文獻或著作，替後世留下歷史記錄，民間也沒有太多有關抗日戰爭的電影或電視劇來激發國人的民族意識。長此下去，不必太長的時間，日本侵華的那一段史實，便會被改寫得面目全非，中華兒女先烈們轟轟烈烈拋頭顱、灑鮮血來保衛國家疆土、維護民族尊嚴的那一些血淚篇章，也將塵封於檔案之中，甚至被遺忘得一乾二淨。

談起「九一八瀋陽事變」，必須先瞭解一下當年的歷史背景。1894 年日本發動「甲午戰爭」並摧毀中國的北洋艦隊之後，隨即將腐敗顢頇的滿清政府鄙視如無物，1904 至 1905 年在中國的東北地區與俄羅斯打了一場「日俄戰爭」；日俄這兩隻戰爭瘋狗廝殺咬鬥，卻以中國的土地為戰場，破壞殆盡的是中國人的財物，死傷枕藉的是中國的無辜平民，而戰果更是掠奪中國的領土和經濟權益。戰勝之後，日本從俄國人手上取得了旅順、大連的租借權，同時把長春至旅順的「南滿鐵路」及附屬設施據為己有，並且以「保護鐵路的安全」為理由，派出精銳的關東軍駐紮中國東北。辛亥革命成功之後，滿清皇朝被推翻，中國成立了民主共和國，西方列強陸續放棄在華的特權，但是日本依然竊據住中國的領土和財產，日本軍隊依舊盤踞在中國的土

地上耀武揚威，直到第二次世界大戰結束而日本宣佈無條件投降，中國才得以脫離日本人的魔爪。

當年在日本國內，有兩大現象促成了日本侵華的瘋狂行動。首先，第一次世界大戰結束並舉行了「巴黎和會」之後，美國的哈定總統於1921年年底召開了「華盛頓會議」，由美國、英國、法國、日本、意大利、比利時、荷蘭、葡萄牙以及中國的北洋政府等九國派出代表參加，討論的內容除了確定列強在太平洋以及中國的權益佈局之外，也明文限制各國的海軍軍力；會後日本不得不大幅度進行裁軍。須知日本自明治維新以來即採納類似今天朝鮮所採取的「先軍政策」，軍人在社會上享有崇高的地位和各種特權，報考軍校是青年人的理想目標，社會精英也都成了職業軍人。「巴黎和會」之後的裁軍，令許多日本職業軍人變成社會上「多餘的人」，一些高尚的飯店甚至禁止身穿軍服的人進入，軍人的「失落感」可想而知；於是焦慮和憤慨的軍人乃串聯結合、成立秘密組織，企圖奪取政治勢力以左右國家的政策，更希望重燃戰火以提高軍人在日本社會的地位，發動對華的侵略戰爭便是日本軍人的最佳選項。

其次，上世紀二十年代末，全世界遭逢空前的經濟大蕭條，日本也同樣百業凋敝、民不聊生，舉目可見饑民處處、哀鴻遍野；當時的統治者急於製造一些國際事端來轉移國內民眾的視線，企圖集結老百姓的「愛國心」全力對外，以忘卻國內的經濟困境，向中國開戰便是日本政客設計來麻痺民眾、讓他們忘記國家內政問題的勾當。二十多年前，日本拍製了一套以「阿信的故事」為名的電視劇，風靡一時，日本政府更將該電視劇免費提供給全球各地的電視台放映；該劇的劇情使是描寫當年日本人忍饑挨餓、沽兒販女的社會慘狀，製造一種日本人被迫不得不走向戰場的思維，蓄意替軍國主義分子辯護當年發動戰爭的罪行。

1931年，就在日本面臨種種內政問題而社會出現動盪不安的狀

況下,關東軍在中國東北砲製了「九一八事變」,以戰火來紓緩其國內的階級矛盾,用中國人的血淚來沖淡日本民眾對統治者的不滿。

二戰之後,日本在戰勝同盟國的壓力和主導下,採納了「和平憲法」,國家的武裝部隊只能是「自衛隊」,裝備以及活動範圍都受到一定的限制;但近年來日本軍人蠢蠢欲動,特別是在美國的慫恿煽動下,日本「防衛廳」升格為「防衛省」,自衛隊有了最先進、最現代化的武器裝備,軍艦也已經航駛出國門;在思想極右的鷹派分子扶掖下,日本軍人似乎又重拾當年的凶神惡煞霸氣。同時,經歷了「失落三十年」之後的日本,目前又面臨新的經濟困境,國內政治也是紊亂不堪;種種現象都構成了軍國主義重新崛起的凶兆,令人擔心。當年日本敢於妄動干戈,緣因中國處在軍閥割據、內戰不休的狀態下,無力抵抗,如今日本再度展示出獠牙利爪,仗的是背後有美國撐腰;中國人不能不提高警惕,慎防戒備,釣魚島隨時有可能會變成「九一八事變」的柳條溝和「七七事變」的蘆溝橋。

目前在日本政壇興風作浪、製造中日糾紛最出力的政客乃是東京都知事石原慎太郎;這個極右派的頑固保守政客平日對中國極端不友善,總以帶侮辱性的「支那」來稱呼中國。近幾個月來釣魚島的糾紛迅速升級,甚至接近了兵戎相見的白熱化地步,起因便是石原慎太郎突來怪招,以東京市政府的名義籌款,準備購買「尖閣諸島」(日本人冠予釣魚島的「倭名」)。石原的悖謬行為,可謂「一石擊起千層浪」,更因此而造成了目前中日兩國的關係呈現出劍拔弩張的局面。

無獨有偶,當年在中國東北製造「九一八事變」的,也是一個姓「石原」的日本軍人。畢業於日本陸軍大學的石原莞爾(Kanji Ishiwara)早年即曾發表論文,提出「滿蒙生命線」的理論,預測日本與美國會有一場「最終戰爭」,而日本在這一場戰爭中,一定要有一個後方基地;石原認定這個所謂日本「生命線」的基地便是滿洲和蒙古,因而一早便主張日本必須將中國的東北據為己有。就是這個石

原莞爾，於1931年擔任日本關東軍作戰主任參謀時，聯合與他臭味相投的關東軍高級參謀板垣征四郎，共同策劃了「九一八事變」，掀開了侵華戰爭的帷幕。

十九世紀中葉，滿清政府一再在英法西方列強的砲火下打了敗仗，暴露出積弱衰竭的國情；有鑒於此，許多日本政客和軍人便製訂策略，以征服中國作為他們努力的目標。東瀛四島土地面積有限，資源貧脊，而且颱風、地震、火山、海嘯等各種天災頻頻發生，生命財產完全沒有保障，因而日本人把侵佔中國當成「求生」之道。據傳當時日本學校的教師時常拿著蘋果或梨子，告訴學生們如果想吃，就一定要佔據中國的山東；還有政客散播一種理論，說看地圖上的中國就像一隻公雞，朝鮮半島便是這隻公雞的喙子，而日本卻像一隻蟲，隨時有被公雞吃掉的危險；如果日本想生存，首先便要佔據朝鮮半島，讓公雞失掉喙嘴，進而佔據東北，把公雞的頭也拿掉，才能維護日本的長久安全。石原莞爾在他的「滿蒙生命線」理論中，更大言不慚地說：「從歷史的觀點來看，與其說滿蒙屬於漢民族，不如說應該屬於日本民族」，毫無忌憚地擺明要把中國的東北和內、外蒙古納入日本的版圖。

1927年夏天，日本內閣召開「東方會議」，制訂了所謂「對華政策綱領」，露骨地聲稱中國的東北在日本的「國防和國民的生存上有著重大的利害關係」，毫不掩飾其侵略中國的狼子野心。同年七月，日本首相田中義一向剛即位幾個月的裕仁天皇呈奏了臭名昭著的「田中奏折」，提出了「欲征服世界，必先征服中國；欲征服中國，必先征服滿蒙」的主張，確定了先佔據東北作為侵略全中國的跳板此一戰略。雖然日本現在否認有「田中奏折」的存在，但田中義一的那一套侵略理論，早已是公開的秘密，而當年日本侵華的野心也是昭然若揭。

上世紀二十年代，中國尚處於軍閥割據的局面，東北乃是奉系張

作霖的地盤；雖然張作霖與日本人維持著合作的關係，但這個「老帥」的存在，始終是日本控制東北的阻礙，於是日本關東軍在1928年炮製了「皇姑屯事件」，炸毀張作霖所乘坐的專列火車，以致這個威震八方的大軍閥最後傷重不治。當年，日本的如意算盤是認為張作霖一死，東北便會群龍無首，日本人也就可以混水摸魚，控制整個大東北了；讓日本人始料未及的是張作霖死後，他的兒子張學良子承父業，而這個人稱「少帥」的年青人在民族大義的驅使下，毅然宣佈東北易幟，換上了青天白日滿地紅旗，接受南京國民政府的整編，讓大東北統一在中華民國的版圖之內。更讓日本人坐立不安的是這位「少帥」念念不忘殺父之仇，對日本人採取不合作的態度，儘管不去干涉日本人經營的南滿鐵路，卻在附近修建新鐵路，以低廉的票價為東北父老提供服務。日本人恨得咬牙切齒，最後終於按捺不住，關東軍內部的鷹派分子遂決定發動戰爭，佔據中國的大東北。

1931年9月18日晚上，關東軍在瀋陽北大營南面的柳條溝附近炸毀了一段南滿鐵路的路軌，然後誣賴是中國軍隊所為，向駐紮北大營的東北軍發動攻勢，製造了震驚中外的「九一八事變」，或稱「瀋陽事變」，拉開了日本人全面侵華、血洗中國達十四年的帷幕。

事變中，有備而來的關東軍一下子便佔據了北大營，隔天一早更進佔整座瀋陽城，東北軍撤退至錦州。事件發生之後，身在北平的東北軍統帥張學良明知難敵日軍的先進槍炮，決定採取「不抵抗政策」，接著更命令東北軍撤退至關內，因而日軍得以在短期間內席捲全東北，只有一批不甘心作亡國奴的熱血中華兒女，組成了「東北義勇軍」，以游擊戰術與日軍周旋於白山黑水之間。現在的中國國歌「義勇軍進行曲」，便是當年由田漢填詞、聶耳譜曲的東北義勇軍戰歌。

國人一般把當年對日本的「不抵抗政策」歸咎於國軍統帥蔣介石，其實與當時所發生的事態有所出入。不錯，當時的中國甫經歷過北伐戰爭，掃蕩軍閥的幾年征戰耗盡了國家的實力，同時又要對付共

產黨工農紅軍的游擊戰,因而不難理解國民政府極不希望在日本挑釁之下冒然再啟戰端。然而,發生「九一八事變」之後,是否因為蔣介石的「忍辱負重」而不作出奮力抵抗,始終是一個歷史謎團。事實上,當年的通訊系統極差,根據記錄,蔣介石是在九月十九日晚上九時許抵達南昌,才從上海方面得知瀋陽事變的消息。張學良在上世紀八十年代末從軟禁中獲釋後,曾在訪談中向日本電視台的記者親口透露,東北軍當年的「不抵抗」是他自己作出的決定;他指稱基於當時的形勢,認為日本只是挑釁一下而已,絕對不會發動全面戰爭;讓張學良意料不到的是猖狂的日軍竟然是一群殺人不眨眼的嗜血野獸,製造事變之後竟然立即發動大規模的戰爭,並且侵佔了整個大東北,完全出乎張學良的預料。

　　在近期的釣魚島事件中,許多政論家認為日本只是為了國內的選舉而略作挑釁,斷無點燃戰火之虞,這種想法,何異當年張學良對柳條溝事件的判斷?「溫故知新、以史為鑑」,歷史已經證明,「不抵抗」不能贏來真正的和平,中國人已經清楚瞭解到,該怒吼的時候便要發出吼聲。

(原載2012年9月17日及10月1日菲律賓聯合日報「笑談古今」專欄)

白髮漁樵江渚上
笑談古今 6

中日改善外交關係遙遙無期

最近有幾件事情嚴重地影響到中國和日本的外交關係，十二月十三日是「南京大屠殺」七十五週年紀念日，中國的海監飛機選擇在這個令中國人痛心疾首、世代難忘的日子，首次飛到釣魚島上空巡航，日本大為震驚，急忙派出戰鬥機前往監視阻撓；為了此一事件，中、日兩國互遞外交照會，抗議對方侵犯自己的領空。十二月十四日，中國駐聯合國代表團向聯合國秘書處提交一份東海部分海域大陸架劃界案，日本政府提出抗議。十二月十六日，日本進行全國大選，改選眾議院議員，結果在野的自由民主黨大獲全勝，自民黨黨魁安倍晉三將二度上台組閣並出任日本新首相。這幾件事情，無一不讓原已繃緊的中日關係更加緊張，也令中日兩國的糾爭更呈白熱化。

首先談談安倍晉三這個人，他在日本政壇所展現的形象乃是一個激烈的右翼鷹派份子。安倍的外祖父是日本前首相岸信介，此人於上世紀三十年代被日本政府派到偽「滿州國」，幹盡不少壞事，被人稱為「滿州之妖」；第二次世界大戰期間他擔任日本內閣閣員，1941年日本政府偷襲珍珠港的指令便是由他副署的，雙手沾滿了在戰爭中無辜受害的平民百姓的鮮血。戰爭結束後，岸信介原本被軍事法庭判決為甲級戰犯，是應該送上斷頭台的，但由於有「婦人之仁」的麥克阿瑟將軍發現岸信介曾經與頭號戰犯東條英機吵過一架，因此命令軍政府給予特赦，而且還准許他繼續參政。上世紀五十年代，岸信介曾兩度組閣，先後共擔任了三年多的首相職務；在他主政的期間，日本政府開始「淡化」其侵略、殖民及奴役鄰國的歷史，甚至「美化」所

發動的血腥戰爭。岸信介採取了極端敵視北京的政策，他甘作美國人的馬前卒，唯華盛頓之命是從，最後還促成了「日美安保條約」的簽署。安倍晉三在外祖父的薰陶和培植下長大並進入政壇，政治思想自然跳不出岸信介那種偏激的極右思維。

2006 年安倍晉三出任日本首相，但組閣一年便匆匆掛冠辭職。當年安倍是接小泉純一郎的班，小泉在任內與北京搞得水火不相容，安倍為了試圖修補中日關係，甫上任即到北京進行訪問，沒有按照日本政壇的慣例把美國作為首相上任後第一個出訪的國家，這一個動作曾經引起不少人的遐想，以為安倍會修正小泉的路線改而採納親華的姿態；或許是這項外交上的「破例」，引起華盛頓那一班政客極端的不滿，隨之而來的是針對安倍內閣各種醜聞的揭露，而這些不休不止的攻訐終於導致安倍執政才一年便狼狽下台。

安倍晉三畢竟是一隻披著羊皮的豺狼，此次重作馮婦，凶悍的狼相便即表露無遺；他早年擔任內閣閣員時，曾主張日本應該擁有導彈甚至核武器，也曾前往靖國神社拜祭，最近更對自己多年前擔任首相期間未能前往靖國神社拜祭表示懊悔。安倍主張修改日本的歷史教科書，認為「南京大屠殺」事件受到誇張渲染，否認戰時有慰安婦的存在，這一次的競選期間更主張日本應該修改憲法，將自衛隊擴改為國防軍，還建議在「尖閣諸島」（釣魚島）設置行政官，不惜與中國兵戎相見。雖然政論家認為競選的言詞不能盡信，並預測安倍就任後不能不改變他在競選期間所表示的對華強硬態度，然而，從安倍晉三平素的言行便可以推想到，只要由他執掌東瀛政務，對中日關係來說，肯定是多事之秋。

再談中國向聯合國送交「東海部分海域二百海里以外大陸架外部界限劃界案」一事，其實中國早就應該進行這一項手續，只因中國政府一向堅持「擱置爭議、共同開發」的原則，基於對「中日友好關係」的重視，北京一直沒有將東海海域的大陸架劃界圖提交到聯合國

秘書處備案。如今因為受到日本政府將「尖閣諸島國有化」這一個瘋狂的行動所刺激，知道已經不能再「韜光養晦」，而是到了「每個人都逼著發出最後的吼聲」之「最危險的時刻」，才進行這一項早該完成的工作。

依照「聯合國海洋法公約」，任何國家海岸線延伸二百海里之內，如果範圍內沒有別個國家的領土，便可以把這一片海域劃為自己的「專屬經濟區」（Exclusive Economic Zone）；如果二百海里海域之內有別的國家的海島屬土，兩國便分享該專屬經濟區。另外，陸地向海洋延伸而浸於海面下的平台叫「大陸架」（Continental Shelf），海洋法公約也將大陸架作為決定某個國家海域的規範參考。釣魚島群嶼都是位於中國的大陸架上，與琉球群島（即日本人所稱的沖繩島）之間隔著一道極深的沖繩海溝；從地理角度來說，釣魚島根本就是中國大陸的延伸，日本人所稱的釣魚島是沖繩島的一部分完全沒有科學依據。此次中國將東海海域大陸架劃界案提交聯合國，在國際論壇上就釣魚島歸屬問題的辯論又多了一項有力的佐證和論點。

對全球的炎黃子孫來說，中國海監飛機飛到釣魚島上空巡航，確實是大快人心。中國海監船和漁政船已經常態性地在釣魚島海域執行任務，如今連飛機也出動了，要是海監人員或海軍戰士再登上釣魚島，把日本人在島上所建造的神龕和燈塔也拆除掉，到時候便可以說中國的海陸空已經全方位出動，維護釣島神聖主權的使命也得以完成了。當然，日本人不會甘心把釣魚島這塊咬在口裏的肥肉吐出來，肯定會採取許多動作來抗衡中國，到時候北京將如何因應，便要看中國領導人的政治智慧、勇氣和魄力了。相信今後中國的海監飛機、海監船和漁政船會固定性地巡弋在釣島的天空和海域，這些屬於中國海監和漁政單位的機船並沒有武裝設備，擺明姿態並非前來挑釁叫陣，但卻足以有效地宣示中國的主權，打破日本海上保安廳多年來對釣魚島單方面控制的局面。

日本的執政者，不管是今天的民主黨野田政府，或是即將上台的自民黨安倍晉三，似乎都熱衷於跑到華盛頓去「哭秦庭」，抱著美國人的大腿求助。然而，美國政府會為了替日本人出頭而向中國宣戰嗎？如果日本有這種想法，便未免太天真了。

　　日本的政客應該反省一下，所謂「天下本無事，庸人自擾之」，釣魚島海域本來風平浪靜，而對於釣島多年來一直被日本「實際控制」的事實，中國政府也採取「隻眼開，隻眼閉」的態度；這一次到底是什麼事情搞到中國人熱血沸騰呢？答案很簡單，是日本政客愚蠢的「國有化」島嶼舉動。日本人迷惘於美國政府的「釣島包含在日美安保條約內」的空洞許諾，結果搞得中日關係緊張，受損的是中日雙方的經濟利益，對涸渴等待甘霖的日本經濟打擊尤其嚴重。日本政壇即將換上安倍晉三這隻老鷹來執政，相信要改善中日關係還是遙遙無期，日本的經濟也只能繼續往地洞深坑裏鑽了。

　　（原載2012年12月19日菲律賓聯合日報「笑談古今」專欄）

中日外交關係張弓挾矢

2012年可以說是中日關係的「冰火時期」：外交上凍如冰河，軍事上卻是熱如火山。在外交上，中日雙方的領導人在國際場合上碰面時互不瞅睬、形同陌路人，不但高層的會晤全面凍結，兩國的政府發言人還天天警告對方「好自為之」。而中日外交關係雖然凍如寒霜，軍事上卻熱如冒煙待爆的火山，兩國的公務船在釣魚島海域短兵相接、進行喊話罵戰，兩國的巡邏機在釣島領空進行追逐攔截，分分鐘可能發生「擦槍走火」的事故。

2012年年底，中日兩國都產生了新的領導人，中共中央在十一月舉行的第十八次全國代表大會上，選出習近平為新任總書記兼軍委主席；日本則於十二月底舉行眾議院選舉，自民黨大勝執政的民主黨，安倍晉三取代野田佳彥成為新任首相；國際政治觀察家都在觀望，新的領導人會不會為中日的外交關係「破冰」並開拓出一片新天地。踏進2013年，中日兩國之間依然砲聲隆隆，日本新政權變本加厲，敵視中國的態度比剛下台的野田政府更為囂張；按目前的情況來看，中日的關係在短期之內不但破不了冰，反而有雪上加霜的態勢。

安倍晉三於去年年底走馬上任之後，立刻展露出他的「鷹派嘴臉」，以極為強硬的態度來對待中國，不但一再聲稱釣魚島不存在與中國談判的餘地，更明目張膽拉攏多個國家，企圖組成一個圍堵中國的包圍網。在安倍的主導下，日本政府幾乎每天都在外交上或軍事上搞些新花招或發表一些瘋狂的言論，敵視北京的立場絲毫不加掩飾。

在外交上，副首相麻生太郎上任不到一星期，隨即犧牲新年假期

而於元月二日造訪與中國關係極為密切的緬甸,慷慨地宣佈豁免緬甸所欠的三千億日元舊債,還答應再給予五百億日元新貸款,又應允協助緬甸興建工業區及深水港,擺明姿態挖中國的牆腳,企圖取代中國在緬甸的地位。接著,外相岸田文雄於元月九日出發訪問菲律賓、新加坡、汶萊和澳洲,安倍晉三本人亦於元月十六日前往越南、泰國和印尼進行訪問,完全不諱言其目的在拉攏東南亞國家,強化對中國的外交包圍,並主動獻身支持有關國家爭奪南海主權。安倍還派出自民黨的眾議院外務委員長河井克行於元月十五日前往歐洲,先後訪問英國、法國及比利時,並造訪北大西洋公約國總部,將安倍的親筆信交予北約秘書長拉斯莫森,呼籲北約和日本聯手應對「正逐步強化海洋影響力的中國」。安倍並準備於下個月前往美國會晤奧巴馬,預料一定會大肆鼓吹「中國威脅」和「日本受欺」的論調,演出一齣「哭秦庭」的悲情劇,既要求美國容許日本修改憲法以便大量擴軍,也會要求美國展示實力、對中國採取行動。

在軍事方面,安倍晉三政府同樣動作頻頻,近日向國會提出本年度的軍費預算將再增加一千六百多億日元,決定在釣魚島海域增加十艘巡邏艦艇,並派遣 F15 戰機駐守原為民用的沖繩縣宮古島市下地島機場。元月十三日,被譽為日本「王牌部隊」的空降兵部隊在千葉縣舉行奪島演習,防衛大臣小野寺五典向官兵致詞時叫囂要防範中國「對尖閣諸島的野心」。據日本《產經新聞》報道,鑑於中國海監飛機在釣魚島附近海域上空進行常態化巡航,日方已著手討論應對措施,其中包括由航空自衛隊發射曳光彈以進行「警告射擊」;後來看到中國的反應甚為激烈,可能華盛頓也出聲警告,內閣官房長官菅義偉乃出面否認傳聞,然而防衛大臣又加以確認,可見安倍的「鷹巢」裏的確有一群嗜血如命的禿鷹,被軍國主義的幽靈陰魂附身,回味著上世紀侵略中國的那一股滋味。

安倍本人和部屬馬不停蹄造訪東南亞、澳洲以及歐美,遊說各國

聯合對抗中國，北京豈能坐以待斃？一旦日本軍機向中國的海監飛機發射曳光彈，中國如果不進行還擊，如何在國際社會立足？怎樣向全球的炎黃子孫交代？近日，中國人民解放軍總參謀部發出「軍事訓練指示」，要全軍做好打仗的準備，可見中國領導層已經洞識安倍晉三的居心，解放軍不能不「枕戈待旦」。剛剛邁進新的一年，中日關係便已經呈現出劍拔弩張的姿態，但願所有愛好和平的日本企業家及有識之士多多表態，製造政治壓力來消滅安倍的好戰氣燄，也希望美國政府有效地控制好手上的鷹犬，東亞才有和平的日子過。

（原載2013年1月23日菲律賓聯合日報「笑談古今」專欄）

中日關係將持續碰碰撞撞

近幾個月來，中日釣魚島糾紛的新聞天天佔據著報紙的頭版位置，東海風雲不但令中日兩國的人民愀心，也牽動著全球各地關心亞太地區安全的人們的神經線。近日來發生的一些新聞事故，令人深感中日外交關係的冰河期還會長久地持續下去。

安倍晉三於去年年底就任日本首相，中日的友好關係便已經關上了大門。安倍的外祖父岸信介在二戰期間擔任日本戰時內閣大臣，參與策劃對亞洲及太平洋的侵略戰爭，戰後原已被定罪為甲級戰犯而遭拘押，只因他在塞班島的戰略上與時任首相的東條英機意見相左並發生激烈的辯論，盟軍竟因此而決定豁免對他提出起訴；戰後由於冷戰的關係，美國更刻意扶植岸信介，讓他活躍於日本政壇，並於五十年代兩度出任首相。岸信介在位期間，著力於美化日本發動戰爭的猙獰面目，徹頭徹尾是一個軍國主義的餘孽；他還促成日本與美國簽署「安保條約」，以中國的共產政權為假想敵，對北京抱持極端敵視的態度，是當年炮製「圍堵中國」政策的主要倡議者之一。安倍從小受到外祖父的培植和薰陶，早已被洗腦而成為軍國主義的忠誠擁護者，進入日本政壇之後，他也是以右翼的鷹派分子自居；想靠安倍這樣的人來改善中日關係，何異「緣木求魚」？

競選期間，安倍晉三曾經向選民許諾，當選後將以日本首相的身分前往供奉甲級戰犯的靖國神社拜祭；上任後由於擔心引起中國和韓國的憤慨和抗議，到目前還沒有履行他的競選諾言，但近日已經由民調機構發佈調查報告，聲稱百分之六十六的日本民眾贊同首相赴靖國

神社拜祭，無疑是想借民意為他拜鬼之舉舖路。一旦安倍前往靖國神社拜祭，將再度在中國人的戰爭傷痕上撒一把鹽，中日關係定必跌進萬丈深淵的谷底。

事實上，雖然安倍晉三還沒有到靖國神社去參拜，但已經在本月初前往明治神宮拜祭；即使拜祭明治神宮不像拜祭靖國神社那樣具敏感性，但這一個行動卻清楚地顯示出安倍的軍國主義嘴臉。明治天皇是最早派遣軍隊侵略中國的日本皇帝，在位期間，於1894年主導了「甲午戰爭」，逼清政府割讓台灣和澎湖；1900年聯合西方國家，組成「八國聯軍」攻陷天津和北京，逼得慈禧太后要逃難西安，而八國聯軍之中不論參戰的艦艇或士兵的數目，都以日本居最多；1904年，明治天皇又發動了「日俄戰爭」，在中國的土地上與俄國人打了一場仗，讓戰火燒遍東北的白山黑水，把中國人民當成砲灰；在他的統治下，日本更把台灣和朝鮮半島佔為殖民地。就是這個明治天皇，把日本的帝國主義和軍國主義發揮得淋漓盡致，中、韓兩國對安倍晉三之膜拜明治天皇，豈能噤聲默許？

在中日兩國間砲聲隆隆之際，與自民黨聯合執政的公明黨黨魁山口那津男翩然訪華，據稱攜帶了安倍的親筆信，希望面交中國領導人。公明黨對中國一向採取友善的態度，但到底山口對安倍政府有多大的影響力，卻實在令人置疑。山口在北京表示，希望中日擱置島嶼糾紛以維持友好關係，並建議兩國飛機都不要出現在釣魚島上空，避免發生衝突；話剛出口，自民黨幹事長石破茂立即加以猛烈評擊，稱釣島是「日本領土，有什麼好擱置的？為什麼日本的飛機不能飛到自己領土的上空？」可見山口的一番努力，最後還是會付諸東流。

其實，所謂「兩國飛機都不要出現在釣魚島上空」，是讓日本軍方避免疲於奔命的「下台階」。中國海監飛機一飛近釣島上空，日本防衛廳便要派一隊戰鬥機從沖繩島飛往現場「監視驅逐」，既不敢開火，又不能不表態，於是日本的軍機便陪著中國的螺旋槳飛機在雲端捉迷藏；

要是中國海監飛機每小時來一趟，日本的軍費不直線上升才怪，自衛隊機師在疲憊不堪的情況下，說不定遲早會駕著飛機栽進東海。

中國的海監船和漁政船不斷到釣魚島海域巡弋，日本海上自衛隊的船艦緊張兮兮、全程跟蹤。據日方資料顯示，自野田首相宣佈將釣魚島「國有化」這三個月來，中方已經二十四次組織船隊到釣島海域巡航；日本政府循例提出外交抗議，中國政府也循例拒絕接受抗議，並重申釣島是中國的固有領土。目前，兩國的「海上遊戲」止於此，相信雙方會持續自制，避免開第一槍，但船隻的碰撞卻是遲早的事情。較早新聞報導稱，中國政府決定將十艘退役的海軍舊艦艇改裝為海監船，加強領海海域的巡邏任務；有人提出質疑，以中國目前的國力，難道買不起新船？為什麼還要用已經報廢的舊船去面對兇悍的日本人？稍作思索，不難猜想這些舊船是專門用來碰撞的。中日兩國的外交關係，在預見的將來，也將不停地碰撞下去。

（原載2013年1月25日菲律賓聯合日報「笑談古今」專欄）

日艦誣稱遭中國雷達鎖定

近日來，中國和日本之間的外交關係降溫至冰點，隱約還可以聞到濃濃的戰爭硝煙味道。

二月五日晚上，日本防衛大臣小野寺五典召開緊急記者會，指控中國的軍艦於元月十九日傍晚用「火控雷達」瞄準一架從日本海上自衛隊護衛艦上起飛的戰鬥直升機；又稱另一艘中國軍艦亦於元月三十日早上以「火控雷達」鎖定日本的「夕立號」護衛艦。記者會之後，日本首相安倍晉三於二月六日和七日分別向參議院及眾議院報告這些事件，警告中國要「保持克制以避免不必要的衝突升級」。繼此之後，日本政府不停地在國內以及國際社會熱炒這些「新聞」，安倍更囂張地要求中國政府為事件「謝罪」。

中國國防部和外交部於二月八日發表聲明，駁斥日本政府「無中生有」，故意撒謊來製造緊張氣氛。根據中國軍方的記錄，一艘中國海軍護衛艦於元月十九日在東海進行例行訓練，其間一架日本的艦載直升機飛近中方艦艇，中方艦上的雷達保持正常的觀察警戒，但並沒有像日方所說開動為準備攻擊而鎖定目標的「火控雷達」。而發生於元月三十日的事件是一艘中國海軍艦艇在東海海域執行訓練任務時，日本的「夕立號」護衛艦對中方艦艇進行近距離跟蹤監視，中方艦上的雷達同樣保持正常觀察警戒，並沒有使用「火控雷達」。中國國防部詰問，日本政府故意捏造事實，製造中國挑釁的形象，誇大東海的緊張局勢，到底有何居心？

日本防衛大臣小野寺堅稱中方確實開動「火控雷達」來瞄準日本機

艦，當記者要求出示證據時，又稱基於軍事情報機密，不便提供證據，也不願意透露兩國軍艦是在哪一片海域發生對峙；在記者窮追逼問下，小野寺最後承認中方艦艇上的砲口並未指向日本的直升機和砲艦。

從多個角度來分析，不難發現日本政府的確是謊言連篇。如果中國軍艦真地開動引導砲彈和導彈方向的「火控雷達」，哪有砲口不對準日艦和日機的道理？使用「火控雷達」，已經是採取了準備開戰的步驟，砲手都要緊急在崗位上待命開砲，砲口怎會不對準射擊目標？日本政府既然承認中方艦艇的砲口沒有指向日艦，可見「中方準備攻擊」的指控完全是日方憑空捏造出來的；如果發生任何緊張氣氛的情況，也完全是日艦近距離跟蹤中國艦艇所產生的效果。

謊言中最明顯的破綻是小野寺聲稱事件發生時，「現場確實十分緊張，日本護衛艦當時就拉響了戰鬥警報」，可是日本外務省卻到了二月五日才知道消息，小野寺也是在五日晚上才到首相官邸向安倍提出報告，並在當天晚上召開緊急記者會。試問，日本護衛艦於元月十九日及元月三十日就分別「拉響了戰鬥警報」，但是日本首相和負責對外交涉的外務省居然要到二月五日才接獲報告，這種不經大腦的謊言有誰相信？難道日本又回到了上世紀卅年代那一個可以把首相蒙在鼓裏、而由軍隊自行發動戰爭的軍國主義時代？

誣稱中國軍艦開動「火控雷達」鎖定日本直升機和護衛艦，與1931年發動「九一八事變」前誣指中國東北軍炸毀瀋陽皇姑屯日滿鐵路路軌，以及1937年發動「七七事變」前佯稱日本士兵在宛平縣城外失蹤如出一轍，完全是在「舊戲重演」，只不過當年中國積弱，日本可以在編造故事後立刻對中國動武，而今天的中國已不像當年那麼好欺負，日本政府散播謠言顯然是另有用意。

安倍將於本月間前往美國訪問，其中一個最重要的目的是爭取美國政府同意，讓日本修改憲法以行使「集體自衛權」，擴大軍力，把目前的「自衛隊」改建為「國防軍」；同時安倍企圖拉美國下水，利

用美國的軍事力量來抗衡中國。然而，奧巴馬總統已經發表聲明，不同意與安倍談論「集體自衛權」事宜，表示不希望觸怒中國，而新上任的國務卿克里（John Kerry）也比較務實，不像其前任希拉莉、克林頓那樣與日本右派同一個鼻孔出氣；美國政府還一再呼籲中日雙方克制，指出戰爭對任何一方都不利，擺明沒有與中國大動干戈的意願。安倍晉三「狗急跳牆」，故意製造中國準備開戰的謠言來刺激美國人，意圖達到其擴軍的目的，並且推動美國出面與中國短兵相接，其惡毒的的用心以及奸詐的手段委實令人髮指。

　　安倍政府的謊言騙不了別人，但要欺騙美國人卻是綽綽有餘。日本宣佈機艦被中國軍艦用「火控雷達」鎖定之後，美國國防部和國務院的發言人都怪責中國，指稱這種行為非常危險，並敦促中國應該「克制」，可見幼稚無知的美國政客全盤接受了日本政府編造的故事。中國政府必須啟動國際宣傳機器，用真相來揭露日本軍方的謊言，並且把歷史上日本軍國主義一再編造謊言以製造事端、啟動侵略戰爭的事實公諸於世，讓全球人士洞識日本政府的奸計。

（原載2013年2月11日菲律賓聯合日報「笑談古今」專欄）

漫談安倍晉三的「美國行」

安倍晉三於去年底就任日本首相之後,隨即表示希望以美國為出訪的第一個國家,來彰顯日、美外交關係的重要性,說穿了,安倍是想借美國的氣燄,在亞洲地區狐假虎威一番;想不到「落花有意,流水無情」,美國總統奧巴馬以時間上難以配合為理由,拒絕在元月份予以接待,安倍只好意興闌珊地先到越南、泰國和印尼訪問。近日,癡心等候而望眼欲穿的安倍終於得到好消息,白宮為他定下訪美的日程,可惜美國政府為他安排的活動只有一天行程而已;安倍於二月二十一日起程前往華盛頓,二十二日早上到阿靈頓國家公墓獻花,中午由美國代財政部長陪同吃工作午餐,下午會晤奧巴馬總統,然後到「美國戰略與國際問題研究中心」發表演講,二十三日便匆匆離開美國。這一次安倍晉三訪美,奧巴馬既沒有安排歡迎儀式,更沒有國宴款待,會晤後沒有安排聯合記者招待會,更遑論發表聯合聲明;美國政府招待的唯一一頓「工作午餐」,既無正副總統的蹤影,連新任國務卿也沒有露面,接待如此冷淡,何異在興高采烈的安倍頭上澆下一盆冷水?

安倍晉三赴美前,在東京接受華盛頓郵報訪問,似乎忘記了自己的首相身分,完全不顧外交禮節,居然口不擇言而大發厥詞攻擊中國;既說中國是因為「根深蒂固的需求」,才會與日本和其他亞洲鄰國發生衝突,又怪責中國以「反日的意念」當成「愛國教育」向年青一代灌輸思想,更揚言日本將阻止中國「掠奪他國的領土」。

其實,如果安倍晉三反省一下歷史,同時也深入探究目前的國際

形勢,他會瞭解那個本身資源匱乏、有「根深蒂固的需求」而必須向外侵略掠奪的國家不是中國,而是日本。中國政府不必進行什麼「愛國教育」,中國民間早有強烈的反日情緒,因為中國人一百多年來受盡日本人的欺凌,吃日本人的虧實在是太多了;日本對上世紀發動戰爭侵犯中國的罪行不但毫無歉意,像安倍這一類的政客還想篡改歷史以美化戰爭罪行,對中國人來說的確是孰可忍孰不可忍,怎能沒有「反日的意念」?說「中國掠奪他國的領土」更屬荒謬,難道是中國想掠奪他國的領土,才發動「甲午戰爭」嗎?是中國想掠奪他國的領土,才發動「九一八事變」和「七七事變」嗎?是中國想掠奪他國的領土,才發動太平洋戰爭、偷襲珍珠港並派兵侵略東南亞國家嗎?安倍厚顏指責「中國掠奪他國的領土」,完全是「賊喊捉賊」的無恥勾當,也可以看出安倍晉三對日本和世界的近代史根本一無所知。

　　針對安倍不負責任的言詞,中國政府嚴肅地要求日本政府作出澄清和交代;日本內閣官房長官菅義偉在記者會上宣稱,安倍首相並沒有說出那些指控中國的話詞,他怪責中國新聞界錯誤引用報紙的報導,並稱日本已經透過駐華大使館警告中方不要再傳播錯誤的消息。菅義偉應該看清楚,中國新聞界引用的資訊來源,乃是「華盛頓郵報」所報導的安倍訪談記錄,如果日本政府認為消息失實,應該怪責「華盛頓郵報」散佈謠言,向該報提出抗議並澄清談話的內容,才是正確的亡羊補牢之舉,而不是像現在這樣呈露出欺善怕惡的醜陋臉孔,捨本逐末地高調怪責中國的新聞界。

　　華盛頓郵報的記者發問時詞鋒犀利,指出安倍於 2006 年首次擔任日本首相,未足一年便匆匆掛冠而去,問他這一次會不會像上次那樣耽不了一年的時間又要下台?安倍答覆說上次辭職是由於健康問題,現在已經沒事,「因為我吃藥了」;看來安倍吃的藥品有極厲害的副作用,累得他現在連講話也如此語無倫次。

　　根據報導,安倍晉三在美國智庫所發表的演講是以「日本回來

了！」（Japan has returned）為講題。毫無疑問，用這個題目，是要討好美國前國務卿希拉莉，仿傚她所標榜的口號：「亞洲，美國回來了！」安倍貴為一國元首，卻展露出一副甘作傀儡的小人心態，「拾人牙慧」之餘，對美國「亦步亦趨」，從這一個演講的題目，就可以看出他把自己當成一個完全仰美國鼻息、可憐兮兮的小媳婦。

　　從另一方面來看，安倍用「日本回來了！」這樣一個題目演講，充分表現出他完全沒有政治智慧。大家都知道，「我將回來！」（I shall return!）以及「我回來了！」（I have returned!）這兩句話乃是第二次世界大戰盟軍太平洋戰區統帥麥克阿瑟將軍（General Douglas MacArthur）的名言；麥帥遭受日本侵略軍猛烈攻擊而不得不從菲律賓撤退前赴澳洲時承諾「我將回來！」兩年後麥帥率軍反攻，在菲律賓中部禮智（Leyte）登陸時，向菲律賓人民和全世界宣佈「我回來了！」這一句振奮民心的豪語激勵了所有反抗法西斯主義及日本軍國主義的民眾，齊心戮力反擊日本侵略者並取得最後的勝利。如今安倍用「日本回來了！」這樣一個標題，正好自揭日本的瘡疤，讓全人類再次記起麥克阿瑟將軍的名言以及講這一句話的歷史背景，警惕全球愛好和平的人們千萬要提防「日本軍國主義回來了」！

　　　　（原載2013年2月25日菲律賓聯合日報「笑談古今」專欄）

白髮漁樵江渚上
笑談古今6

再談釣魚島和靖國神社風波

從毛澤東時代起,中國共產黨就清清楚楚地向全世界宣示:「人不犯我,我不犯人;人若犯我,我必犯人。」可惜日本和另外幾個國家的政客沒有認真考慮中國這一種立場,也不知道是他們沒有聽懂中國領導人的話,或者是漫不經心地把北京的宣示不當一回事,結果造成了最近在東海、南海以及喜馬拉雅山麓所出現的緊張氣氛。

日本前任首相野田佳彥便是聽不懂中國人那一句「人若犯我,我必犯人」的佼佼者,他完全低估中國護衛主權和領土完整的決心,把中國領導人的友善當成軟弱,結果被忍無可忍的中國人一拳打中鼻樑。現任首相安倍晉三乃是有份發動太平洋戰爭的二戰戰犯岸信介的外孫,幼承庭訓,從小就浸淫在軍國主義的劇毒中,自然長出兇殘好戰的鷹嘴和狼牙;如今大權在握,遂乃變本加厲,大力推動他的計劃藍圖,妄想把日本重新軍事化。要達到這一個目標,最好的藉口便是誇大「中國的威脅」;安倍因而一面抱住美國人的大腿,一面向中國做出種種挑釁的動作,逼中國在「人若犯我,我必犯人」的原則下採取回應,東海的局勢便因此而沸騰了。

在東西方尚處於冷戰狀況的七十年代初,荒唐的美國政客雖然口稱對釣魚島的主權歸屬問題抱「中立」態度,但是為了自身利益,竟擅將釣島的「行政權」劃歸日本,造成了今日東海的糾紛和混亂。由於中國過去幾十年來在外交關係上一直採納「韜光養晦」的態度,因此東海釣魚島海域堪稱平靜,中國不但沒有派船艦在該海域巡弋,還千方百計阻撓國民前往釣島宣示主權,甚至啞忍日本海上保安廳的

艦艇在那一帶行使「行政權」。豈料去年（2012年）四月，前東京都知事石原慎太郎突然有如神智失控，竟公開發起募款運動以「購買尖閣列島（釣魚島）」，激起全球華人華裔的同仇敵愾；時任日本首相的野田佳彥更漠視中國國家主席胡錦濤在「亞太經濟合作組織」（APEC）會議期間的當面警告，竟於同年九月十一日宣布將「尖閣列島國有化」。到了這種地步，中國不得不採取行動，遂乃派遣海監船和漁政船到釣魚島海域進行固定性巡弋，以實際的行動來宣示中國的領土主權不容侵犯。

接著，中國陸續向日本展示出「人若犯我，我必犯人」的堅定立場：日本與美國頻頻舉行聯合軍演，中國也多次在東海進行實彈演習，還聯合俄羅斯在日本海舉行大規模的軍演；日本一再誘迫美國宣示釣魚島包括在「美日安保條約」範圍之內的立場，中國則乾脆經常派遣海軍艦隊，浩浩蕩蕩地駛經日本的門口，通過宮古海峽出發到西太平洋進行操練；日本的偵察機和砲艦一路跟蹤中國艦隊，卻自認被中國的艦艇以「火控雷達」鎖定；上月二十三日，八十多名日本右翼激進分子乘十艘漁船前赴釣魚島海域「考察漁業」，日本海上保安廳派出十艘艦艇護航，中國也派遣八艘海監船進入釣島十二海里之內，分成四個編隊從不同方向包抄日本船隊，逼得日本人落荒而逃；日本「產經新聞」更引政府高官說，中國還同時出動了四十餘架包括最新型的蘇27及蘇30戰機，飛臨釣島附近空域，對日本造成「前所未聞的威脅」。

同一天（四月二十三日），一百六十八名日本眾議員前往靖國神社參拜，之前副首相麻生太郎及另外幾名內閣閣員也分別前往拜祭，首相安倍晉三據說為了「不引起中、韓兩國外交上的困擾」，沒有現身靖國神社，但卻委託他人替他供奉了祭品。毫無疑問，二戰期間的日本軍國主義已經「殭屍復活」，安倍說他由於「在意中、韓的感受」而不去靖國神社參拜，完全是虛偽的說法，自己不去，卻鼓勵閣

員和議員前往拜祭，他的一番心意也隨著供奉的祭品被送進靖國神社，中、韓兩國的領導人不是傻瓜，豈會被安倍的門面功夫所蒙騙？韓國外長尹炳世取消了出訪日本的計劃，中國也叫停了原訂在北京舉行的中、日、韓三國財長會議，日本將於近日主辦中、日、韓三國部長級環保會議，北京決定「降格」只派出副部級官員出席參加；這些行動，便是對安倍政府的胡作非為最直接的反應和答覆。

安倍晉三一直替自己辯護，認為參拜靖國神社是「向為國犧牲的人們表示尊敬之情，是理所當然的」，這完全是一種「黑白不分、混淆視聽」的說法。在日本人偷偷把十四名甲級戰犯供奉進靖國神社之前，沒有人反對日本領導人到神社去鞠躬跪拜，但是把發動戰爭、雙手染滿無辜平民鮮血的戰犯當成英雄來膜拜，那便是埋沒良心、踐踏公理、人神共憤的愚蠢和無恥的行為。靖國神社原是日本天皇參拜的地方，但自從上世紀七十年代甲級戰犯被供奉之後，天皇便沒有再踏進靖國神社一步，因為日本天皇明瞭，參拜戰犯便是對當年發動戰爭作出肯定，是在戰爭受害者的傷口上撒鹽，也是對世界和平的公然藐視。安倍自己是戰犯的後代，心裏崇拜戰爭販子和人類屠夫不足為怪，但是他以首相身份所作出的悖謬行為，陷日本整個國家於不義，令大和民族蒙羞，簡直就是日本的「國賊」。

令人感到訝異的是堂堂的美國領導人，居然可以對日本政客參拜靖國神社無動於衷，甚至還質疑中、韓兩國為何有那麼大的反應；難道他們不知道十四名甲級戰犯也包括了下令偷襲珍珠港、炸死兩千多名美國士兵及平民的東條英機？容許日本膜拜戰犯，美國的政客怎麼對千千萬萬死於太平洋日軍砲火下的美國亡魂交代？華盛頓郵報近日刊登了一篇社論，呼促安倍晉三正視歷史，取得了振聾發聵的效果。希望美國的有識之士能夠同時喚醒他們的領導人，嚴防軍國主義死灰復燃，不要縱容軍國主義的餘孽搞亂世界的和平與穩定。

（原載2013年5月3日菲律賓聯合日報「笑談古今」專欄）

日本政客的滿口荒腔濫調

日本政壇有如一個上演著鬧劇的舞台，權力鬥爭無止無休，首相也有如走馬燈似地換個不停。自從明仁天皇於 1989 年登基至今二十四年期間，已經經歷過十八任首相和內閣的更迭，在過去的七年中，更是每年都換首相，令人眼花撩亂。日本政壇充斥著一班嗜權如命的政客，爾詐我虞、怪相百出；有分析家指出，日本的政客大多是世襲自祖輩，而追溯至幕府時代，掌權得勢的人幾乎清一色是浪人出身的亡命之徒，狂野粗俗的血液一脈相承，因而即使進化到現在的摩登時代，仍不時看到日本政客中有一些莫名其妙的行為，滿口荒腔濫調更是司空見慣。

日本大使國際會議大出醜

今年五月二十二日，聯合國禁止酷刑委員會（United Nations Convention Against Torture）在瑞士日內瓦舉行會議，針對一位非洲代表的發言，日本人權大使上田秀明（Hideaki Ueda）告訴大會：「日本是世界第一的人權發達國家。」儘管他講後意識到自己失言，並隨即改口說：「日本是世界上人權發達國家之一」，但還是引起會場一陣此起彼落的笑聲。令人完全想不到的是上田居然老羞成怒，野蠻地對著與會代表喊道：「Don't laugh! Why you are laughing? Shut up! Shut up!」（不准笑！你們幹麼笑？閉嘴！閉嘴！）此言一出，會場果然鴉雀無聲，但氣氛卻尷尬得難以形容。天啊，上田秀明似乎忘

掉他嘶喊叫囂的對象是來自全球各國的代表,而不是東京筑地魚市場的攤販,一個堂堂的外交官,竟在國際會議上如此失態,真是令人瞠目咋舌。

上田秀明果然表現出日本浪人的「武士道」氣慨,可惜他的威武怒吼恐嚇不了與會的各國代表,大會最後確認了日軍在二次大戰中強徵良家婦女充當慰安婦的法律責任,並且勸告日本政府,除了作出適當的賠償和道歉之外,還要將事實記載於教科書以教育下一代。

大阪市長鼓吹美國大兵嫖妓

大阪市長橋本徹(Toru Hashimoto)是另一個狂妄自大的日本政客。橋本徹原名橋下徹(Toru Hashishita),父親乃是日本黑社會山口組(Yakuza)成員,在橋本很小的時候便死於非命,他母親帶著他兄妹由東京遷居大阪,並將家族的姓氏由橋下(Hashishita)改為比較高尚的橋本(Hashimoto),但是他的血液中卻繼承了父親的兇悍和霸道。橋本徹乃是日本政壇極右派的激進分子,三十八歲便當選為大阪都知事,後來又回馬競選管治面積較小的大阪市市長並獲得當選;他還組織了一個新的政黨,取名「日本維新會」,自任黨魁,由於氣勢不凡,前任東京都知事石原慎太郎也把他的政黨合併進「維新會」。「維新會」在去年底的日本眾議員選舉中表現不俗,一般政論家也相信「維新會」在今年的參議員選舉中可以再下一城;首相安倍晉三如果要成功地推動憲法的修改,也勢必要爭取「維新會」的支持。這些年來橋本徹的政治前途一帆風順,有些政論家甚至預言他以後會成為日本首相,讓這個意氣風發的橋本徹感到「飄飄然」。得意忘形之下,橋本徹便信口雌黃,結果犯下了廣東人所說的「少年得志,語無倫次」大錯。

今年五月十三日,橋本徹發表公開言論,認為第二次世界大戰期

間日本的慰安婦制度是一種「必要性」的措施,對維持軍隊紀律起了很大的作用;他同時建議美國軍隊司令官准許駐日的美軍士兵前往日本的性服務場所發洩。言論一出,引起日本國內以及國際間猛烈的評擊,認為橋本的言詞嚴重地傷害了女性的尊嚴和人權,美國政府發言人更指責橋本的說法「愚蠢」。橋本徹之所以鼓吹駐紮日本的美國大兵嫖妓,目的無非是要申明軍人的「性需要」必須得到滿足,並以此觀點來洗脫二戰期間日本皇軍強迫良家婦女充任「慰安婦」的戰爭罪行,想不到這一番荒謬的論調為他引來「週身蟻」;近日來,橋本在民間的支持度直線下跌,所到之處咒罵聲不絕於耳,他原訂近期前往美國進行訪問,但因為美國方面沒有人願意接待,最後宣佈取消訪美行程,落得一個灰頭土臉的下場。

日本首相以當亡國奴為榮

日本首相安倍晉三也是一個自以為是的政客,上任以來即緊抱美國人的大腿,狐假虎威地向中國獠牙挑逗,並企圖借助美國的軍事力量,霸佔中國的領土釣魚島以及所屬海域。

本月初,中國國家主席習近平與美國總統奧巴馬用了兩天的時間,在加州安納伯格莊園舉行了長達八小時的親切會談。新聞圖片所見,二人笑容滿面,穿著便裝在莊園裏漫步,輕鬆地並排坐在長凳上,在笑聲中暢談天下大事。習近平主席此次訪問加勒比海及中美洲,原本並未包含美國,奧巴馬特別邀請他在回國的路中到加州停留兩天,進行了這一個別開生面的「莊園會」。反觀安倍晉三就任首相之後,一心想把美國作為第一個出訪的國家,卻遭奧巴馬潑了一盆冷水;後來雖然順利地訪問了華盛頓,但得到的接待冷漠無奇。近日在回答記者提問時,安倍晉三為了挽回面子,同時也要表明美國依然是日本的「鐵哥」,竟恬不知恥地告訴記者:「美國第七艦隊還是駐紮

在日本，不是在上海。」

　　鴉片戰爭後，列強在中國佔據租界、派駐軍隊，並且享有「領事裁判權」，炎黃子孫無不引以為恥；經過數十年的奮鬥，中國終於擺脫了列強的帝國主義枷鎖。日本現在所經歷的，正是中國晚清的經驗，美軍基地盤據在日本的主要港口，美國士兵屢屢在日本本土和沖繩島犯下強姦和其它罪行，最後都交由美國軍事法庭審判，並把罪犯送回美國去受刑；美國在日本駐軍之餘，其實還真真正正享有「治外法權」。貴為首相的安倍晉三，居然對這種喪權辱國的事實引以為榮，「亡國奴」的心態實在令人嘆為觀止。

　　　　（原載2013年6月17日菲律賓聯合日報「笑談古今」專欄）

安倍晉三在聯合國大放厥詞

日本首相安倍晉三於九月二十六日在紐約聯合國大會上發表演講,可能是媚美的心態在作祟,他竟然放棄以日語傳遞信息,而是選擇用英文演講,令人深感訝異。日本由於負擔比較多的聯合國經費,因此一向以「國際一流大國」自居,還癡心妄想要當安理會常任理事國;而今堂堂一國首相,居然沒有在聯合國的殿堂上用本國的語言發表言論,難免深化了國際社會認為「日本是美國的附庸國」這種觀念。可能是安倍蓄意向國際社會展示他「精通」英語,是一個「世界級」的領袖,才決定用英語發表演講;可惜他弄巧成拙,安倍的英語其實並不靈光,最後他把整篇演講稿一個字、一個字慢慢唸出來,還經常唸錯而要作自我修正,演講的過程有如廣東人所形容的「吃螺絲釘」,不但他講得很辛苦,聽的人也同樣受罪。也有可能安倍是急於向美國人推銷他那一套「日本必須修憲和擴軍」的理論,所以選擇直接用英文發表他的「偉論」,但事實上如果他用日語演講,然後由專業人員傳譯,相信講的和聽的人都會比較舒服,也更能瞭解他要傳達的信息,還可以替堂堂的日本首相保存一點尊嚴。

所謂「狗嘴裏長不出象牙」,一向驕橫傲慢、口不擇言的安倍在聯大演講時也只是重複他平素那一套謬論。他這一篇言論雖然是在聯合國大會上發表,但他的主要目的似乎是要講給奧巴馬和美國政府聽;他大力鼓吹「中國威脅論」,用意無疑是游說美國容許日本修改「和平憲法」,並批准讓日本自衛隊改制擴建為正規軍隊。只是安倍必須認清,儘管五角大樓有些人天真地主張增強日本軍隊的武裝來牽

制中國，但華盛頓不乏有識之士，他們認知中國和平崛起的目標，而且沒有忘記二次大戰時日本人那種「蛇吞象」的野心。近一百年來，除了恐怖分子之外，敢到美國本土去點燃戰火的國家只有日本；1941年12月7日突襲珍珠港的是日本皇軍，在太平洋炸沉美國船艦、掠奪美屬島嶼的也是日本皇軍，在美國殖民地菲律賓俘虜美、菲官兵並逼他們忍飢抱病進行「死亡行軍」的，還是日本皇軍。有良知的學者和新聞從業員應該用歷史事實來喚醒美國人，讓他們認清是那一個國家野心勃勃？那一個國家是和平的威脅？那一個國家才是人類的公敵？

不錯，當前日本與美國保持著良好的關係，但是日本右翼極端分子心中念念不忘的是截至目前為止，東瀛扶桑乃是世界上唯一受到原子彈轟炸的國土民族，而丟原子彈的正是美國人；在右翼分子的腦海裏，他們看不到日本軍國主義者發動戰爭來加害鄰邦異族的歷史事實，卻永遠抹不掉自己的國家被原子彈轟炸的歷史烙印，因此向美國人復仇的觀念還深埋在他們的心底。

翻閱一下近代的歷史，上世紀七十年代蘇聯入侵阿富汗，美國政府花鉅資協助回教激進分子組織抵抗力量，並重點培植奧沙瑪、本、拉登（Osama bin Laden）成為「抗蘇急先鋒」，美國人做夢也想不到的是拉登卻於2001年發動了「911事件」，在紐約和華盛頓點燃了戰爭的火苗，不但把火焰燒到美國軍事總部五角大樓，更把美國人引以為傲的紐約世貿中心雙子星大樓燒成灰燼，這個由中央情報局一手培訓出來的阿拉伯人最後成為讓美國人咬牙切齒的頭號敵人。八十年代「兩伊戰爭」中，美國刻意培植伊拉克的領袖薩達姆、胡賽因（Saddam Hussein）來對抗伊朗，而最終是美國要花費幾百億軍費，同時犧牲了數千名士兵的生命，才把這個自己培養出來的獨裁者推翻掉。美國人很健忘，而且不懂得汲取歷史的教訓，這種「搬起石頭砸自己腳」的事件屢見不鮮；如今一意培植日本，讓日本的軍力迅速膨脹，將來日本右翼狂熱分子會不會為報原子彈的一箭之仇而重演一

次「珍珠港事件」，尚屬未知之數，但願美國現在不是在「養虎貽患」。

安倍晉三在聯大的講詞中，除了鼓吹日本必須修憲擴軍之外，還一廂情願地表示日本希望成為聯合國安理會的常任理事國。的確，日本負擔聯合國的經費比許多國家多，但如果有錢就可以買到常任理事國的地位，那麼沙特阿拉伯、庫威特、阿聯酋，甚至汶萊這些富裕的國家豈不是也可以輕易地買個安理會常任理事國來當？日本政府應該瞭解，目前日本國土上還有好幾個龐大的美國軍事基地，在國際問題專家的眼中，既有外國軍事基地存在自己的國土上，日本便算不上是一個主權完全獨立的國家；一個沒有完整主權的國家，有何資格擔任安理會的常任理事國？中國外交部發言人洪磊也一針見血指出：「希望在安理會發揮更大作用的國家，首先應該尊重歷史。」

安倍沉迷在獲得 2020 年奧運會主辦權的喜悅中，得意忘形地在聯合國大會上以及向美國智庫大放厥詞，誇張地宣傳他的經濟政策和成果；他似乎忘掉國際評級機構前幾天才發出警告，指日本如果不盡速大幅減低國家債務，便將調降其主權債務的評級。事實上當安倍從紐約回到東京後，立即宣佈將於明年四月把日本的銷售稅率從目前的百分之五提升至百分之八，看來他很難避免引發民間的不滿和抗議。目前安倍面對的乃是一條荊棘叢生的崎嶇道路，到處滋事生非之際，他實在應該自求多福。

美國總統奧巴馬也不是傻瓜，安倍像一個跳樑小丑嘻嘩不休，奧巴馬卻不肯隨他的音樂起舞。去年底安倍當選日本首相之後，原希望把美國作為他出國訪問的第一站，卻遭奧巴馬藉詞拒絕，被當頭澆了一盆冷水。美國政府最後接受安倍於今年二月二十一日前往華盛頓訪問，卻只安排一天的行程，奧巴馬於二十二日下午與他匆匆一晤，既沒有安排歡迎的儀式，會晤後也沒有召開聯合記者會，沒有發表聯合聲明，更遑論國宴款待；美國政府招待安倍的唯一一頓「工作午

餐」，也只是由代理財政部長出面招待，安倍的熱臉孔真是敷上了美國人的冷屁股。

更令安倍下不了台的是奧巴馬在六月初，特別邀請前往加勒比海及中美洲訪問的中國國家主席習近平途經加州安納伯格莊園，作客兩天，舉行了長達八小時的親切交談。新聞圖片中見到習、奧二人笑容滿面，穿著便服在莊園裏漫步，輕鬆地並排坐在長凳上，在笑聲中暢談天下大事，與安倍晉三訪問華盛頓時所得到的冷漠接待，簡直有天淵之別。

八國集團（G8）元首於今年六月十七日至十八日在北愛爾蘭召開峰會，二十國集團（G20）峰會則於九月五日至六日在俄羅斯聖彼得堡舉行，安倍晉三希望與奧巴馬在會議期間進行晤談，卻都遭到拒絕，看來安倍還要繼續害他的「單思病」，他的修憲擴軍美夢在短期間內很難得到華府的加持。

（原載2013年10月4日菲律賓聯合日報「笑談古今」專欄）

安倍拜鬼美國反應異常

環視當今全球的政客，思想最瘋狂、舉止最荒誕、言行最讓人不齒的兩個人都在東北亞，一個是朝鮮領導人金正恩，另一個便是日本首相安倍晉三。

在平壤，金正恩去年底突然處決了第二號掌權人物、也是他的親姑父張成澤，在朝鮮半島引起一陣政治騷動之外，也讓全世界的政治領袖以及政論家憂心忡忡，擔心他還有更悖理的後續動作。金正恩「登基」不過短短兩年的時間，卻一再做出讓人「跌破眼鏡」的行動，他父親金正日替他安排的顧命大臣被他一一整肅掉，兩年前陪他為父親扶棺的七名股肱重臣，至今已經有五個人不見蹤影。金正恩年僅三十，參與政治活動也不過三、四年的時間，在變幻莫測的政壇上還算是一個「乳臭未乾」的小子，如今大權在握，又熱衷於整肅異己，不知道他要把原已貧困匱乏的朝鮮帶往何方？在國內無休止發生權力鬥爭的狀況下，金正恩會不會又冒天下之大不韙進行核試？或甚至對韓國採取武力行動以轉移民間注意力？這些問題令國際社會感到憂心忡忡。

在東京，安倍晉三則傲然不顧鄰邦的警告以及盟友美國的勸阻，在他就任首相滿一週年的十二月二十六日，高調地前往靖國神社拜祭，引起中、韓兩國朝野的憤怒和激烈抗議。同為二戰期間軸心盟友的德國也加以譴責，歐盟同樣闡明立場反對安倍的行動，連一向縱容日本胡作非為的美國政府，也批評安倍冒然前往神社參拜，是漠視與鄰國友好邦交的不智之舉，並罕見地對安倍的行為公開表示失望。

儘管拜祭靖國神社之舉受到各國政治領袖的譴責，安倍晉三的囂張氣焰卻絲毫不加收斂，反而變本加厲，赤裸裸地展現出軍國主義的鷹爪嘴臉。他的新年感言散發出濃郁的火藥味，不但發動了新一輪的反華攻勢，更強調「奪回〈強大日本〉的戰鬥才剛開始」，把「推動修憲、強化安保、振興教育」定位為今年的重點工作。所謂「推動修憲」、「強化安保」，意味著安倍政權將拋棄日本戰後的「和平憲法」，不加限制地整軍備武，同時容許日本派兵到海外參戰，美其名曰「奪回強大日本」，實際上是重新塑造一個由軍國主義操控、著眼於向外擴張勢力的日本帝國。至於所謂「振興教育」，目的無非在篡改教科書，美化日本上世紀發動戰爭的罪行，再次以民粹精神來毒化年青一代的思想，逐步邁向以軍國主義治國的目標。

　　在 2013 年的最後一天，安倍晉三選擇到電影院觀看一部以「永遠的零」為名的電影，該影片描述二次大戰時，一個「在戰爭中成長」的日本零式戰鬥機飛行員被挑選為「神風特攻隊」成員，最後戰死在沖繩的戰役中。這一部電影的情節和背景是日本上世紀所發動的侵略戰爭，毫不掩飾地讚揚在那種處境下的英雄主義；毫無疑問，整部電影就是在宣揚「戰爭狂熱」的思想，因而招致一些日本輿論界的質疑和批評，然而安倍卻對影片加以肯定，並且公開對日本媒體表示，這部影片讓他非常感動。值得注意的是「永遠的零」壓倒其它熱門的影片，高踞全日本聖誕新年檔期的電影票房榜首，可見右翼思想在日本民間已經死灰復燃。根據「產經新聞」報導，安倍晉三準備在今年和明年期間，前往南太平洋多個島嶼，悼念二次大戰期間五十萬戰死該地的日軍亡靈，並且透過這一項活動刺激日本民眾的愛國情緒，為他的修憲美夢造勢。

　　由於安倍晉三熱衷到靖國神社拜鬼，他的部下也都投其所好，多名內閣大臣較早隨同一大批國會議員參加秋季拜祭，副首相麻生太郎提早前往靖國神社參拜，並代表安倍供奉祭品，而地位僅次於副首相

的總務大臣新藤義孝也在元旦日前往靖國神社參拜。安倍本人以及身邊的重要幹部擁護軍國主義實在不足為奇，因為他們大部分都是二戰戰犯的餘孽。安倍晉三是由他那個曾經擔任日本首相的外祖父岸信介培育成人的，而岸信介在二戰期間擔任過東條英機內閣的商工大臣，日本當年偷襲珍珠港之後才匆匆發表一份對美宣戰詔書，這一份戰書便是由岸信介副署的，戰後岸信介曾被國際法庭裁判為甲級戰犯；副首相麻生太郎的外祖父是曾任日本首相的吉田茂，父親麻生太賀吉在二戰期間經營礦山和水泥生產，強徵數萬名朝鮮勞工充當苦役，是一個靠戰爭發財、雙手沾滿拉夫和戰俘們鮮血的不法商人。總務大臣新藤義孝的外祖父是日本前陸軍大將慄林忠道，此人於二次大戰期間率兵重創美軍太平洋部隊，最後死於硫磺島戰役（Battle of Iwo Jima）的砲火中。這些戰爭販子的餘孽，非但不思替老一輩懺悔贖罪，反而繼續高舉軍國主義的旗幟，準備再次把日本帶到戰爭的懸崖邊緣，可悲可嘆！

　　日本前任首相中曾根康弘和橋本龍太郎都曾經到過靖國神社參拜，小泉純一郎更在首相任內六度高調前往拜祭，美國從未出聲反對，這一次安倍晉三前往神社參拜，美國政府卻出乎意料地發出激烈的反應，不但國務院多次表示失望，國防部長哈格爾更臨時取消與日本防衛大臣小野寺五典原訂十二月二十七日的電話會談，許多人對美國這一次的激烈表態，感到奇怪和難以理解。由於事件發生後，美國一再呼籲日本必須改善與鄰邦的關係，有些中國政論家便認定華盛頓是重視與北京的關係，才會安倍拜鬼的行動作出那麼大的反應；其實這只是中國人一廂情願的想法，美國真正在乎的應該是日、韓的雙邊關係。華府一心想建構一個堅強而有效的美、日、韓「三邊一體」軍事聯盟，以對抗蠢蠢欲動的朝鮮，並牽制中國的崛起；安倍到靖國神社拜祭，刺痛了韓國人的心，破壞了韓、日之間的互信，也為美國所構思的美、日、韓軍事大聯盟增添障礙，相信這才是美國感到「失

望」的真正原因。

　　華府的政客對安倍晉三存有企望，乃是一種幼稚而無知的表現。美國人應該認清，安倍到靖國神社拜祭的「英魂」中，有下令偷襲珍珠港的東條英機和永野修身等人；令安倍深受感動的「神風特攻隊」隊員，作戰目標便是與美國船艦同歸於盡；安倍準備前往太平洋島嶼拜祭的亡魂，也都是死在與美軍的浴血戰鬥中，當安倍緬懷二戰時，難道他會忘掉上百萬的日本士兵是死在美軍的槍彈下？默許安倍修改憲法，讓他喚醒軍國主義的陰魂，美國人何異「搬起石頭砸自己的腳」？任由安倍整軍經武，相信美國最後會自食惡果。

　　　　（原載2014年1月8日菲律賓聯合日報「笑談古今」專欄）

中日慕尼黑外交論壇開戰

亞洲人對每年在新加坡召開、以商談亞太地區的安全問題為主旨的「香格里拉對話」（Shangri-la Dialogue）比較熟悉，但其實每年在德國舉行的「慕尼黑安全會議」（Munich Security Conference）歷史更為悠久，而且更具國際視野；新加坡舉辦「香格里拉對話」，多少也是仿效「慕尼黑安全會議」的模式。

1962年，德國一位高瞻遠矚而且熱誠關心國際安全事務的出版商舒門辛（Ewald-Heinrich von Kleist-Schmenzin）在慕尼黑發起主辦一次國際會議，邀請世界各國軍政領袖、專家學者、民間團體和新聞界代表等各方人士聚首一堂，就影響國際安全的事項提出分析與辯論，得到了熱烈的反應並獲得良好的效果，這便是第一屆「慕尼黑安全會議」。半個世紀以來，這個一年一度的盛會成為全球政要以及政治觀察家聚焦商討國際糾爭並尋求和平解決方法的平台，每年都有來自超過七十個國家的數百名代表出席參加，盛況年勝一年。

在今年的「慕尼黑安全會議」上，中國全國人民代表大會外事委員會主任委員傅瑩女士於二月一日擔任一個小組討論會的評述員（panelist），她以音純詞正的英語，單刀直入告訴與會代表，日本很難在亞洲大社會中成為具建設性的夥伴，因為日本的領導人不肯坦誠面對第二次世界大戰的歷史；而由於對歷史認知有問題，日本領導人近期所傳遞的信息也充滿了矛盾。

原籍蒙古族的傅瑩曾出任中國駐菲律賓、澳大利亞及英國大使，亦擔任過外交部亞洲司司長及副部長之職，是一位極為出眾的外交

官。擔任駐英大使期間，適逢西藏發生大規模動亂，某些來自歐美國家的別有用心人士藉著聲援藏獨分子而製造仇華氣氛，甚至在全球各地以暴力來破壞北京奧運會聖火之傳遞；傅瑩大使曾撰文刊登於英國主流報章，既譴責暴力行動，也抨擊西方傳媒蓄意把中國「妖魔化」，更警告如果西方社會與中國之間的瞭解鴻溝繼續加深，將嚴重地影響到地區的穩定和世界的和平。而在哥本哈根環保會議相持不下的狀況下，傅瑩大使也撰文批評西方先進國家對發展中國家的不公平對待，為第三世界的合理權益振臂高呼。這一次在慕尼黑論壇上，她再次發揮了高超的智慧和犀利的口才，道出日本在歷史教育上的失敗，以致戰後出生的領導人對歷史持有缺乏良知的態度，甚至否定日本當年所發動的戰爭是侵略行為。傅瑩還闡明中國當前的處境和回應，指出近兩年來中國受到個別鄰國嚴重的挑釁，為了能夠回歸以對話解決糾紛的正確軌道，中國不得不採取強而有力的應對方式，防止單邊偏激的行動威脅到地區的安全。

雖然傅瑩沒有點名道破，但誰都知道她所稱「鄰國的挑釁」指的便是日本政府將釣魚島「國有化」；安倍晉三又一再聲稱「尖閣諸島（釣魚島）不存在主權爭議」，擺明完全不理會中國申索釣魚島主權的立場，因而中國不能不採取實際行動，派遣船艦和飛機到釣魚島海域巡弋以宣示主權，藉以催促日本把島嶼的主權問題放到會議桌上對話商談。

傅瑩發表講話之後，日本外相岸田文雄強加辯解，說日本「正確看待二戰歷史」，對過去發生的事情表示遺憾，現在選擇走的也是和平路線。同為二戰期間的軸心國，德國前總理布蘭特（Willy Brandt）在華沙集中營受害者紀念碑前下跪，現任德國總統高烏克（Joachim Gauck）上月底致函俄羅斯總統普京，對七十年前納粹德國攻擊列寧格勒造成的災難表示哀傷與羞愧，德國國會並將一月二十七日訂為「列寧格勒受害人悼念日」，這才是正確看待二戰歷史的表現。反觀日本，不但篡改教科書，否定當年發動戰爭是侵略的行為，否認有慰安

婦的存在，甚至不承認發生過慘絕人寰的南京大屠殺，更瞞天過海地把發動戰爭的甲級戰犯供奉進靖國神社，而首相和一班政要還高調前往拜祭這些殺人如麻的戰爭販子。日本政客如此囂張放縱，居然還敢厚顏強辯說「正確看待二戰歷史，對過去發生的事情表示遺憾，現在選擇走和平路線」，無疑是睜著眼睛講瞎話，真是恬不知恥！

中、日外交官在慕尼黑的「隔空交鋒」，已經在國際政壇激起一陣波濤；傅瑩女士的聲音顯然打動了聽眾的心弦，中國的「正義之音」也引起全球各地有識人士的共鳴，近日來，許多國際人士都要求日本正視歷史，而英國駐日本大使希欽斯（Tim Hitchens）更在東京的講座上公開呼籲日本承認歷史的錯誤，作出真誠的反省，來改善與鄰國的邦交關係。

日本首相安倍晉三冥頑不靈，前天又在國會大放厥詞，說會向美國解釋參拜靖國神社的意義和目的；他還煽情地指稱，在靖國神社看到一些高齡的婦女，作為國家領導人，對陣亡英靈合掌參拜，會給予遺屬極大的安慰，言下之意，似乎做了一件值得全人類歡呼鼓掌的好事。如果奧巴馬熟悉歷史，他應該詰問安倍，可知道他拜祭的「英靈」中，有下令偷襲珍珠港的東條英機（Hideki Tojo）、有策劃「死亡行軍」以及執行「馬尼拉大屠殺」的武藤章（Akira Muto）、也有下令制訂皇軍進攻東南亞作戰計劃並親自簽署攻擊珍珠港作戰命令的永野修身（Osami Nagano）等人？珍珠港被日軍偷襲時，喪生的美國軍民便有二千四百餘人，死在太平洋和東南亞戰場的美軍更數以十萬人計，這些美國人的遺屬，看到安倍合掌參拜那些發動戰爭的劊子手，心中會作何感想？

安倍晉三違背良知、一意孤行，企圖以民粹思想來麻醉日本民眾，讓軍國主義在扶桑島國死灰復燃，全世界愛好和平的人們豈能掉以輕心？

（原載2014年2月5日菲律賓聯合日報「笑談古今」專欄）

安倍晉三團夥倒行逆施

　　一直以來，美國政府不斷喊話，呼籲中國和日本坐下來談，解決兩國之間的糾紛，避免發生武力衝突，但另一方面卻不停地慫恿日本盡力抗衡中國，為中日的糾紛火上加油。儘管美國政府至今還公開聲明在釣魚島主權問題上「不持任何特定立場」，但轉頭又告訴日本，說釣魚島包括在「美日安保條約」之內；美國國務院及國防部的高官更信誓旦旦向東京保證，「美國是日本最可靠的盟友，在軍事上一定做日本的後盾」，美軍還樂此不疲地與日本進行頻密的聯合軍事演習，甚至一再配合日本自衛隊演練奪島戰術，無疑在助長日本軍國主義者的野心和氣焰。美國人說一套、做的是另一套，意欲何為？司馬昭之心，路人皆如矣！

　　日本首相安倍晉三秉承他外祖父岸信介的好戰思想，是一個徹頭徹尾的軍國主義餘孽，碰上要「重返亞洲」、制衡中國的美國人，怎會不一拍即合、狼狽為奸？即使安倍有時行動過火，引起華盛頓主子的不安和不滿，但美國人衡量利害關係之後，總是重新呵護安倍這個被寵壞的二世祖，無形中縱容他無所顧忌、變本加厲地滋事生非。

　　安倍晉三自從粉墨登場、再度擔任日本首相以來，全心盡力對美國主子阿諛奉承，對鄰邦中、韓兩國則展現出一副狂妄囂張的嘴臉；雖然上任至今只有十四個月，荒謬絕倫的動作卻已經做了一大堆，嚴重地傷害到日本與中、韓的外交關係。安倍政府篡改歷史、修訂教科書，美化日本在上世紀對鄰國所進行的侵略戰爭，在教科書上把中國的釣魚島與韓國的獨島寫成是日本的固有領土；安倍還蓄意修改日本

現行的「和平憲法」，甚至想繞過國會而直接由內閣行使「集體自衛權」，準備將「自衛隊」擴軍為正規國防部隊，容許日本軍隊到海外去執行軍事行動，同時尋求放寬武器出口，意圖將二次大戰之前的軍國主義思想灌輸給當今的日本民眾。冥頑不靈的安倍晉三於去年十二月二十六日更甘冒天下之大不韙，前往靖國神社參拜，作為他就任首相一週年的紀念活動；此舉不但令中、韓兩國人民深感憤慨，連美國政府也公開表示失望。安倍還聲稱將於今、明兩年中，前往太平洋島嶼拜祭死於戰爭的日本亡靈，擺明姿態要為二戰期間的軍國主義搖旛招魂。

在安倍狂妄氣焰的影響下，盛氣凌人的日本右翼激烈分子也搞出一連串有悖常理、違背良心的動作。副首相麻生太郎和多名內閣成員以及一眾國會議員魚貫前往靖國神社拜祭；安倍扶植的日本放送協會（NHK）會長籾井勝人公開粉飾日軍在戰爭中的暴行，荒唐地聲稱日本軍隊中有慰安婦並非值得大驚小怪的一件事，因為任何國家在戰爭時期都會有慰安婦的設置；安倍另一個親信、放送協會委員百田尚樹更大放厥詞，否認發生過南京大屠殺，指稱那只是蔣介石政府散播的宣傳資料而已，百田更振振有詞說美國在二次大戰末期轟炸東京，並在廣島和長崎丟下原子彈，那才是真正的大屠殺。

日本鹿兒島南九州市「知覽特攻和平會館」於今年二月四日向聯合國教科文組織遞交申請書，欲將該會館收藏之神風特攻隊隊員的信件和遺書列為「世界記憶遺產」，赤裸裸地美化日本發動戰爭的侵略行為。神風特攻隊乃是自殺式機隊，當年日本軍方為了挽救在太平洋戰場上屢遭重創的慘敗局面，指使神風特攻隊隊員駕著滿載炸藥的飛機，撞向美國軍艦以同歸於盡。神風特攻隊隊員都是年青的軍國主義狂熱分子，被東京的戰爭販子利用來充當砲灰，犯下危害人類的滔天大罪，是名符其實的「恐怖分子」；日本不但把神風特攻隊隊員美化成「為國家英勇獻身的英雄」，還要聯合國接受他們這種扭曲的史

觀，真是不知所謂。鹿兒島這些狂妄份子如此恬不知恥，緣因他們受到安倍的感染和鼓勵；安倍夫婦於去年十二月三十一日前往電影院觀看一套描繪神風特攻隊隊員的影片「永遠的零」，之後向記者聲稱他深受感動，助長了日本民眾對神風特攻隊隊員的崇拜，也在日本社會的軍國主義和民粹思想火焰上添澆了一大桶油。

　　安倍晉三無視歷史事實，顛倒是非，中、韓兩國人民所受的心靈創傷可想而知，兩國的領袖都已經把安倍列為「拒絕往來戶」，韓國加強了獨島的海防，中國也固定性派飛機和艦艇到釣魚島領空和海域巡弋以宣示主權，還劃定了「東海飛行識別區」，把釣魚島包括在識別區的範圍內。在形式上，中、韓兩國也進行了若干報復性的舉動；今年初，「安重根義士紀念館」在哈爾濱落成，以紀念1909年在當地擊斃日本首任首相伊藤博文的朝鮮抗日義士安重根，彰顯出中、韓兩國人民同仇敵愾反抗日本軍國主義侵略行為的精神。近日，全國人大常委會決定立法，將每年的九月三日定為「中國人民抗日戰爭勝利紀念日」，同時將每年的十二月十三日定為「南京大屠殺死難者國家公祭日」，藉以紀念中國人民八年抗戰最後打敗日本侵略者的勝利戰果，以及悼念那三十萬在南京遭侵略者屠城時死於日本劊子手刀下的同胞。在留美韓僑的努力爭取下，美國新澤西州、紐約州、弗吉尼亞州的州議會都通過議案，指示當地的教科書把韓、日兩國之間的海域由「日本海」改稱為「東海」；加州更建置了二戰期間被日軍強徵為慰安婦的少女銅像，讓民眾在同情受欺凌虐待的女性之餘，對發動戰爭、泯滅人性的日本軍國主義分子也增加深一層的認識。

　　安倍晉三領導下的日本政府倒行逆施，中、韓兩國以及曾被日本侵略者糟蹋踩躪的國家應該覺醒，如果不提高警惕，難保日本軍國主義不會死灰復燃、再次禍害人間。

　　　　　（原載2014年2月28日菲律賓聯合日報「笑談古今」專欄）

日本民間充斥軍國主義劣習

翻閱 2014 年 6 月 14 日香港「東方日報」，同一張報紙上刊載了三則有關日本的新聞，閱後不禁心生疑問，到底扶桑島國發生了什麼事？

第一段新聞報導了一項日本人自己認為是「震驚日本社會」的事件，東京都町田市四十九歲的內科醫生橋爪健次郎於六月十一日在他擔任所長的診所裏，將一名五十歲男病人的喉管拔掉，企圖殺害這名正在洗腎的病患；幸好有其他醫療人員在場，急忙阻止橋爪醫生的瘋狂行為，並對病人進行急救。橋爪的醫生袍從胸部到腳跟都沾染了從病人喉管裏濺噴出來的鮮血，他穿著這件血袍，駕車到警察局自首。橋爪告訴警察，與該名病人並不認識，更談不上有任何恩怨，只因為他希望被法庭判處死刑，因而想到殺人償命這個「方法」，他坦承說：「我想殺人，殺誰都無所謂。」

第二段新聞也與醫院和醫生有關，報導稱，位於新宿的東京女子醫科大學附屬醫院於今年二月向一名留院的兩歲男童注射麻醉藥「異丙酚」（Propofol），導致孩童病情惡化、不治而亡。「異丙酚」給人最深的印象，便是 2009 年國際樂壇巨匠米高積遜（Michael Jackson）因注射這一隻藥品引致心臟抽搐而身亡；有此前車之鑑，東京女子醫科大學附屬醫院還犯下這麼一個錯誤，令人深感困惑不解。更加令人感到驚訝的是醫院管理階層承認，除了這名男童，院方在過去五年中曾經為六十三名未滿十四歲的兒童注射「異丙酚」，其中十二人死亡；但是院方辯稱，這十二名病童中有的在打針後幾天內

死去，卻也有的是打針後的三年內才死去，因而醫院認為病童的死亡與注射「異丙酚」沒有直接關係。言下之意，似乎醫院完全沒有犯錯，隱約之間還暗示今後將繼續為病童注射「異丙酚」。

第三段新聞報導稱，大阪市一名三十來歲少婦因為家暴而離婚，生活陷入困境，由於要照顧五歲的智障兒子而不能工作，先後五次向政府申請生活保障金，但地方政府認為她不符合條件而予以拒絕，其間一名官員更告訴她：「如果真需要錢的話，你可以去賣淫。」這位婦人不但求助無門，還遭受到極大的污辱，最後決定提出法律訴訟，討回公道，事件因而曝光。

當今日本首相安倍晉三正不遺餘力在促動軍國主義死灰復燃，看到這幾則新聞，才驚覺日本民眾已經深受他的思想所毒化，居然在日常生活中展現出軍國主義的凶殘劣習，令人不寒而慄。

橋爪健次郎醫生那一句「我想殺人，殺誰都無所謂」，不免令人想起第二次世界大戰期間的日本侵略者那種慘無人道的劊子手心態。當年日本皇軍不但「想殺人便殺人」，而且也是「殺誰都無所謂」，不管在中國的土地上，或在朝鮮半島，或是在東南亞各地，日本軍國主義份子採取慘絕人寰的搶光、燒光、殺光「三光政策」，數以千萬計無辜老百姓不明不白地死在日軍的刀槍下。南京大屠殺、馬尼拉大屠殺、爪哇大屠殺、仰光大屠殺……每一次的「大清洗」，都是一殺便是數以十萬計的生命；當年的日本報紙還高調報導日軍比賽殺頭的「光榮記錄」，日本士兵把嬰孩用刺刀捅上半空、強姦婦女之後再將她們剖腹……種種惡行，都有圖片為證。早年，菲華商聯總會有一位姓黃的南呂宋地區理事，腦袋歪在一邊，原因是戰時被日軍抓去排隊砍頭，可能是日本士兵砍了太多頭，砍到他的時候手已經累了，結果沒有把他的脖子完全砍斷，黃先生奇蹟地生還下來，但是脖子只剩下一半，日軍殘酷的本性於此可見一斑。東京都的橋爪醫生這種「我想殺人，殺誰都無所謂」的心態，與當年日本皇軍的作風如出一轍；如今安倍晉三苦心經營，誓要讓日本重振「軍國雄

風」，橋爪醫生這種滅絕人性的行為，可以說是安倍思想的結晶。

東京女子醫科大學附屬醫院把病童當作「白老鼠」來試驗，讓人聯想起二戰期間日本人所犯下同類型的滔天大罪。當年，日本關東軍在中國東北哈爾濱設立了「731部隊」，以「醫療研究」為藉口，將中國老百姓、朝鮮平民以及盟軍戰俘當成細菌和化學武器的實驗品，將包括鼠疫及其它傳染病的細菌注射進無辜民眾身體，也用化學品來攻擊普通平民，然後觀察其反應和結果；甚至抓一些老百姓，在不施加麻醉藥的狀況下將他們活生生解剖或肢解，說他們要「瞭解人類忍受痛楚的極限」。戰後，傳聞日本將「731部隊」的研究資料交給美國，條件是換取不追究該部隊殘害人類的罪責，這項埋沒天良的不道德交易，實在令人深感心寒和不齒。歷史是不容隱瞞的，日軍「731部隊」毒害中國人和朝鮮人的證據確鑿，不容否認；近日更有媒體披露，竟然有日本軍官憑藉該部隊的實驗資料，獲取博士學位，似此毫無人性的作為，實在令人髮指；而更想不到的是「731部隊」如今居然又出現在東京女子醫科大學附屬醫院。

儘管安倍晉三刻意掩飾，不願承認日本於戰時強迫婦女充當慰安婦，但是歷史事實不容否認，許多受害的中、韓及東南亞婦女也親口提出血淚的控訴。安倍在篡改歷史的同時，應該放眼看看日本國內的內政，就在大阪這個繁榮的工業城市，日本官員竟然鼓勵需要謀生糊口的良家婦女去賣淫、充當慰安婦，看來安倍的軍國美夢已經在日本國土上逐步實現了。

令人擔心的是安倍在弘揚軍國主義和武士道之際，他必定要訓練一大批「我想殺人，殺誰都無所謂」的民粹分子，可怕的是受安倍影響的這一代人，目前已經擁有日本「浪人」的本性，更將對鄰國的安全造成嚴重的威脅，曾經遭受日本軍國主義侵略踐踏的國家，豈可不防微杜漸？

（原載2014年6月18日菲律賓聯合日報「笑談古今」專欄）

白髮漁樵江渚上
笑談古今6

安倍晉三不斷挖中國牆腳

今年是中華民族抗日戰爭勝利七十週年，海峽兩岸以及海內外的炎黃子孫將舉行一連串的活動來紀念這一個用血淚換來的勝利。

觀之當年發動戰爭的日本，近年來在鷹派政客安倍晉三的管治下，軍國主義已經死灰復燃；安倍政府倒行逆施，妄圖聯合美國共同遏制中國的崛起，安倍不但甘心情願充當美國的馬前卒，在抗衡中國的行動上，更是處處表現得比美國更為熱衷和激進。

在外交和經濟上，日本企圖以銀彈攻勢來破壞中國多年來所建立的國際友誼關係，不管在非洲、大洋洲或其它地區，安倍政府都無所不用其極地扯中國的後腿；在東南亞，安倍晉三更是毫不避諱地挖中國的牆腳，連緬甸這個幾十年來受到西方國家經濟制裁而由中國一手協助支撐其困境的國家，也受到安倍重金的誘惑而泯蓋了良知。

湄公河上游乃是中國的瀾滄江，中國與湄公河流域的中南半島諸國有著非常密切的合作關係，還成立了一個共同開發瀾滄江和湄公河流域的組織，由中國帶動來促進這一個地區的經濟發展；眼紅的安倍晉三近日也邀約湄公河流域各國領袖到東京舉行盛大會議，企圖削弱並取代中國在這些國家之間的影響力。中國倡議建造連貫中南半島的高鐵運輸大動脈，日本也祭出「新幹線」的高鐵方案來插手破壞中國的整盤計劃；中國倡設「亞洲基礎設施投資銀行」（亞投行），貸款協助第三世界國家的基建工程，安倍隨即也宣佈日本將提供一千億美元，用來援助東南亞國家發展基礎建設，目的不外乎冲淡亞投行的重要性。「司馬昭之心，路人皆知」，安倍晉三如此毫無忌憚地阻撓和

破壞中國在各方面的工作，北京豈能無動於衷而坐以待斃？

在軍事上，安倍政府更是明目張膽進行著軍國主義的擴張行動，諸如修改「集體自衛權」條例，為日本派兵揚威海外而舖路；派出軍隊駐紮在接近台灣的與那國島（Yonaguni），並在中國船艦駛赴太平洋必須經過的宮古島（Miyakojima）裝置導彈系統；揚言派遣機艦配合美國在南海作固定性巡邏，還頻頻與美國、澳洲、菲律賓、越南等國進行軍事演習，這種種的行動，無不把矛頭指向中國。安倍晉三刻意討好華盛頓，甘願充當由美國率領之反華隊伍的馬前卒，並乘機將日本武裝成一個軍事強國，重整二次世界大戰之前的日本雄風。中華民族上世紀已經飽受日本軍國主義的摧殘蹂躪，對安倍晉三這個軍國主義餘孽的倒行逆施，豈能不慎加提防？

所有炎黃子孫都必須牢記那一頁用血淚寫成的歷史，執政者更應該隨時警惕，因為歷史並非沒有重演的可能。當年在北平西郊宛平縣發生「七七事變」，起因於日軍蓄意在蘆溝橋附近舉行軍演；如今，日本聯合美國頻頻在黃海和東海進行軍演，甚至挑戰中國在南海的主權，誰敢擔保日本不會藉機滋事生非？誰敢擔保中日兩國之間不會擦槍走火？

（原載2015年7月10日菲律賓聯合日報「笑談古今」專欄）

論安倍晉三的「終戰談話」

今年,全球各地紛紛舉行活動,紀念世界反法西斯戰爭勝利七十週年,中國人民也同樣以沉重的心情來緬懷七十年前那場慘烈對日抗戰的最後勝利。

作為戰敗國的日本,每年也都舉行「終戰紀念日」追思會;表面上,日本朝野藉這個紀念儀式來反思戰爭的恐怖並宣揚和平的主張,也表示他們對那些死於戰爭的日本將士的哀思,但實際上,右派政客利用這一個日子,以各種形式來宣揚二戰期間的日本軍威,無形中也在鼓吹軍國主義的復甦。只要看看每年這一天,大批日本軍國主義的餘孽穿著二戰期間的皇軍軍服,拿著象徵侵略戰爭的太陽旗,蜂擁到供奉著包括發動戰爭的甲級戰犯之「靖國神社」,便可以發現日本的社會仍然熊熊地燃燒著軍國主義的火焰。這些瘋狂的行動,與德國政府嚴禁公開展示納粹旗幟和標誌,嚴禁公開表示對希特勒及其黨羽的崇拜和追思,真是有天淵之別。

1995年是第二次世界大戰結束五十週年,也是日本侵略者宣佈無條件投降五十週年,恰好當年日本的自由民主黨(Liberal Democratic Party,簡稱LDP,自民黨)自成立以來首次在選舉中失利,首相一職由社會黨的村山富市擔任;具有正義感的村山首相發表了一篇紀念「終戰五十週年」的「村山談話」,坦承日本於五十多年前所發動的是一場「侵略戰爭」,並且對鄰國進行了「殖民統治」,對此表示了「深刻的反省」和「由衷的歉意」,村山首相誠懇的態度獲得國際社會的肯定。2005年,時任日本首相的小泉純一郎也發表了一篇「終

戰六十週年」的談話,雖然小泉也是一名鷹派的政客,但他還是延續了「村山談話」的精神,重新表達日本人反省和道歉的態度。今年是「終戰」七十週年,現任首相安倍晉三是日本政壇出名強硬的鷹派右翼領袖,一直以來都在努力篡改歷史,美化日本上世紀的侵略戰爭,因而他的「終戰談話」特別引起全球各國的關注。

安倍晉三的外祖父便是曾於上世紀五十年代出任日本首相的岸信介;二戰期間,岸信介擔任東條英機內閣的商工大臣,日本當年對美國「未宣先戰」之後再補發給美國的那一份「宣戰詔書」,便是由岸信介副署的,因而戰後他被遠東軍事法庭裁判為甲級戰犯;但由於在戰爭後期,岸信介曾經與東條英機發生過意見衝突,麥克阿瑟領導的美國駐日軍政府竟以此為理由予以特赦,免其一死,並且大力扶植他活躍於日本政壇。岸信介於 1957 年當選日本首相,就任之後一方面盡力討好美國,簽訂了容許美國在日本設立軍事基地的美日安保條約,另一方面不遺餘力進行淡化、甚至洗刷日本侵略鄰國的戰爭罪行。安倍晉三從小受到外祖父的薰陶影響,因而秉承了極右的政治思維;安倍於 2006 年出任日本首相,雖然一年後便匆匆下台,但已充分表現出他的鷹派嘴臉,他不但縱容內閣閣員前往靖國神社拜祭,並且質疑遠東軍事法庭的審判結論,公開提出「日本戰犯不是罪犯」的觀點,否認有「慰安婦」的存在,還主張修改歷史教科書,向年青學子灌輸美化戰爭的思想。安倍於 2012 年再度出任首相之後,不遺餘力地創造條件和機會讓軍國主義復甦,他不但大幅增加軍費,增添先進的軍事裝備,還在宮古島裝置導彈系統,準備派機艦定期巡邏南海,更強行修改條例放寬「集體自衛權」,同時計劃修改日本戰後奉行的「和平憲法」,為日本派兵到海外參戰開路……這種種的動作,都讓國際社會側目,更讓周圍曾經遭受日本軍國主義分子摧殘蹂躪的國家憂心忡忡。此次安倍發表「終戰」七十週年談話,國際社會所關注的乃是他的言詞和態度,到底他肯不肯承認日本上世紀出兵鄰國乃

是一種「侵略行為」以及進行「殖民統治」？會不會為日本當年發動戰爭而表達「道歉」和「反省」？

近幾十年來，在日本人的銀彈攻勢下，二戰期間受到日本皇軍血腥殘殺和奴役統治的東南亞各國，已經逐漸淡忘了那一頁痛苦的歷史；但是中華兒女和韓國人民並沒有忘記民族的恥辱和同胞的苦難，世界上具有正義感的人士、包括日本國內的有識之士，也都慷慨激昂地發出正義的聲音，要求安倍政府慎重反省歷史，對戰爭受害的國家和人民表達誠摯的歉意。美國人由於在廣島和長崎丟下兩顆原子彈，炸死了數十萬日本人而不願重提舊賬，美國政府更因為需要日本充當其「重返亞洲」的馬前卒而姑息養奸，對安倍的胡作非為不但視若無睹，甚至予以加持；但近期由於韓國的態度非常強硬，華盛頓不願意看到苦心經營的「美日韓三角軍事大同盟」因為安倍的傲慢而受到影響，最後也略施壓力，希望安倍內閣對戰爭表態懺悔以安撫韓國人的不滿。

安倍晉三知道他很難抗拒來自國內外各方面的壓力，但又不肯甘心情願為上世紀發動戰爭而道歉反省，於是幾個月前便找來一批專家學者，協助他擬撰談話文稿，希望能成功地迴避「道歉」、「侵略」這種字眼。出乎安倍意料之外的是這些他邀聘的學者們都認為日本迴避不了上世紀發動戰爭的歷史責任，反而建議首相應該坦誠為發動侵略戰爭而向鄰國致歉。

令安倍晉三倍感困擾的是與此同時，日本國內數千名學者聯署反對他在國會強行通過的「新安保法案」，連自民黨邀請代言的憲法專家、早稻田大學法學院教授長谷部恭男也在國會作證時明確指出新安保法是違憲的，更因而引發數萬人包圍國會，齊聲反對安倍提出的新安保法案，要求政府撤回內閣去年繞過國會而擅自通過的「解禁集體自衛權」；這一段時間，可以說反戰的氣氛籠罩住日本的每一個角落。「朝日電視台」曾向近二百位憲法專家進行問卷調查，居然有百

分之九十八的學者認為安倍內閣提出的新安保法違憲；日本慶應大學教授小林節更聲稱，如果安倍一意孤行，專家學者們誓將進行法律訴訟，堅決把這一場憲政論戰打到底。

在眾多矢志堅守學術獨立以及維護人類良知的學者的鼓動下，大批日本青年學生以及關心國是的民眾也走上街頭，砲轟安倍晉三把國家帶到戰爭的邊緣。在這種內外交迫的氛圍下，安倍不能不稍為收斂他的鷹派作風，他的「終戰談話」也就必須加以調整了。

裕仁天皇於 1945 年 8 月 15 日宣佈向盟軍無條件投降，因而日本把每年的八月十五日訂為「終戰紀念日」。今年的八月十四日，安倍晉三在首相府召開記者招待會，提早發表了他精心砲製的「終戰七十週年談話」。安倍挑選在「終戰日」前夕召開記者會來宣讀他這一篇談話，而不是在終戰紀念大會上隆重發表，可見他故意低調處理這一篇「安倍談話」，他的目的並非要誠意闡明日本現政府的立場，而僅是要敷衍國際社會的關注和應付國內愛好和平的民眾而不得不作出的姿態。

安倍晉三知道全世界的眼光都聚焦在他將如何對歷史作出正確的交代，會不會用「侵略戰爭」和「殖民統治」來描述日本軍國主義份子七十多年前的罪行，也關注他願不願意用「道歉」和「反省」的字眼來表示日本政府的態度，而且安倍也瞭解，這股巨大的壓力不但來自中、韓這兩個二戰期間的最大受害國，也來自日本國內的學術界、輿論界以及政商界，包括與自民黨結盟執政的公明黨，連安倍「仰其鼻息」的美國這一次也施加壓力要他道歉，因而他不得不在談話詞裏巧妙地用上了這些詞語。然而，如果詳細分析一下安倍的演講詞，不難發現他實際上忽悠了全人類。

安倍晉三一開始就說：「正值戰爭結束七十週年之際，我們認為，必須平靜地回顧走向那場戰爭的道路……並從歷史的教訓中學習面向未來的智慧。」表面上看來，日本首相要虛心回顧戰爭並汲取歷

史的教訓，但如果詳細讀一讀，安倍要「平靜回顧」的，是「走向那場戰爭的道路」；換句話來說，安倍要告訴大家為什麼日本當年會「被迫」走上「戰爭的道路」，他的目的是找出正氣凜然的堂皇理由，替日本軍國主義洗脫發動戰爭的罪愆。

安倍接著說：「一百多年前，以西方國家為主的各國的廣大殖民地遍及世界各地。十九世紀，以技術的絕對優勢為背景，殖民統治亦波及到亞洲。毫無疑問，其帶來的危機感變成日本實現近代化的動力。日本首次在亞洲實現立憲政治，守住了國家獨立。日俄戰爭鼓舞了許多處在殖民統治之下的亞洲和非洲的人們。」

在這一段講詞中，安倍「如眾所願」用上了「殖民統治」這個辭彙，但是他指責的是西方國家對亞、非地區人民的殖民統治，完全沒有提到日本對朝鮮半島、中國的東北和台灣，以及東南亞國家所進行的「侵略戰爭」和「殖民統治」，更隻言不提日本統治者用血腥手腕來管治和奴役這些地區人民的罪行；安倍這種態度，完全是「賊喊捉賊」的作法。

安倍繼續說：「經過……第一次世界大戰，人們渴望和平，創立國際聯盟，創造出不戰條約……當初，日本也統一了步調，但是在世界經濟危機發生後，歐美各國以捲入殖民地經濟來推動區域經濟集團化，從而日本經濟受到重大打擊。此間，日本的孤立感加深，試圖依靠實力解決外交和經濟上的困境。對此，國內政治機制也未能予以阻止，其結果，日本迷失了世界大局。滿洲事變以及退出國際聯盟，日本逐漸變成國際社會……新的國際秩序的挑戰者，該走的方向有錯誤，而走上了戰爭的道路。」

厚顏無恥的安倍晉三把日本發動侵略戰爭的責任完全推到歐美各國的身上；在他口中，日本原是一個與國際社會「同一步調」、愛好和平的國家，之所以「方向有錯誤」而走上戰爭的道路，完全是因為受到西方國家孤立、為了衝破外交和經濟困境而「逼不得已」採取的

政策和路向,這種「諉過於人」的心態委實可恥。

　　為了表示對戰爭的「反省」,安倍晉三說:「由於那場戰爭,失去了三百多萬同胞的生命;有不少人在掛念祖國的未來、祈願家人的幸福中捐軀⋯⋯廣島和長崎遭受的原子彈轟炸、東京以及各城市遭受的轟炸、沖繩發生的地面戰爭等等,導致了許許多多的老百姓悲慘遇難。」然後,安倍很無奈地加上一段:「同樣,在與日本兵戎相見的國家中,不計其數的年輕人失去了原本有著未來的生命。在中國、東南亞、太平洋島嶼等成為戰場的地區,不僅由於戰鬥,還由於糧食不足等原因,許多無辜的平民受苦和遇難。」

　　安倍這種論調實在令人不齒並感到憤慨,在他的言詞之間,日本竟然成了戰爭的「受害國」;他將死在侵略戰爭中的日本官兵說成是「在掛念祖國的未來、祈願家人的幸福中捐軀」,把這些被軍國主義分子派到鄰國去當劊子手的士兵當成愛國的英雄,歌頌戰爭的思維躍然於字行之間。他哀悼那三百多萬死於戰爭中的日本人,而對於在日本點燃的戰火中死難的二千多萬中國人民以及數以百萬計的東南亞老百姓,卻只是輕描淡寫地一筆帶過,而且還強調許多人的死亡是「由於糧食不足等原因」,蓄意沖淡日本軍國主義分子殺人如麻的罪行。安倍刻意提起在廣島和長崎原子彈爆炸、以及東京大轟炸中死亡的日本人,為什麼沒有想想在南京大屠殺和重慶大轟炸中死難的中國人、在馬尼拉大屠殺和仰光大清除中慘死的東南亞無辜平民、以及偷襲珍珠港時死於炸彈下的美國軍民?他把中國和東南亞各國形容為「與日本兵戎相見的國家」,而不是「被日本侵略的國家」,可見在他心中,日本上世紀發動戰爭是神聖而合理的,並沒有值得懺悔歉疚可言,像安倍晉三這種以花言巧語來掩飾戰爭罪行的政客,真是「其心可誅」。

　　日本殖民統治韓國達五十餘年之久,在日軍鐵蹄下,韓國人受盡欺凌污辱,無數年青人被強徵送上戰場當砲灰,但是最讓韓國人感到

傷痛的，是成千上萬的年青女子被迫充當日軍「慰安婦」。在中國大陸、台灣以及東南亞各地，同樣有無數女子被日本侵略者強迫送到戰地去當軍妓。安倍晉三對歷史事實視若無睹，始終拒絕接受慰安婦的存在，但是在韓國政府以及國際社會的壓力下，他不能裝聾作啞，因此在他的「終戰談話」稿中參插了一句「我們也不能忘記，在戰場背後被嚴重傷害名譽與尊嚴的女性們的存在」。

安倍含糊其詞，不肯言明到底是哪一些女性的名譽與尊嚴受到傷害，因為這個頑固不冥的政客始終不願提起「慰安婦」這個名詞。埋沒良心的安倍沒有一聲道歉，因為在他的腦海中，根本沒有日軍強逼婦女充當「慰安婦」這一回事；那些在戰爭時期被日本侵略者凌辱逼害的可憐婦女，等不到日本政府的一聲道歉，更遑論得到合理的賠償，只能把滿腔的委屈和怨恨帶進她們的墳墓裏。

安倍晉三為日本七十多年前所發動的戰爭作總結時說：「我國給無辜的人們帶來了不可估量的損害和痛苦，歷史是殘酷的，已經發生的事情無法取消。」這句話再次顯露出安倍的無賴和無恥，他斗膽說「發生的事情已經發生了，歷史就是如此殘酷」，就是要全人類沉默接受「殘酷的歷史」而停止再發牢騷。這是什麼樣的反省？這是什麼樣的道歉？

安倍無可奈何地對戰爭作出交代之後，突然詞鋒一轉，厚顏無恥說道：「在如此重大損失之上，才有現在的和平。」接著講出一大篇道理：「我們再也不應該用任何武力威脅或武力行動作為解決國際爭端的手段，應該永遠跟殖民統治告別，要實現尊重所有民族自決權利的世界⋯⋯我國建設自由民主的國家，重視法治，一直堅持不戰誓言。我們將七十年以來所走過的和平國家道路默默地感到自豪，並且今後也將繼續貫徹這一堅定的方針。」

安倍晉三根本就是「睜著眼睛講瞎話」，既然「不用武力威脅來解決國際爭端」，為什麼大幅增加軍費？為什麼一年到頭跟著美國搞

軍事演習？為什麼遠道跑到菲律賓進行聯合軍演？為什麼準備派機艦到南海進行定期巡邏？如果真心要「永遠跟殖民統治告別，要實現尊重所有民族自決權利的世界」，為什麼琉球的王室還要流亡海外？不是應該讓琉球群島原住民取回他們被殖民之前的獨立主權嗎？說什麼「堅持不戰誓言」，為什麼要修改自二戰以來即奉行至今的「和平憲法」？安倍所做的和他所說的完全是背道而馳，從他的「終戰談話」便可以看出他乃是一個不折不扣的偽君子。

在國內外輿論一致要他為戰爭作出道歉的壓力下，安倍心不甘、情不願地說：「我國對在那場戰爭中的行為多次表示深刻的反省和由衷的歉意……這些歷代內閣的立場今後也將是堅定不移的。」這一種表態再次顯露出安倍的虛偽與狡猾，他只是表明日本以前的內閣曾經為戰爭做出道歉和反省，今後的內閣也無意推翻前內閣的決定，但是他本身始終不肯作出道歉與反省，試問有何誠意可言？安倍的敷衍表演，足夠向惺惺作態替全世界執行公義的美國政府交代，也可以作為他自己的下台階，但是他那死不反省、堅持不肯道歉的立場，卻騙不了眼明心清的中、韓人民。

講了一大堆辭令漂亮而內容空泛的廢話之後，安倍晉三最後道出他的真心話。他說：「現在我國國內戰後出生的一代已超過了總人口的百分之八十，我們不能讓與戰爭毫無關係的子孫後代擔負起繼續道歉的宿命。」這就是「安倍談話」最重要的宣示，他要藉這一篇談話告訴全世界，上世紀的戰爭與現代的日本人「毫無關係」，今後日本人不會再為那一場戰爭而道歉。

的確，生於戰後的日本人與當年發動戰爭拉不上關係，但是要問一問安倍先生，如果今天的日本人重走昔日發動戰爭的道路，值不值得國際社會關注？今天的日本政府妄圖篡改歷史、美化上世紀發動的戰爭、否認父輩們犯下的罪行，豈不是變成了他們父輩的「共犯」？即使安倍欠缺「思想」和「分析」的能力，至少他可以放眼「觀察」，為什麼現

代的德國人不必為他們的前輩發動戰爭而負起責任？理由很簡單，現代的德國人與發動戰爭的納粹分子完全切割，他們與其他國際人士同調聲討納粹主義；但是現代的日本人卻不肯與發動戰爭的軍國主義切割，安倍內閣更帶頭膜拜發動戰爭的戰犯，如此做法，怎能夠告訴國際社會說今天的日本人與上世紀的戰爭「毫無關係」？如果不肯與上世紀的戰爭罪愆完全切割，如果捨不得譴責發動戰爭的軍國分子，如果不把甲級戰犯的神主牌從靖國神社撤除並丟進歷史的垃圾筒，日本人便躲不過要長久面向全球愛好和平人士的指責。

安倍晉三今年雖然沒有在戰敗日伴同他的閣僚以及其他議員前往靖國神社參拜，但卻像往年一樣供奉了「玉串料」（祭祀費），可見他依然把那些供奉在神社的甲級戰犯視為英雄，依然滿懷著軍國主義復辟的思維和企盼。他太太安倍昭惠在社交網頁中聲稱，繼今年五月前往拜祭靖國神社之後，她在本月十八日再度前往參拜，很明顯是代表她丈夫向那些發動戰爭、滿手血腥的劊子手表達敬意。安倍昭惠更透露，在「終戰紀念日」該天，她前赴鹿兒島南九州市知覽機場遺址訪問；這個機場乃是二戰期間日本「神風特攻隊」的基地，首相夫人於「終戰日」前往這種地方追思緬懷，歌頌戰爭的心態昭然若揭。安倍本人較早也曾公開盛讚特攻隊的「英勇行為」，毫不掩飾地推崇戰爭的立場。如果詳細加以分析，不難發現安倍晉三的「終戰七十週年談話」只是一陣扮成「羊咩」的「狼嗥」。

（原載2015年8月21、26、28日菲律賓聯合日報「笑談古今」專欄）

漫談「南京大屠殺」申遺成功

今年是中國人民抗日戰爭勝利七十週年，最有意義的慶祝活動不是北京的大閱兵，也不是海峽兩岸三地以及海外所舉行的各種展覽或紀念會，而是聯合國教科文組織將「南京大屠殺」的歷史檔案列為「世界記憶遺產」。聯合國教科文組織這一項行動，令「南京大屠殺」這一件人類歷史上的大慘案，不再只是中國人的悲痛回憶，而是成了全世界、全人類共同的記憶。

聯合國教育、科學及文化組織（United Nations Educational, Scientific and Cultural Organization，簡稱聯合國教科文組織，UNESCO）是聯合國的一個專屬機構，以推動全球各國的教育、科學和文化合作來促進世界和平及社會公義。教科文組織目前有一百九十五個成員國和六個准會員國，總部設於法國巴黎，在全球各地設有分支辦事處。近年來，教科文組織致力於人類文化遺產的精心維護，並且把這一方面的努力延伸到世界的「記憶遺產」，把一些發生在人類歷史上的重大事件，完整而有系統地列入檔案作永久的保存。

中國大陸有關機構早於八年前就向聯合國教科文組織提出申請，希望將「南京大屠殺」的歷史檔案申報為「世界記憶遺產」，其間日本政府千方百計加以阻撓反對，但是教科文組織屬下的「世界記憶工程國際諮詢委員會」最後還是接納了中國的申報，並且於今年十月九日發佈消息，正式將「南京大屠殺檔案」列入「世界記憶遺產名錄」。

日本人反對聯合國教科文組織將「南京大屠殺」的歷史檔案列為

「世界記憶遺產」實在有悖常理。今年同時被教科文組織接受為「世界記憶遺產」的還包括日本申報的「東寺百合文書」以及「返回舞鶴港1945-1956——拘留在西伯利亞的日本人遣返的文獻」；日本政府既認為蘇聯把拘留在西伯利亞的日本戰犯遣返東瀛的記錄也值得申遺，像「南京大屠殺」這種人類大慘案的資料豈不是更值得慎重保存？

安倍晉三領導的日本政府狂妄到令人難以置信，居然厚顏無恥地把二戰末期的日本皇軍「神風特攻隊」的資料也送到教科文組織，企圖申報為「世界記憶遺產」。大家都知道，這一批駕著滿載炸藥的飛機去衝撞船艦以「同歸於盡」的「神風特攻隊」隊員，正是當今世界上充當「人肉炸彈」的恐怖分子的鼻祖，更是「911事件」劫機衝撞世貿大樓和五角大樓那些恐怖分子效仿的「前輩」，教科文組織當然沒有理由接受東京提出的這一項世界記憶遺產的申報。但是從這一個事件來看，日本政府送自己的子弟兵去充當砲灰，還恬不知恥要全世界去懷念記憶他們這種戰爭罪行，可見喪心病狂到了什麼程度！另一方面，中國申報的「慰安婦檔案」此次未獲接受為「世界記憶」，其中日本政府所施加的阻撓可想而知；中國應該配合韓國以及其他受害國，共同努力再向教科文組織提交更完整的資料，務求這一項歷史的傷痕不會因歲月的消失而被淡忘。

由於「南京大屠殺」被接受為「世界記憶遺產」，日本官方竟指責聯合國教科文組織「被政治利用」、「未能保持中立和公平」，這種說法完全是無稽之談。中方提交給教科文組織的資料都是原件史料，其中包括美國牧師約翰、馬吉拍攝的紀錄片、侵華日軍自己拍攝的殺害平民及強姦婦女的照片、當年身處國際安全區的金陵女子文理學院舍監程瑞芳的日記、主持南京屠城的日本戰犯谷壽夫在軍事法庭受審的判決書、目擊慘案的美國人貝德士和大屠殺的倖存者李秀英在軍事法庭上的證詞等等原始檔案，這些文件的真實性不容質疑。由於不滿將「南京大屠殺」列為「世界記憶遺產」，日本政府威脅將停止

或削減向聯合國教科文組織所支付的經費，完全是一種卑鄙的恐嚇撒賴手段。

日本政府恐嚇終止支付經費以對聯合國教科文組織施加脅逼，手法與美國如出一轍。一直以來，美國負擔教科文組織的經費數目原本是位居第一，但由於該組織不理會美國的反對，接受巴勒斯坦為成員國，美國已有兩年拒付經費，教科文組織也終止了美國在該機構的投票權。日本乃繼美國之後第二大承擔教科文組織經費的國家，如今同樣口出威嚇，怎奈教科文組織不向金錢低頭，日本企圖阻撓「南京大屠殺」申遺的陰謀最後不得逞，教科文組織的堅定立場，值得讚揚。

安倍晉三政府一直以來肆意篡改歷史、美化戰爭罪行，甚至否認有「南京大屠殺」和「慰安婦」的存在；如今「南京大屠殺」被聯合國教科文組織接受為「世界記憶遺產」，把日本侵略者所犯下的滔天大罪記錄在國際文獻中，作為全人類的共同回憶，無疑在日本軍國主義分子的頭上狠狠地打了一棒。其實，日本政府許多「撞板」的事件，都是咎由自取；要不是日本政府幼稚地把釣魚島「國有化」，中國的船艦和飛機便不會到釣島的海空去巡弋；要不是安倍政府肆無忌憚修改歷史，否認戰爭罪行，甚至把「神風特攻隊」也拿去申遺，中國也不會那麼著緊要把「南京大屠殺」和「慰安婦」送到聯合國教科文組織去申遺。

「南京大屠殺」與波蘭奧斯威辛集中營、日本廣島原子彈爆炸合稱第二次世界大戰三大慘案；在國際社會上，奧斯威辛集中營與廣島原爆都廣為人知，但大家對南京大屠殺的始末經過卻認識不深。此次「南京大屠殺」申遺成功，相信將喚起國際人士及學術界對事件的注意及深入研鑽，讓歷史清清楚楚地展現在世人眼前。由於當代的德國人與納粹分子完全切割，而德國前總理布蘭特更在集中營的紀念碑前下跪為納粹分子的暴行而懺悔，因此波蘭奧斯威辛集中營的仇恨得以煙消雲散；美國用原子彈轟炸廣島和長崎是因為要早日結束日本人發

動的戰爭，本就不該受到垢病，美國駐日大使更每年都出席原爆紀念會以呼籲和平，表現出大國的風度。可是反觀日本領導人不但不肯與軍國主義切割，甚至公開膜拜雙手染滿鮮血的戰犯，並且篡改歷史以美化戰爭罪行，叫戰爭的受害者如何忘卻那一道傷痕？日本政府的領導人什麼時候才願意到南京悼念一下被日軍枉殺的無辜平民百姓？日本政府什麼時候才會對上世紀發動的戰爭作出真誠的懺悔？

（原載2015年10月23日菲律賓聯合日報「笑談古今」專欄）

日、德反省戰爭的態度迥異

昨天是「七七蘆溝橋事變」七十八週年紀念日，雖然中日兩國之間的槍聲已靜寂了七十年，但近兩年來日本政壇在鷹派首相安倍晉三的操弄下，再次颳起一陣嗜血好戰的腥風，軍國主義已經在扶桑島國死灰復燃，隱隱中又可以聽到隆隆的砲聲。

安倍晉三的外祖父乃是有份發動太平洋戰爭的甲級戰犯岸信介，正因為安倍幼承庭訓，軍國主義以及擴張思想的毒素深入骨髓，大權在握之後便不惜利用國家神器，用盡心機和技倆掩飾日本軍國主義的醜惡臉孔，篡改歷史事實並修改教科書來美化上世紀發動侵略戰爭的罪行，甚至還帶頭拜祭供奉甲級戰犯的「靖國神社」。安倍政府蓄意修改日本於二次大戰後所採納的「和平憲法」，變更「集體自衛權」條例，讓日本派兵到海外執行軍事行動合法化；不但在距離台灣咫尺之遙的與那國島駐軍，在中國船艦通往太平洋必經的宮古海峽附近裝置導彈系統，近日更揚言將派遣機艦在南海作固定性巡邏，矛頭直指曾經飽受日本戰爭販子摧殘踐躪的中華民族。

安倍晉三的狂妄囂張，得到那一班既自私又無知的美國政客所包庇縱容，也得到若干幼稚愚昧的東南亞政客支持鼓勵，令他更加肆無忌憚、為所欲為。像安倍這種橫行霸道的政客，遲早有一天會玩火焚身，甚至有可能會引導日本再次走上捆綁週遭無辜國家一起玉石俱焚的局面；世界上所有愛好和平的人士，特別是那些曾經慘遭日本軍國主義分子殘害的亞洲族群，不能不加以注意防範。

「七七」緬想戰爭的傷痕

1937年7月7日，河北宛平縣蘆溝橋響起了槍聲，中國人民對侵犯自己領土的日本軍國主義侵略者，打出了八年抗戰的第一槍。

七十多年過去了，歷史的傷痕原應在時光歲月的磨洗下逐漸淡化，甚至消失得無影無蹤，然而中國人的戰爭傷痕沒有消失，國土和同胞遭受蹂躪的往事也歷歷在目。並非中國人特別「記仇」，而是日本人始終不肯認錯，甚至篡改侵略的史實，神化發動侵略戰爭的元兇罪魁；歷年來，中國人的傷口不斷遭受日本政客灑鹽，叫炎黃子孫怎麼忘得了那一段痛苦的歷史？

自晚清年代開始，特別在1931年「九一八事變」之後，日本軍國主義侵略者在中國領土上為所欲為，可憐的中國老百姓在自己的國家裏受盡日本人欺凌污辱，還要低聲下氣賠不是。八年抗戰期間，日本皇軍在神州大地上更是燒殺姦掠、無惡不作，所犯的戰爭罪行比歐洲的納粹德國有過之而無不及；日本人在南京進行滅絕人性的大屠殺，在各地城鄉執行搶光、燒光、殺光的「三光政策」，把中國人活生生解剖來做「科學研究」，用中國人做細菌戰的實驗品⋯⋯種種的罪行比希特勒對待猶太人的手段更為兇殘。

中國文化以仁愛寬恕為本，戰後，蔣介石與周恩來先後宣示中國人「以德報怨」的寬大政策，不再追究日本人的戰爭罪行；蔣介石不但力勸美國政府饒恕裕仁天皇一條命，更游說盟國容許日本保存天皇制度以維持其國家的統一和穩定。但是日本政府並沒有感念中國人的寬容善意，欺善怕惡的日本人反而把中國的友善視為懦弱，完全不把善良的中國人看在眼裏，反而對那個動用兩顆原子彈去轟炸他們的美國阿諛奉承，馴服得有如美國人飼養的寵物狗。

第二次世界大戰之後，已經沒有人再向德國追究希特勒和納粹黨的舊賬，為什麼中、韓民族卻對日本的戰爭罪行念念不忘呢？關鍵就在

戰後的日本與德國這兩個國家，對當年發動戰爭的反省採取了完全不一樣的態度，而日本政府高層與德國的官方立場堪稱「南轅北轍」。現代的德國人與希特勒完全劃清界線，甚至立法將同情或支持納粹思想的言論舉止列為刑事罪行；但是戰後的日本人卻繼續擁護、甚至發揚軍國主義，始終不肯與那些被國際法庭判刑的戰犯劃清界線，甚至將他們當成民族英雄來膜拜，包括東條英機在內的十四名甲級戰犯更被供奉在靖國神社裏，每逢春秋二祭，日本政要、甚至首相本人都會跑去祭祀致敬。試想一想，假如德國人把希特勒和他的將領們供奉在德意志英雄公墓，而德國總理按時前往獻花致祭，英、法、波蘭各國以及猶太人會原諒德國嗎？近年來，美國政府默許日本政要頻頻前赴靖國神社拜祭，到底美國人知不知道，在這些接受膜拜的日本「民族英雄」當中，有下令偷襲珍珠港和逼令美國戰俘進行「死亡行軍」的日軍將領？無知的美國政客對得起那幾十萬死在太平洋戰場上的美國英靈嗎？

　　德國人完全不避諱希特勒和納粹黨那一頁不光輝的歷史，而且將納粹的獨裁統治以及發動戰爭、禍害人類的種種惡行當成歷史反教材，德國總理布蘭特（Chancellor Willy Brandt）更於1970年在波蘭華沙猶太人遇難紀念碑前下跪，為納粹德國當年發動戰爭並殺害無辜民眾而懺悔。反觀日本政府，直到現在還不停在修改教科書，美化日本軍國主義者當年針對中國以及亞洲各國所發動的侵略戰爭，掩飾日本皇軍所犯下的種種戰爭罪行，甚至在人證物證俱全之下還矢口否認在中國南京以及其它城市進行過大屠殺。除了社會黨的村山首相發表過一篇講話，對日本在戰爭時為鄰國造成的損害感到遺憾之外，居然沒有一個日本政要願意為他們的前輩發動戰爭而對中國道歉；川梭訪華的日本首相當中，也沒有一個曾經到過南京大屠殺紀念館去鞠躬致哀。看到日本政要的所作所為，中國人能夠輕易忘卻那一段用血淚寫成的歷史嗎？

（原載2015年7月8日菲律賓聯合日報「笑談古今」專欄）

漢家煙塵護釣島

香港保釣人士勇登釣魚島

好久沒有看到激情的新聞報導，八月十七日的大公報用斗大的字體刊登了頭條新聞的大標題：「勇士不可辱、怒吼壯河山」，委實令人耳目一新，精神也為之一振。

壯哉！十四保釣勇士

大公報刊登的新聞，報導的是香港保釣分子乘搭「啟豐二號」保釣船前往釣魚島宣示主權的消息。「啟豐二號」於八月十二日從香港出發，駛近釣島海域時，遭到日本海上防衛廳九艘艦艇和直升機包抄，並以強力的水砲噴射，其間還多次被大型艦艇夾撞；雖然保釣船的船頭及方向盤均遭日艦撞毀，但「啟豐二號」還是於十五日下午搶灘擱淺，幾名保釣人士跳海涉水，成功登上小島，同時展示五星紅旗及青天白日滿地紅旗，並且高唱國歌。日方旋即逮捕登島的五名保釣壯士，也拘押了留在船上的另外三名保釣人士和四名船員，以及隨行報導的鳳凰衛視記者蔣曉峰和攝影師梁培錦，分批把十四人押送到沖繩島的那霸。

電視鏡頭上看到，五名在島上被捕的保釣壯士曾健成、伍錫堯、盧松昌、古思堯和方曉松被日本警方帶上沖繩口岸時，雖然手上戴著手銬，但一路依然高喊「釣魚島是中國領土」、「日本人滾出釣魚島」、「打倒日本軍國主義」的口號，令人熱血沸騰。大公報以「勇士不可辱、怒吼壯河山」為新聞標題，真是刻劃得一點也不錯；保釣

勇士替中國人爭了一口氣，讓全世界知道香港人也有一腔愛國的熱忱，有著濃厚的國家觀念和民族意識。

香港保釣人士被捕後，全球各地華人發出怒吼的聲音，紛紛抗議日本的粗魯行動；北京外交部召見日本駐華大使，抗議抓人事件，並與東京外務省頻頻接觸，要求立即釋放被捕的中國公民；香港特區行政長官也歷史性第一次傳召日本駐港總領事，為香港人被扣押而提出抗議並進行交涉。最後，日本政府採取「快刀斬亂麻」的速戰速決措施，於八月十七日將所有十四人以「非法入境」的罪名遣返；五名保釣人士以及兩名記者乘飛機返回香港，另外七名保釣人士和船員則駕駛「啟豐二號」返航，由中國的海監船及香港的海事船前往接應。保釣船上的十四名壯士，包括保釣人士、船員以及記者，值得全球的炎黃子孫由衷致敬。

羞哉！海峽兩岸政府

此次「啟豐二號」自香港出發，據悉原訂在途中將有分別來自大陸和台灣的保釣船隻及保釣人士加入，結伴前往釣魚島宣示主權；然而兩岸政府都嚴格限制保釣團體的行動，不准保釣船隻出海，因而香港的保釣船只能孤身上路。不過在「啟豐二號」船上的八名保釣人士當中，有一位來自澳門，另一位來自中國大陸，因此這一次的行動也可以說是除了台灣以外兩岸三地的共同壯舉。

中國政府近年來雖然在釣魚島主權問題上轉趨強硬，香港保釣人士遭日本逮捕之後也立即採取外交行動，然而始終讓人覺得做事畏首畏尾，對民間的保釣運動不但不予以支持，反而多方打壓。美其言，北京是以外交大局為重；但觀乎日本，右翼政客一再登島，還在島上進行「慰靈」，祭祀二戰日本亡魂，東京都政府大搞「買島」的把戲，首相又聲言要把島嶼「國有化」，而對於日本政府以及右翼政客

這一連串的行動，北京始終只有一個反應的動作：「抗議」。中國政府偶然派海巡船到釣魚島海域附近巡視一下，也是一見到日本的巡邏艇或飛機便改變方向掉頭而走，實在令人失望。

更加讓人失望的是台灣當局，雖然馬英九高調宣稱「一寸領土也不可失」，但卻只是空喊口號而已。上個月台灣海巡船曾經護送保釣船到釣魚島附近走了一趟，令人振奮，然而緊接下來便是一連串的洩氣動作，既宣佈不與中國大陸配合爭取釣魚島主權，又嚴格限制保釣團體出海，香港保釣船想停泊台灣碼頭以增添補給，也被無情地拒絕，還威脅船一靠岸即予以逮捕，儼若日本政府的代言人。台灣海巡隊員基於人道精神而在海上向香港保釣船提供了一些淡水和食物，卻遭民進黨主席蘇貞昌批評為「馬政府背離國人意志」，媚日的綠營頭頭不但絲毫沒有民族意識，更充分顯露出其漠視人道的冷血動物本性。

鳳凰衛視專題報導此次事件時，打出了一副標語：「怒海孤舟保釣島，碧海丹心衛國土」；哎！「保釣島、衛國土」要靠一隻「怒海孤舟」和十幾個手無寸鐵、只有一片「丹心」的平民百姓，不知道兩岸的領導人要如何向國人和祖先交代？

恥哉！日美虛偽嘴臉

日本和美國平素標榜民主自由，並且以「和平使者」的形象出現在國際社會上，但觀乎此次處理香港「啟豐二號」保釣船的事件，卻充分展現出日本人的蠻橫無理，也揭露了美國政府所謂維護國際新聞自由以及地區穩定的謊言，讓世人洞悉了美國「雙重標準」的虛偽。

日本海上保安廳員警對付香港保釣人士的手法極為野蠻粗魯，令人髮指。日方用大噸位的艦艇猛力衝撞保釣船、用強勁的水砲射擊、用手銬以及索鍊鎖綁保釣人士和船員，甚至連隨船採訪的新聞記者也不能倖免，難免讓人回想起二戰期間日軍那種粗暴野蠻對待無辜平民

百姓的情景。

「啟豐二號」事件發生後，美國國務院發言人明確表示在釣魚島主權問題上，美國沒有特定的立場，然而隔天又聲明釣魚島包括在美日安保條約範圍內，明顯地幫日本打氣以抗衡中國；美國政府這種朝三暮四、出爾反爾的行徑，無疑是「政治流氓」的作風。上世紀七十年代初美國將沖繩島交還日本時，竟然把釣魚島也包含在內，之後看到全球炎黃子孫群情憤慨，才聲明交給日本的僅是釣魚島的「管轄權」，至於釣島的主權誰屬，美國不持任何立場。既然釣魚島並非美國的領土，美國政府甚至連釣魚島主權誰屬也捉摸不定，卻擅自把管轄權交給日本，這種做法，與黑社會教父漠視公義、獨斷獨行的行徑有何分別？

「啟豐二號」船上有兩位鳳凰衛視的記者隨行採訪，儘管他們表露身分，仍遭日本員警逮捕，還扣上手銬索鏈。日本海上保安廳員警秉承了「倭寇」的海盜本色，橫行霸道不足為奇，然而平日標榜「新聞自由」、不斷批評中國政府「壓制媒介」的美國，對日本政府踐踏新聞媒體的採訪權、剝奪新聞記者的人身自由，居然視若無睹、噤若寒蟬，美國人滿口的仁義道德到哪裏去了？可恥！

悲哉！釣島受控魍魎

「啟豐二號」在日本艦艇的阻攔和碰撞下，逕衝釣魚島淺灘，幾名保釣人士更游上小島，展示國旗、高唱國歌，振奮了海內外華人華裔的心弦。然而在幾分鐘內，保釣人士便被日本員警扣上手銬、押送沖繩，最後更被日本政府以「非法入境」的罪名遣配出境。

香港保釣人士選擇於八月十五日登上釣島，意義深遠，因為這一天是第二次世界大戰日本投降的紀念日，可惜保釣人士旋即被捕並於十七日被遣送返港。另一方面，一百五十餘名包括地方議員在內的日

本人於十九日前往釣魚島海域「慰靈」，其中更有十人登島舉行祭禮並插上日本旗，北京和台北卻沒有採取任何實際的行動。令炎黃子孫深感悲痛的是中國人登上釣魚島，馬上被日本政府逮捕，而日本人在釣魚島主權事件上不斷發起挑釁行動，卻根本不把北京和台北當局放在眼裏。東京強辯說，日本人於八月十九日登島是因為受到香港保釣人士登島的刺激，把中國人說成是「始作俑者」，完全是本末倒置的一派胡言，其實早在香港保釣船出發之前，日本議員就已宣佈正在組團前往釣魚島海域慰靈；香港的保釣團體勇奔怒海，就因為日方對釣島的動作頻頻，既有東京都知事石原慎太郎「籌款購島」的鬧劇，又有首相野田佳彥的「尖閣諸島國有化」荒謬倡議，更兼日本議員組團慰靈，才有港人登島宣示主權之舉。

保釣人士的精神可嘉，值得全球華人欽佩，然而釣島搶灘事件卻不能算是中華民族的「勝利」。釣魚島目前依然緊緊地掌握在日本人的手中，日本海上防衛廳的艦艇巡弋在釣島的海域，在釣島附近捕魚的中國大陸及台灣漁民也經常被逮捕，漁船受到扣押；日本艦艇的船頭都以堅鋼加固，專門用來衝撞中國的漁船和保釣船，發射水砲更是家常便飯，而不管是北京或是台北，目前採取的唯一動作便是「提出抗議」。可以說，在中、日的釣魚島主權爭議中，日本人不斷「出手」，而中國政府和台灣當局迄今只是「出口」而已。

今年來，日本政客已經三次登上釣島，來去自如，但是中國人經過十六年的抗爭，才能夠再次踏上釣魚島；上一次搶灘發生了陳毓祥烈士溺斃的慘劇，而這一次壯士們一登島便馬上被日本人扣上手銬押走，令人不勝唏噓。「啟豐二號」搶灘、勇士登島，可以說是中國人護土心情的昇華，是對日本竊據中國領土憤怒情緒的宣洩，但登上釣魚島只是一個象徵，距離真正的「勝利」還很遙遠。哪一天中國的漁政船或者台灣的海警船敢衝撞駛往釣島的日本船隻，把登上釣魚島的日本政客或公民扣上手銬，拘捕並押送到浙江或台灣坐一兩天牢，然

後遣配出境,那才是中華民族的勝利。

　　兩岸執政者應該從全球各地華人的怒吼抗議聲中體會到,中國人愛國的熱誠已經在沸騰,為了保疆衛土不惜作出任何的犧牲。「和平崛起、睦鄰求穩」固然是最高目標,然而所有的中國人都不應該忘記歷史的慘痛教訓,日本人蠶食中國領土的野心從未消失,釣魚島隨時會變成當年的柳條溝或蘆溝橋。

　　「王師東定釣島日,家祭無忘告乃翁」,這便是全球炎黃子孫的共同心聲。釣魚島雖然在地圖上只是一個點,但卻凝聚了海內外所有中華兒女的民族情感和愛國心。

　　（原載2012年8月22及24日菲律賓聯合日報「笑談古今」專欄）

釣魚島主權糾爭拉雜談

近日來，東海釣魚島的風雲成為全球注視的焦點，日本政府於九月十一日宣佈正式向栗原家族購進「尖閣諸島」（釣魚島），將之「國有化」，激發起全球華人的憤慨，海峽兩岸的官方船隻都已駛進釣島海域，擺出為爭領土主權而不惜一戰的決心。

石原慎太郎瘋了

中國六艘海監船編隊前往釣魚島海域進行巡航，氣急敗壞的東京都知事石原慎太郎在記者會上眨著眼睛問：「（中國）是不是瘋了？」

石原慎太郎應該照照鏡子，他會發現「瘋了」的人是鏡子裏面那個要買釣魚島的政客。石原為了幫他兒子競選自民黨總裁，製造出反華的浪潮來標榜「大日本國魂」，為了家族的政治權益而不惜將國家民族推向戰爭的邊緣，這樣的人還算不上「瘋子」嗎？

日本首相野田佳彥宣稱，由於石原慎太郎高調宣佈要籌款購買尖閣諸島（釣魚島），他「不得不」宣佈將「尖閣諸島國有化」以防止石原進一步的瘋狂行動。野田沒有想到，他的動作已經赤裸裸地侵犯了中國的主權，就在他宣佈「國有化」之後，中國海監船聯隊馬上駛進釣魚島十二海浬範圍內海域巡航以宣示主權，並喊話警告日本海巡船撤離中國的領海，這種歷來最強硬的行動，無疑在猖獗的日本人鼻樑上狠狠地打了一拳。那個一向自以為是、不可一世、不把中國人放

在眼裏的石原慎太郎受到中國政府行動的刺激，難免氣急攻心，就算原本不瘋，這下子也被氣瘋了。

李登輝和蘇貞昌也瘋了

在全球華人華裔同心聲討日本侵奪中國領土之際，台灣前總統李登輝卻再度發出賣國的囈語。最新一期的日本「週刊文春」刊登了李登輝與日本作家阿川佐和子的對話，當阿川提起釣魚島時，李竟然聲稱「釣魚台一直以來就是日本的領土」，令日本作家也感到驚訝。在回答台灣新聞記者詢問時，李登輝說日本政府購買釣魚島，等若「人家的兒子要討漂亮老婆，干我們何事？」那一副出賣民族利益以討好異邦的嘴臉，實堪比擬歷史上的秦檜和汪精衛。

李登輝與阿川佐和子對話時也提及日本駐華大使丹羽宇一郎，說他是優秀的企業家，但不是一個勝任的大使。李批評說「企業家的腦袋裏沒有國家，那就是政治家和企業家不同之處。」看起來李登輝認為自己有很強的「國家觀念」，只不過他腦袋裏的「國家」是扶桑東瀛，而不是那個至今還以優厚的「禮遇金」來供養他的中華民國。

無可否認，大家都很佩服日本國民在大地震和海嘯之後所表現的守秩序精神，而善拍馬屁的李登輝與阿川佐和子對話時，不忘夸夸其詞地吹捧日本人：「再也找不到有這種精神的國民，只有日本人有。」李登輝既然那麼嚮往日本，又忠心耿耿地一心要把釣魚島劃歸日本，實在不必委曲自己留在台灣，應該換回他那個「岩里政男」的名字，跑到飽受核幅射困擾的福島，去陪他的同胞們共度時艱。

在釣魚島主權的糾紛中，台灣綠營幾個頭目也是進退失據，民進黨主席蘇貞昌即被許多政論家批評為有點「精神錯亂」。直到今天，蘇貞昌還沒有隻言片語攻擊侵佔中國領土的日本，對李登輝聲稱釣魚島屬於日本也是一字不提，但卻在全民砲口對外時，藉著領土之爭一

手棒打以理論維護釣魚島主權的馬英九,另一手棒打派船護土的北京當局;難怪「海峽時報」的評論文章說:「很顯然,在釣魚島問題上,民進黨與蘇貞昌的思維與言行,可謂荒腔走板、倒行逆施,已經嚴重喪失了起碼的民族立場。」

石原喚醒中國魂

對於釣魚島主權之爭,海峽兩岸歷年來都是採取極為低調的態度。為了所謂「敦睦兩國邦交、維持地區穩定、謀求和平發展」,北京當局不但避免官方與日本發生衝突,更嚴禁國民前往釣島宣示主權,任由日本海上保安廳的船隻巡弋釣島海域而不吭聲;儘管日本人對中國人的「一廂情願」嗤之以鼻,中國人多年來還是不停地作出「阿Q式」的喃喃自語:「擱置爭議,共同開發」。

如今,日本政府購島的鬧劇喚醒了兩岸的領導人。胡錦濤主席和溫家寶總理都嚴詞譴責日本政府的荒唐行為,中國海監船更破天荒地駛進釣魚島海域巡航,北京並正式將釣魚島的領海基線地圖呈交聯合國,向全世界宣佈中國擁有釣魚島的事實。台灣的海巡船也駛到釣魚島海域護漁,領導人馬英九更親往彭佳嶼宣示釣魚島主權,還為了野田政府的購島行為而召回駐日代表。兩岸最高當局這種強硬的態度令全球的炎黃子孫額手稱慶,中國保釣領袖童增也欣慰地宣稱,民間的保釣運動將逐漸沉澱,因為保衛釣魚島主權的責任已經由政府接棒。

沒有石原慎太郎的「東京都籌款購買尖閣諸島」鬧劇,便沒有日本首相野田佳彥的「國有化尖閣諸島」荒唐戲,也不會激發起全球華人愛國護土的同仇敵愾,不可能發生中國大陸一百多個城市舉行反日示威遊行的盛大場面,而中國的保釣運動更不會由民間活動轉變為政府行為。這一切的一切,多虧石原慎太郎一手促成。

美國國防部長來了

在釣魚島事件風起雲湧、東海形勢日趨緊張之際，美國國防部長潘內塔（Leon Panetta）匆匆趕赴北京訪問，中途還停留東京，與日本人先密謀細斟一番。啟程之前，消息即已透露，潘內塔將再度呼籲中、日平心靜氣商討釣魚島的主權問題，和平解決糾紛；更聞潘內塔將搬出「美日安保條約」，指稱釣魚島包含在該條約之內，以向中國「示警」不可輕舉妄動。

中南海的領導人應該板起臉孔告訴潘內塔，中國不會輕易開「第一槍」，但是為了領土主權，會不惜戰鬥到底；北京不妨替這個美國人溫習一下抗日戰爭的歷史，當年中國人一窮二白，但還是不惜用血肉之軀來捍衛民族的尊嚴和領土的完整，今天的中國國力大增，有可能再忍氣吞聲任人魚肉欺凌嗎？北京應該清楚地告訴國際社會，不管從歷史或者地理的觀點來分析，釣魚島毫無疑問是中國的領土；日本人要掠奪霸佔中國的領土，便是強盜的行為，如果美國甘願做強盜的幫兇而與中國兵戎相見，中國也只好說一聲「非常遺憾」，但接著加上一句：「放馬過來！」

（原載2012年9月19日菲律賓聯合日報「笑談古今」專欄）

白髮漁樵江渚上
笑談古今6

兩岸三地保釣及其後遺症

中國和日本之間的釣魚島主權之爭，今年來總算有了關鍵性的轉變。以前，在兩岸或包括香港和澳門在內的兩岸四地，都只是由民間團體出面搞「保釣」，政府當局不但沒有給予任何支援，甚至對保釣活動多方管制禁阻。然而，由於最近日本政府一意孤行，首先東京都知事石原慎太郎搞了一齣「集資購島」的鬧劇，接著首相野田佳彥宣佈將釣魚島「國有化」，逼使北京和台北不能不公開表態，並且分別做出保衛領土主權的實際行動。日本人的傲慢和蠻橫，無形中把台灣海峽兩岸的政府「逼上梁山」，中國人的「保釣運動」終於由民間活動一變而成為政府的官方行為。

兩岸三地、同心保釣

香港人一向被認為缺乏國家觀念和民族意識，香港政府一直以來也多方阻撓任何船隻前往釣魚島宣示主權，但這一次當日本人大搞購買釣魚島的花樣時，香港的保釣船排除萬難揚帆出海，保釣人士成功地攜帶五星紅旗和青天白日滿地紅旗登上釣島，雖然保釣壯士被日本警方逮捕，但已成功地喚起了全球炎黃子孫的保釣意識，同仇敵愾地反抗日本企圖竊奪中國領土的野心。香港人，好樣的！

多年來，中國政府為了「顧全大局」，不願損害到與日本的外交關係，對釣魚島的主權問題一直採取低調的態度，禁止中國的船隻前往釣島宣示主權不在話下，政府還盡力阻止民間的保釣遊行以及其

它抗議日本的活動；北京給人的印象是「保釣乏力」、「出口不出手」。但自從日本政府將「尖閣諸島（釣魚島）國有化」之後，北京叫停了「中日邦交正常化四十週年」的慶祝活動，容許上百個城市的民眾上街遊行以抗議日本侵犯中國領土主權的行為；官方也發表了嚴厲的譴責聲明，中國政府甚至把事件帶到聯合國大會的論壇上，還將劃訂的釣魚島海岸基線圖送交聯合國備案，更派出漁政船和海監船進入釣島海域巡弋，以實際的行動來展示維護主權的決心，振奮了海內外中華兒女的愛國情緒。中國政府也是好樣的！

一直以來，在釣魚島的主權問題上，台灣當局對日本採取姑息的態度，只談「漁權」而不談「主權」，早些時候更拒絕讓香港的保釣船靠岸增充補給，傷透全球保釣人士的心。然而，這一次看到日本政府的妄作非為，馬英九高調宣佈「一寸土地也不能失」，還親自到彭佳嶼去宣示釣魚島主權；在日本宣佈把釣島「國有化」之後，台北緊急召回駐日代表沈斯淳，擺出嚴正抗議的外交姿態，接著近六十艘蘇澳的漁船集體出海前往釣魚島宣示主權，十多艘海巡署的船艦隨航保護，更與日本海上保安廳的船隻互射水砲，鏡頭同樣讓全球的炎黃子孫熱血沸騰。台灣當局同樣是好樣的！

美國袒日、羞辱台灣

美國和日本乃是台灣的主要貿易夥伴，也是舉足輕重的盟友，所謂「投鼠忌器」，為了避免得罪美、日這兩個國家，台北對釣魚島的主權問題，平素總是輕描淡寫、一筆帶過。這一次台灣當局表現出破釜沉舟的精神，採取強硬的態度，果不其然產生了「後遺症」。

十月一日，一年一度的「美台國防工業會議」在美國賓州赫希（Hershey, Pennsylvania）舉行，這個會議所商討的便是台灣向美國購買軍備的事宜。台灣方面興致勃勃，由國防部副部長楊念祖率團參

加，令人深感詫異的是美國居然第一次沒有派出高層官員出席會議，原應參與討論的亞太助理國務卿和國防部助理部長雙雙因「臨時有事」而缺席，對興沖沖的台灣代表團來說，無疑是被美國人當頭澆了一盆冷水，也可以說是一個極大的羞辱。

政治觀察家認為美國之故意冷落台灣代表團，是對台灣當局容許漁船前往釣魚島宣示主權、海巡署還派出船艦護航的事件表示不滿。儘管美國國務院發言人否認這種說法，但美國人的「司馬昭之心」，明眼人心知肚明。從美國政府這種小動作來看，可知華府所稱「對釣島主權不持特定立場」的說法，完全是欺人自欺的大謊話。美國一心袒護日本，而中國大陸和台灣在釣魚島主權問題上「兄弟同心」、立場堅定，不惜與日本短兵相接、針鋒相對，台灣的海巡船更與日本海上保安廳的船隻在釣島海域互射水砲；美國佬看在眼裏，難免會滋生出中國人「打狗不看主人」的怨氣。

其實，美國高層官員不願意出席國防工業會議，台灣代表團應該拉隊回台，看看到時是台灣買不到軍火著急，或是美國拿不到軍火訂單而著急？每一年，台灣總要拿十億百億美元去進貢美國的軍火商，過幾年又要花一大筆錢請美國專家來處理這些過期報廢的彈藥武器；台灣當局一向認為向美國購買軍備是買「台灣民眾的安心」，但果真買到了民眾的安心和安全嗎？說句實在話，大家都希望海峽兩岸平安無事，一旦發生戰火，這些軍火不過也只能用來多殺傷幾千幾百個人而已，就算少買一點，甚至今年、明年不買，對兩岸的局勢也影響不到那裏去。既然美國人不尊重台灣，高官不肯露面相見，那就走唄；過後美國軍火商一定逼著國務院和國防部找回來，到時候要他們飛到台北來談好啦，說不定還可以用更便宜的價格買到更好的東西。

對外間傳說台灣是因為保釣而受到美國的冷落，國防部長高華柱非常「感冒」，用狠話批判說這些傳說乃是有人在「惡意中傷」。高華柱的反應讓人感到莫名其妙，國防部的代表團在美國受冷落是事

實,如果是為了保釣護土而受冷落,那是台灣的光榮,但如果無緣無故受到冷落,那可是一項令人難以忍受的恥辱。希望高部長注重自己的尊嚴,千萬不要「委曲求全」,不能為了買一些軍火而丟了中華兒女的臉皮。更希望台灣當局不要屈服於美國的脅逼,也不要向日本的利誘低頭,釣魚島原屬宜蘭管轄,是中華民族的固有領土,釣島的主權絕對不是美國的軍火或者日本「恩賜」的「漁權」可以交換的!

(原載2012年10月8日菲律賓聯合日報「笑談古今」專欄)

白髮漁樵江渚上
笑談古今6

釣魚島之爭令日本六神無主

釣魚島領土主權糾紛方興未艾,自從日本政府妄自宣佈將「尖閣諸島(釣魚島)國有化」之後,中國政府正式把釣魚島的海岸基線圖送交聯合國備案,向全世界宣佈釣魚島乃是中國的領土,並且常態性地派出公務船在釣魚島的海域執行任務,而除了漁政船和海監船執行固定性的巡邏之外,海軍的戰艦和砲艇也經常出動,在這一片海疆巡弋。

台灣方面也沒有保持緘默,蘇澳數十艘漁船結隊前往釣魚島宣示主權,馬政府派出十多艘海巡船隨行護航,並在釣島海域與日本海上保安廳的船隻展開水砲大戰。日本政府的魯莽行動,激發起海峽兩岸護衛領土的決心,中國的保釣工作已經由民間的關注轉變為政府的行為。

日本搬起石頭砸自己的腳

日本人一直以來目中無人,極其傲慢地宣稱「尖閣諸島不存在領土爭議問題」,東京都知事石原慎太郎更荒唐地大搞「購島」鬧劇,最後連野田佳彥首相也漠視胡錦濤主席的當面警告,一意孤行地把「尖閣諸島國有化」。日本這一連串的動作無疑在「引火自焚」,最後激怒了全球的炎黃子孫,北京和台北一改「沉默忍讓」的態度,表現出堅強的「護土維權」決心,並且分別採取了實際的行動,如今輪到日本人著急了。

日本一見大勢不妙,急急忙忙抱住美國的大腿,希望這個靠山出

面幫忙。然而,美國除了出聲呼籲中日雙方通過外交協商、和平解決糾紛之外,根本不敢冒天下之大不韙去袒護日本;美國只能虛有其表地為日本助威,一再與日本舉行聯合軍演,卻不敢派軍艦去趕逐中國的公務船隻。目前日本傾全國之力,將所有的海保船派到釣魚島去,與中國的公務船互相追逐、彼此對峙,據稱日本海上保安廳人數有限的執勤人員目前都已疲憊不堪,叫苦連天。

根據新聞報導,日本的海上保安廳船隻與中國的漁政船和海監船天天在釣魚島的海域相遇,日本船隻依慣例用華語向中國船隻喊話,要中國船離開「日本領海」,而中國的公務船也例必回答說「我們是在中國的領海執行任務」;其實,中國的公務船應該化被動為主動,一見日本船隻便馬上用日語警告它們侵犯了中國領海,命令它們立即離開。只有施展出強硬的姿態,才能真正表達宣示主權的決心。

日本野田首相坦言,沒有預料到中國人對他將島嶼「國有化」會產生如此強烈的反應,足見甚多日本政客都是缺乏分析能力且沒有遠見的「政治白癡」,總喜歡「搬起石頭砸自己的腳」。野田說他之所以將島嶼「國有化」,是為了阻止石原這些右派分子亂搞一通,「不想令中日兩國發生更大的誤會」;這種說法荒謬絕倫,何異於說「因為有人對你的房子垂涎三尺,所以我把它佔為己有以讓別人死了心」?野田政府企圖以「國有化」的瘋狂行動來達到其永久佔據中國領土的目的,還假惺惺說是為了避免中日發生糾紛而不得不採取措施,這種做法,不禁令人想起二次大戰期間,日本軍隊侵略中國以及東南亞國家,也是堂而皇之打著「建立大東亞共榮圈」、「把亞洲人從歐美殖民者手中解放出來」的動聽口號。即使戴著天使的面具,也掩飾不了魔鬼的心腸;野田佳彥自己是白癡,但不要把全世界的人都當成是低能兒。

日本向台拋媚眼離間兩岸關係

　　日本看到台灣民眾對野田政府將釣魚島「國有化」也同樣表現出激烈憤慨的情緒，擔憂海峽兩岸組成「抗日聯合陣線」，遂向台灣拋出橄欖枝，外務大臣玄葉光一郎於十月五日向台灣當局提交了一份建議書，擬重啟台、日雙方的漁權談判。

　　釣魚島附近海域乃是台灣漁民世世代代的傳統漁場，但由於美日兩國私相授受，美國於1971年將釣島的「行政權」連同沖繩島移交給日本，日本自此即對前往釣魚島作業的台灣漁民諸多騷擾，並不時加以逮捕。日、台近二十年來曾經就漁權進行過十六輪談判，但始終談不出結果來；如今日方竟然主動建議重啟談判，又是外相出面邀請，怎不讓一直以來在國際舞台上抬不起頭的台灣當局「受寵若驚」？然而事出蹊蹺，日方此時此刻做出如此高調的動作，明眼人不難洞悉其居心；日本人最怕的是海峽兩岸聯手保釣，如今對台灣拋出媚眼，其用意當然是要離間兩岸的關係。某些台灣立法委員聲稱日本是由於鰻魚嚴重缺貨，才找台灣談判漁權，這種說法未免太過自欺欺人；日本人需要的鰻魚都已經靠台灣、中國大陸以及東南亞各地的人工養殖場供應，那裏還要靠台灣漁民到海上去抓捕？反而，日本人的舉動，倒令人覺得與李登輝所鼓吹的台灣「只談漁權，莫爭主權」主張有點相互呼應。

　　全球華人華裔都希望海峽兩岸以堅定不移的態度，維護釣魚島的領土主權。根據新聞報導，在台北慶祝雙十節的典禮中，馬英九總統再度公開聲明釣島主權屬於中華民族，引致日本慶賀團離席抗議；馬英九這一個公開的宣示，便是每一個熱血的中華兒女所應該秉持的態度，主權是無可妥協的，為了維護主權而得罪客人又何妨？

　　日本外相向台灣送來秋波，不難想像日本政府準備以漁權來麻醉台灣人，換取台北不再提釣魚島的主權問題。希望台灣當局千萬不要

掉進日本人所設的陷阱,切記:「邦誼誠可貴,漁權價更高,若為主權計,兩者皆可拋。」

(原載2012年10月17日菲律賓聯合日報「笑談古今」專欄)

美日「奪島戰」軍演選錯地點

近年來,美國與日本頻頻在東海進行聯合軍事演習,規模一次比一次盛大。每一次在軍演之前,美、日兩國例必發表聲明,說軍演並非針對任何特定國家;美國和日本不厭其煩地每一次都發表這種「此地無銀三百兩」的幼稚聲明,似乎想減輕兩國領導人的罪惡感,也作為外交上的一點交代,然而,其它國家的領導人和人民都是傻瓜嗎?

最近,美國和日本在加州舉行了持續兩個星期的聯合軍演,日本不但派出千餘名自衛隊陸、海、空各軍種的官兵參加,還出動最先進的「日向號」直升機航空母艦,以及多艘神盾艦和驅逐艦參與演習。

美、日在此次的聯合軍演中,包括了一項所謂「奪島軍演」,很明顯是衝著中國而來;雖然北京曾經提出正式抗議,要求取消這一個敏感的軍演項目,但是美、日兩國我行我素,完全漠視中國的抗議,於六月十日在美國西岸加利福尼亞州南端的聖克利門蒂島(San Clemente Island)舉行了聯合奪島軍演,模擬該島被敵軍攻佔後強行登陸奪回島嶼的作戰過程,日方還表示說想借這一項演習向美軍學習兩棲作戰的戰術。在中、日兩國就釣魚島主權發生糾紛的當前,美、日一意孤行操練「奪島」,所謂「司馬昭之心,路人皆知」,雖然美、日一再聲明「軍事演習不應該刺激任何第三國」,但完全是一種「自欺欺人」的誑語。

其實,既然美、日兩國要操練「奪島」,何必老遠跑到加州聖克利門蒂島?只要在接近日本、而且美軍設有軍事基地的塞班島

（Saipan Island）、硫磺島（Iwo Jima Island）或者是沖繩島（Okinawa Island）重演上世紀四十年代的奪島戰爭，不是更具真實感嗎？

第二次世界大戰期間，美軍派兵遣將，於 1944 年 6 月中旬大舉進攻被日本軍隊佔領的塞班島，進行了一場轟轟烈烈的「奪島戰爭」。該場奪島戰歷經接近一個月的浴血激戰，美軍出動了七萬一千多名士兵前往搶灘登陸，最後二千九百四十九人命喪沙場，一萬餘人受傷；而陣守塞班島的日軍三萬餘人更幾乎全部戰死，連幾名高級將領也都自殺殉命，戰爭的劇烈狀況可見一斑。

1945 年 2 月中旬開始的硫磺島攻防戰更是世界戰爭史上赫赫有名的一場戰事，其間一幅由六名美國士兵在硫磺島山頭上豎起一面美國旗的照片更是風靡遐邇，不但成為全球的頭版新聞圖片，美國政府還將該照片作為圖案印發郵票以激勵人心。硫磺島一役歷時三十六天，美軍傷亡人數達二萬六千餘人，其中六千八百餘人捐軀；在留守該島的二萬二千多名日本軍人當中，僅有二百一十六人成為戰俘，其他人全部戰死，可想而知這一場「奪島戰爭」進行得多麼慘烈。

然而比起沖繩島的奪島戰，硫磺島戰爭只能說是「小巫見大巫」。1945 年 4 月初發動的沖繩奪島之戰，美、日兩軍進行攻防拉鋸戰歷時共八十二天，美軍傷亡人數高達六萬二千餘人，其中陣亡的有一萬二千多人；其間，美軍的伊思禮准將（Brig. Gen. Claudius Easley）慘遭日軍的機關槍掃射而陣亡，包克萊少將（Lt. Gen. Simon Buckner, Jr.）也死於日軍的砲火之下，成為美軍在太平洋戰爭中陣亡的最高級將領。據估計，在這一場戰爭中，日軍士兵傷亡的人數在十萬人以上，而在戰火中死難的沖繩島平民更達十四萬餘人，其中有一部分是被日軍強迫跳崖自殺以「盡忠殉國」，此一事件直到現在依然是沖繩人的心頭之痛。

美、日兩軍在這幾個島上有過如此「輝煌壯烈」的戰史，無疑是奪島攻防戰的最佳教材，所謂「金玉在前」，不拿來給現在的軍隊做

為沙盤演習的參考資料，反而跑到老遠的加州去做虛擬的模仿，實在是對歷史的傲慢和漠視。如果美、日把奪島軍演搬到硫磺島或沖繩島來舉行，不但可以增加戰爭的真實感，也可以同時紀念六十多年前那幾場慘烈的戰鬥並緬懷死難的同胞，豈非一舉數得？

美、日如果要進行更迫真的軍事演習，督促士兵們磨刀擦槍、枕戈待旦，還可以考慮在夏威夷的珍珠港舉行聯合空襲大演練，然後移師到廣島和長崎去演練現代戰爭中的防核、防毒措施，定必可以振奮民心士氣，收到意想不到的效果。

說歸說，相信美、日兩國的軍隊絕對不會回到舊戰場去進行軍事演習，因為兩國的領導人不但都懷有「鴕鳥心態」，而且還存心故意患上「歷史健忘症」，他們都不願意回頭去重溫昔日的事蹟。用心去撫平歷史的傷痕是一件好事，但是作為國家領導人而不願正視歷史事實、不肯接受歷史的教訓，遲早會帶領自己的國家重蹈歷史的覆轍；而那些妄圖篡改歷史、歪曲事實的政界跳樑小丑，更將成為歷史罪人和人類的公敵。

（原載2013年6月28日菲律賓聯合日報「笑談古今」專欄）

奧巴馬要幫安倍搶釣魚島？

上世紀七十年代末至八十年代中期，日本的經濟發展讓國際社會刮目相看，日本的國民生產總值（Gross Domestic Product）更超越英、法、德等先進國家，躍居全球第二大經濟體。但是在最近這二十多年來，日本的經濟低迷不振，而鄰邦中國的經濟發展卻突飛猛進，甚至從日本手上搶走「世界第二大經濟體」的地位，讓心胸狹窄的日本政客耿耿於懷，甚至嫉恨得咬牙切齒。東京那一班軍國主義份子一直以來都想找中國霉氣，但自知力有未逮，只能狐假虎威，抱著美國人的大腿，希望借用美國的軍事威力來抗衡中國。

日本人為了爭奪東海釣魚島的主權，可以說費盡心機，千方百計誘使美國人替他們背書。華盛頓當局從一開始即清楚表明，美國政府對釣魚島主權「不設特定立場」，亦即表示對中、日兩國領土之爭保持中立的態度，並呼籲雙方透過外交途徑解決糾紛。不過「口是心非」的美國政府卻又同時聲明，承認日本對釣魚島有「實際行政管理權」；而東京的政客們並不滿足於此，日本政府一再誇大中國的威脅並向華盛頓「哭秦庭」，特別是安倍晉三政府多方獻媚撒嬌，終於誘逼美國前後兩任國務卿希拉蕊、克林頓（Hillary Clinton）和克里（John Kerry），以及現任國防部長哈格爾（Chuck Hagel）先後公開表示釣魚島包含在美日安保條約的範圍內。這一次奧巴馬啟程訪問亞洲之前，在華盛頓接受日本「讀賣新聞」記者訪問，也首次以美國總統的身分，高調宣示美日安保條約適用於釣魚島；在東京的聯合記者會上，奧巴馬再次向新聞界公開表明此一立場，更把這句話寫進「美

日聯合聲明」，讓全球政治觀察家感到萬分訝異，也令安倍晉三笑不攏口，日本朝野咸認是安倍政府的一大外交勝利。

其實奧巴馬在亞太地區的問題上採取強硬的態度早已在預料之中；在過去兩個月期間，奧巴馬在烏克蘭事件上不敵俄羅斯總統普京的鐵漢作風，眼睜睜看著俄羅斯併吞克里米亞半島而無能為力，美國政府那種「虛張聲勢、空雷無雨」的作法，看在依靠美國保護的盟友眼中，自然信心盡失，因而奧巴馬藉著亞洲之行，刻意替自己塑造強悍的形象，冀望在國際舞台上爭回一點面子，即使僅是俗語所說的「放屁安狗心」，也必須有所表態來增強盟邦對美國老大哥的信賴。

另一方面，奧巴馬夢寐以求的是盡快締結「泛太平洋戰略經濟夥伴關係協議」（TPP），作為他任內的「歷史性成就」；而日本一向對農產品的進口有很嚴格的限制，特別對進口牛肉和豬肉更是關卡重重，成為美、日簽署 TPP 的極大障礙。安倍遊說奧巴馬在釣魚島事件上表態支持日本，聲稱這種做法有助於爭取日本民眾接受美國農產品的進口，因而奧巴馬此次訪問東京，不惜冒著觸怒北京的政治風險，明確表示美國有責任協助日本行使釣魚島的行政管治權，甚至支持日本修改憲法，解禁集體自衛權。可惜奧巴馬「投桃」，卻得不到安倍的「報李」，奧巴馬表態支持日本掌控釣魚島之後，安倍依然沒有在 TPP 談判上作出讓步，讓奧巴馬「賠了夫人又折兵」。在國際政壇上，安倍晉三是一隻奸詐的狐狸，頭腦簡單的奧巴馬卻像是一匹蠢驢，碰上安倍，他怎能不吃虧？

奧巴馬信誓旦旦作出保證，聲稱將與亞洲盟友並肩作戰，但是美國的盟友心中都存有疑問，忖測到底這種承諾可不可靠。美國經濟戰略研究所（Economic Strategy Institute）主席普利斯托維茨（Clyde V. Prestowitz）也提出同樣的質疑，在試圖探詢「美國真的會代表日本為爭奪釣魚島，或者代表菲律賓為爭奪黃巖島而與中國打仗嗎？」這個問題時，他的答案是很堅定的一個字：「不！」普利斯托維茨在

一篇刊登於「金融時報」的文章裏指出，美國正從阿富汗撤軍，最近又拒絕派兵到敘利亞和烏克蘭，而奧巴馬現在卻告訴日本人和菲律賓人，他們的性命比阿富汗人、敘利亞人及烏克蘭人的性命更珍貴，那當然不可能是真的；普氏因而下結論，奧巴馬的所謂「轉向亞洲」戰略以及他此次訪問亞洲的意義完全是空洞的。

日本人不應該想得那麼天真，既然美國不願意為了克里米亞而與俄羅斯大動干戈，難道它會為釣魚島而與中國動武？不過話說回來，奧巴馬的惺惺作態卻委實害人不淺，安倍晉三一聽到奧巴馬公開宣示，說美日安保條約適用於釣魚島，尾巴馬上翹上半天高；像他這種嗜血如命的軍國主義餘孽，既然有美國主子撐腰，分分鐘會搞出一些花樣來，就像頑童一樣，丟了石頭才躲到老爸背後扮鬼臉。如果有一天安倍故意讓日本海上自衛隊在釣魚島附近撩是生非，並且與中國的公務船擦槍走火，實在不足為奇，到時候奧巴馬便必須為他自己不負責任的言詞「買單」了。奧巴馬內心也知道這種嚴重性，因此他在聲稱美日安保條約適用於釣魚島的同時，一方面又慎重警告安倍不得在東海滋生事端。

其實，在奧巴馬信口開河以及安倍晉三洋洋得意之際，應該重溫一下歷史的片段；今日發生在東京的情景，有如 2008 年發生在格魯吉亞（Georgia）首都第比利斯（Tbilisi）那一幕的翻版。當年，格魯吉亞由於南奧塞梯（South Ossetia）和阿布哈茲（Abkhaz）兩個地區搞獨立，總統薩卡什維利（Mikhail Saakashvili）動用武力鎮壓；俄羅斯指稱該地區居住著頗多俄裔居民，且駐紮有俄國的維和部隊，要求格魯吉亞停止所有軍事行動，否則俄羅斯為了護衛國民不會坐視不理。2008 年 7 月 9 日，美國國務卿賴斯（Condoleezza Rice）造訪格魯吉亞首都第比利斯，當面警告薩卡什維利不可輕舉妄動，甚至要他發誓應承不與俄羅斯發生軍事衝突；但是在隔天的記者會上，死要面子的賴斯卻高調向新聞界表示，美國是格魯吉亞可靠的好朋友，聲

明支持格魯吉亞加入北約組織，也支持其領土的完整，並批評俄羅斯加諸格國的壓力和威脅。這一種「表裏不一」的言詞誤導了薩卡什維利，認為有美國撐腰的他冒然於八月七日派兵攻進南奧塞梯，沒幾個小時即佔據了南奧塞梯三分之二領土，但八月八日俄羅斯隨即採取行動，在短短兩天之內，不但把格軍趕出南奧塞梯，還佔據了阿布哈茲地區，坦克更直驅駛到距第比利斯僅四十公里的市郊。薩卡什維利和他的閣員一心以為美國會出兵相助，可惜「望穿秋水」，就是「不見伊人倩影」，要不是法國總統薩科齊（Nicolas Sarkozy）出面調停，薩卡什維利可能已經成了俄羅斯的階下囚。

才過了六年，奧巴馬又學賴斯那樣發表「表裏不一」的言論，是否要讓安倍晉三步薩卡什維利的後塵？

（原載2014年4月30日菲律賓聯合日報「笑談古今」專欄）

南海硝煙使人愁

從南海風波看美國的嘴臉

西報以特大的字體刊印出頭條新聞的標題:「US to China: Ease Tension in Spratlys(美國告訴中國:降低南海諸島的緊張氣氛)」;新聞內容報導的是中美兩國為落實胡錦濤主席訪美時與奧巴馬總統達成的共識,雙方派出高級官員在夏威夷舉行首次「亞太事務磋商」,中方由外交部副部長崔天凱代表出席,美方則派出主管亞太事務的助理國務卿坎貝爾(Kurt Campbell)參加,盛氣凌人的坎貝爾在會中要求中國「降低南海諸島的緊張氣氛」。

不知道崔天凱部長當場作何反應,其實他應該即席答覆:「只要美國閉嘴並滾開(shut up and get out),南海諸島的緊張氣氛自然降低。」崔天凱在前往夏威夷之前,曾經發表過頗為強硬的言詞,他在北京告訴新聞界:「有人在南海玩火,希望美國不要引火焚身」,崔部長這一番硬話,應該當著坎貝爾的面講,才能收到更佳的效果。

其實,美國在南中國海不只是「觀火」、「玩火」或甚至「引火」,更是不停地在「煽風點火」。本來南海風平浪靜,儘管好幾個國家都聲稱擁有這一片海面上島礁的主權,其中包括越南目前在西沙和南沙佔據了二十九個島礁,菲律賓在南沙佔有八個島礁,馬來西亞佔了三個,汶萊也聲稱擁有南沙一個時露水面、時浸水底的島礁,台灣的海巡署人員駐紮在南沙群島面積最大的太平島,並在島上修建了飛機跑道,中國大陸也實際控制著九個島嶼,但是這幾個國家和地區一直以來相安無事,各國也都表明會遵守2002年11月4日在金邊簽訂的「南海各方行為宣言」。然而,就是美國不斷在南中國海滋事生

非,國務卿希拉莉趾高氣揚地宣佈:「亞洲,美國回來了!」之後,隨即高調宣稱「南海牽涉到美國的國家利益」,不但派出船艦到南海來「勘察」,美軍的偵察機和艦艇更頻頻出現在這一片海域;要不是美國搞這麼多花樣,中國便不必那麼緊張南海的風吹草動了。若不是美國一再宣稱將作為越南和菲律賓的「後盾」,並且在關鍵時刻派艦隊分別與越、菲進行聯合軍事演習,南海的氣氛又何至如此緊張?製造南海緊張氣氛的是美國,現在卻倒過來要中國「降低南海諸島的緊張氣氛」,豈不是在「作賊喊賊」?

回想起 2010 年 9 月 24 日,菲律賓總統阿基諾首度會晤美國總統奧巴馬,二人在紐約著名的華都酒店(Waldorf Astoria)會見新聞界時,記者們發現美國人居然把菲律賓的國旗倒掛了。菲律賓國旗是「藍天紅地」,藍在上、紅在下,倒過來掛表示國家正處在戰爭的狀態中。美國人把菲律賓的國旗倒掛,莫非要把菲律賓推向戰爭的邊緣?以目前美國在南海的連番動作來看,似乎冥冥中已有預兆。

今年六月底,美國參議院竟然以一致票通過議案,譴責中國在南中國海「使用武力」,令人深感莫名其妙。由於美國與越、菲舉行聯合軍演,越南還進行了海上實彈演習,因而中國也進行了幾次軍事演練;除此之外,有誰在南海使用了武力?在菲律賓進行軍演時,美軍還放出風聲,說其艦上的導彈足可襲擊上海;發出如斯挑釁性的言辭,卻又譴責中國「好戰」,豈非等同強盜和娼妓在痛斥社會道德淪喪?

對於美國參議院之行動,中國外交部發言人洪磊呼籲美國的議員多為地區的和平作出貢獻。洪磊未免太斯文、太客氣了,他應該建議美國的議員們多讀書、多睜開眼睛、多照照鏡子。多讀一點書、多研究歷史和時事,這些議員便會瞭解南海島礁的歸屬以及近年來主權爭議的來龍去脈,才不會像現在這樣坐在國會山莊做「井底之蛙」。把眼睛睜大一點,多深入調查探索,就不會誤信美國記者的危言聳聽,瞎猜中國在南海使用了武力。多照照鏡子,看看美國大兵在伊拉克和

阿富汗的所作所為，看看「無人飛機」在巴基斯坦和利比亞炸死的無辜平民，美國人還有什麼臉目「譴責」中國在南海欠缺節制行為？美國參議院的議員們道貌岸然，但是從他們通過這項「譴責中國」的議案，不難看出一個個都是「草包」。

　　奇怪的是北京為什麼不懂得「以其人之道，還治其人之身」？人民代表大會或人大常委會大可三不時通過議案，嚴重譴責美國在中東、中亞和北非濫殺無辜、草菅人命；甚至可以在聯合國大會譴責美國侵犯他國主權、摧殘弱小民族的人命財產、踐踏人權。北京應該醒悟過來，「人善被人欺、馬善被人騎」；成功的外交，有時候要「請客吃飯」，有時候是應該拍桌子發出怒吼的。

　　　　（原載2011年7月11日菲律賓聯合日報「笑談古今」專欄）

南海主權糾紛只能談不能打

近幾個月來，國際舞台一片大混亂，除了歐美債務問題牽動著全球金融市場的神經中樞之外，北非突尼斯和埃及的「變天」、中東敘利亞和也門的動盪不安、北約對利比亞的「不宣而戰」和疲勞轟炸⋯⋯無不令人怵目驚心，更讓希望過太平日子的人們憂心忡忡。

在亞洲，撇開朝鮮半島依然戰雲密佈不談，近期特別引人注目的事件莫過於南海主權的紛爭。中國與東南亞各國就南沙和西沙群島主權的糾紛，自來已久，但中越和中菲之間的領海和島礁主權之爭近期來呈現白熱化，而且嚴重性與日俱增，令人頗感驚訝和焦慮。

越南於六月十四日舉行了九個小時的海上實彈演習，擺出一副「槍已上膛」的姿態；總理阮晉勇又頒佈了自 1979 年中越邊境戰爭以來的首次「徵兵令」，似乎要表達越南人「玉石俱焚」的決心；近日又與美國聯合舉行海上軍事演習，玩弄起「狐假虎威」的手段，企圖藉美國來恐嚇中國，完全不掩飾「挾洋自重」的心態。在公眾聚會受到嚴格控制的首都河內，中國大使館前居然每星期都舉行反華示威；越南政府即使沒有煽動，至少也是縱容年青人製造和鼓吹仇視中國的民間情緒。

菲律賓也不遑多讓，海軍增派人員及派遣軍艦前往爭議的島礁駐紮之外，並把該等島礁上的「外國標誌」全部清除掉；菲國政府呼籲東盟各國在南海問題上聯合對抗中國；外交部長德爾、羅薩里奧前往華盛頓會晤國務卿希拉莉，要求美國在南海糾爭中支持菲國，美國還派出神盾級驅逐艦「鐘雲號」和「霍華德號」，與菲律賓海軍四艘艦

艇在蘇祿海進行聯合軍事演習；菲國新聞界紛紛譴責中國「欺凌」弱小的菲律賓，還有散居世界各地的菲僑團體準備發動「全球性」的反華示威；阿謹諾總統也數度以強硬的語調公開發言，表示維護島礁主權的決心；菲政府還把「南中國海」更名為「西菲律賓海」，藉以宣示擁有這片海域的主權。

另一方面，中國除了一再以堅定的口吻聲稱擁有南海的主權之外，也警告別的國家不要介入南海的爭端，外交部副部長崔天凱更公開點名叫美國不要「引火焚身」；中國派出三千噸的「海巡」漁政船駛經南海前往新加坡訪問，藉以展示實力，近日再派另一艘漁政船前往南海護漁；又在南海進行了多次規模頗大的海上演習，來回應越南和菲律賓的軍演。

其實，南海如果發生「擦槍走火」的事件，對任何國家都是不利的。越南和菲律賓在軍事上還不足與中國抗衡，將領土問題訴諸武力是必定吃虧的，何況在經濟發展上，越、菲都還要借重中國的合作和援助。美國雖然應承支持，那也只不過是外交辭令和精神上的鼓勵而已，萬一南海真地發生軍事衝突，美國壓根兒沒有可能會因越、菲而對中國宣戰，到最後吃大虧的只會是越南和菲律賓。

至於中國，近三十年來「在和平中崛起」，目前最需要的是敦睦鄰邦，謀求地區的穩定，以繼續在經濟和社會各領域推動改革發展；採取軍事行動必將破壞中國的國際形象，也會為中國的持續發展製造障礙。中國的領導人在剖析國內及國際形勢、衡量輕重之後，必定不會輕率在南海採取武力行動。

「隔岸觀火」的美國雖然可以藉南海糾紛來牽制中國，在東南亞國家之間重新塑造其「盟主」的地位，並且「混水摸魚」來謀求其國家利益，但一旦真地燃起戰火，美國難免會進退失據。如果戰爭爆發，美國若不採取行動，必然會被東南亞國家認清它「紙老虎」的面目，今後還如何稱雄稱霸？但從另一方面來看，剛在伊拉克和阿富汗戰爭中搞得

焦頭爛額的美國大兵還沒有喘過氣，有可能再投入一場沒有把握的戰爭嗎？美國的經濟持續低迷，期盼的復甦遙遙無期，聯邦政府債台高築，而中國乃是美國目前最大的債主，美國政府會冒冒然與賴以救命的財神爺翻臉嗎？奧巴馬派了幾駕飛機參加北約轟炸利比亞，已經被國會「修理」得體無完膚，那敢再衝動地與中國兵戎相見？美國現在可以在東南亞地區大搞軍演、虛張聲勢，但南海如果響起戰鼓，美國白宮和五角大樓便會無所適從；因而美國只希望在南海主權上發生糾爭的各國繼續「爭」下去，但卻千萬不要真地「打」起來。

既然大家都認識到「打不得」，當然只有坐下來談了；儘管各國在口頭上對主權的糾爭都表示出毫無妥協的餘地，但實際上大家都心知肚明，最後還是要各讓一步。中國從一開始便提出「擱置爭議、共同開發」的建議；在「反華」聲浪中，越南的副外交部長胡春山訪問了北京，接著菲律賓外交部長也成為中國政府的座上賓，美國的參謀總長馬倫也到北京訪問，菲律賓總統阿基諾亦將於近期訪華，無可避免地，南海主權的問題不但擺上桌面，還會是商談的焦點。所謂「見面三分情」，大家坐在一起，即使問題不是那麼容易解決，但至少有了一個好的開始。

（原載2011年7月15日菲律賓聯合日報「笑談古今」專欄）

白髮漁樵江渚上
笑談古今6

南海島礁只有共同開發一條路

雖然南海的主權糾紛在幾個聲索國家的國民之間激發起民族主義的「千層浪」，但各國也不乏冷靜且理智的人士。在北京，曾任外交部發言人、駐荷蘭和法國大使的吳建民就南海糾爭發表意見時，便提出「小不忍則亂大謀」的警告；越南也有名學者公開呼籲國人不可衝動；菲律賓前眾議長德、華仁西亞（Jose de Venecia, Jr.）籲請政府恢復與中國共同勘探及開發南海的合作方案，參議長茵雷例（Juan Ponce Enrile）更直言稱解決與中國的南海糾紛是外交部的責任，而非國防部的工作。

領土的主權非比尋常，任何國家都不會輕易讓步；如果要在南海問題的談判桌上取得完滿的成果，各國便必須瞭解對方的立場，設身處地、彼此體諒、互相包容，只有大家各讓一步，採取折衷的解決方案，並且著眼於長遠的國家利益和地區穩定，才能達到「雙贏」及「多贏」的結局。

首先，東南亞各國不應該把中國宣示南海島礁的主權視作「強國的侵略行為」。從歷史的觀點來說，中國的確擁有南海島礁；自漢代開始，中國的史籍即有南海島嶼的記載，到了元代，南沙群島更正式載入「元代疆域圖敘」，而「元史」地理志也列明南沙包括在領域之內，還記載了海軍巡轄南沙的歷史事實；明、清這兩個朝代也同樣在史籍和地圖上註明南沙群島是在中國的版圖之內。民國時代，中國政府更編印了「中國南海各島嶼圖」，標明南海諸島礁的名稱；二次大戰後，中國政府從日本人手上接收回被佔領的西沙和南沙島礁，並在

島上立下主權碑石,這些都是有案可稽的歷史事實。

菲律賓是在上世紀四十年代末,才出現了一個叫克羅瑪(Tomas Cloma)的「航海家」,宣稱他在南海「發現」了一些島嶼,並令名為「自由群島」(Kalayaan Islands),六十年代他準備在海島上立國,自任總統,還委派了外交部長等內閣閣員,最後克羅瑪被馬可斯總統抓去坐牢;而馬可斯也是到七十年代才派兵佔領了幾個島礁,並且設立了一個小行政單位。至於越南,前總理范文同曾於1958年在外交照會上正式向中國的周恩來總理保證,越南政府承認並贊同中國對南海主權的聲明,而中國政府也把以前國民政府劃定的「南海十一段線」改為「南海九段線」,把靠近越南本土的兩段線消除掉;但是到了七十年代,越南政府卻突然改變態度,不再承認范文同政府的承諾,改口聲稱擁有西沙和南沙的島礁主權。

從歷史事實來說,中國宣示擁有南海島礁主權是遠在東南亞各國之前,如果中國政府現在放棄南海諸島的主權,執政者何以對歷代祖先和全球炎黃子孫交代?吳建民大使只不過發出呼籲,促請大家冷靜,便被廣大的民眾辱罵為「現代秦檜」,可見中南海的領導人在主權問題上是絕對不可能作出妥協的。

另一方面,中國人也必須瞭解,在地理位置上,南海諸島就在東南亞國家的旁邊,這些國家把島礁視為自己的領土也是可以理解的。例如南沙群島距離中國大陸近千海浬,但一些島礁離菲律賓的海岸卻只有八十海浬,是在菲國的二百海浬特定經濟區範圍裏面,難怪許多菲律賓人都堅稱擁有該等島礁的主權。

從歷史的觀點來說,南海諸島無可非議是中國的領土,但是在地理位置上,某些島礁按常理似乎應該歸屬東南亞國家;如何在歷史和地理因素之間取得均衡,便是中國和東南亞各國領導人必須花費心思去尋覓答案的課題。其實,如果糾爭的諸國尊重彼此的立場,為對方預留下台階,並且各自向國民解釋清楚問題的癥結所在,進行和平談

判並且達到集體獲利的目的是可期的。而中國提出的「擱置爭議，共同開發」這個原則，無疑地是解決糾紛的最實際方式。

幾個國家爭奪南海諸島的主權，最重要的因素是這一片海域蘊藏著豐富的石油及天然氣。想深一層，即使中國不爭島礁，像越南和菲律賓這樣的東南亞國家，要開發海域的能源也必須找外商合作；與其找歐美日澳合作，何不乾脆與中國合作開發而免去紛爭？而中國作為地區的龍頭老大，平時已經對周圍鄰邦進行慷慨的經濟援助，一旦與東南亞國家合作在南海開採能源，不妨多對這些國家「讓利」，讓邦誼更形鞏固，如此一來，豈不是所有合作的夥伴都「皆大歡喜」？

有領土糾紛而決定「共同開發」的成功事例俯拾皆是，荷蘭、英國和挪威合作開發北海油田，為三國帶來極大的經濟效益；泰國和馬來西亞簽署了位於暹邏灣的里朴島（Ko Kra Island）和羅星島（Ko Losin）的共同開發協議，解決了兩國的漁權及其它問題；中國和俄羅斯在烏蘇里江上的黑瞎子島同樣有領土誰屬的爭議，後來決定「擱置爭議，劃線為界」，並且開發旅遊業，把原來的荒島建設為旅遊熱點，為當地帶來經濟繁榮的前景。這些事例，都可以作為中國和東南亞各國的參考資料。

美國和日本想盡辦法要插手南海的主權糾紛，更希望把事件國際化，中國應該採取更積極而快速的外交行動，將「合作開發、互惠共贏」的立場向相關國家的領導人闡述清楚，表明絕不容許第三國干預糾紛的解決過程，也明確指出把事件國際化等同友好洽商的破局。只有更積極、更直接、更誠懇的外交行動，才能有效地揭發美、日「明裏幫、暗地裏搞搗亂」的企圖。但願在各國有識人士的共同努力下，南海能夠成為「太平之海」。

（原載2011年7月18日菲律賓聯合日報「笑談古今」專欄）

菲律賓外長找錯商談對象

上星期，由菲律賓、馬來西亞、印尼、泰國、新加坡、汶萊、越南、柬埔寨、老撾和緬甸等十個國家共同組成的「東南亞國家聯盟」（簡稱「東盟」或稱「亞細安組織」，英文名稱為 Association of Southeast Asian Nations，簡稱 ASEAN）在柬埔寨金邊舉行了元首高峰會議。其間，菲律賓提出建議，認為東盟必須就南海主權問題達成一個共同的立場，並擬定東盟自己決定的「南海行為準則」（Code of Conduct），然後以十國聯合的統一陣線姿態與中國進行交涉。結果峰會並沒有接受菲律賓的建議，大部分東盟成員國認為若要起草「南海行為準則」，一定要有中國的參預才能成事，讓興致勃勃而且滿懷希望的阿基諾總統灰頭土臉、無功而返。事實上，菲律賓外交部長德爾羅薩里奧（Albert del Rosario）已經多次在東盟的外交部長會議上提出南海主權問題，結果都不能達成任何共識。照說，外交部應該事先做好溝通的工作，沒有把握的事情便不應該讓總統冒冒然在峰會上激昂發言，最後得不到其它盟國的支持；在這種盛大的外交場合，讓總統處在極端尷尬的氛圍中，也一再令菲國在國際舞台上自討沒趣，外交部不知要如何作出交代？

去年十月中旬，筆者參加了由「羅武洛和平發展基金會」（Carlos P. Romulo Foundation for Peace and Development）主辦的「南中國海論壇」（Forum on South China Sea），與會的幾位專家學者幾乎眾口一詞認為解決南海糾紛的唯一途徑是「協商和談」（Dialogue）。泰國的學者提起泰國與馬來西亞也有海島主權之爭，最後決定共同開發，如今

泰、馬兩國從該島的海域獲得豐厚的利潤；澳洲專家列舉澳洲與印尼和新幾內亞的海域糾紛，最後也是透過協商而決定共同開發，達致共贏的局面；英國的學者也以北海為例，指出英國、荷蘭和挪威在有爭議性的海域共同開發海底油田，獲利甚豐，還提起英國與阿根廷為了爭奪福克蘭群島（阿國稱瑪利安那群島）主權而戰，結果兩敗俱傷，因而呼籲中國與東南亞諸國應該「以史為鑑」。在論壇的講員中，只有兩個人持不同的意見，一名越南官員對中國極力詆譭，認為想與中國協商無疑是「與虎謀皮」；另一個是以新加坡為基地的美國作家，他認為中國不值得信賴，所謂協商只不過是拖延時間以達到全面控制的目的云云。令人懊喪的是隔天的菲律賓報章均未報導絕大部分主講人主張以「協商和談」解決南海島嶼糾紛的觀點，反而斷章取義以大篇幅報導越南官員與美國作家所講的負面論調，充分呈現出狹窄的「民粹主義」，與中、港一些極力鼓吹「亮劍」以「殺雞儆猴」的論調如出一轍。新聞界如此偏頗煽情、誤導民眾，令中菲解決糾紛的前景蒙上一層陰影，難免讓人憂心忡忡。

近期來，中菲兩國在南中國海（菲方稱西菲律賓海）的衝突和糾紛不斷升溫，菲國決定在 Pag-Asa Island（希望島，中方稱中業島）興建碼頭、美菲兩軍數度舉行聯合軍事演習、中國派遣漁政船在有爭議性的海域巡弋……凡此種種，都加深了中菲兩國之間的誤會和互不信任感。在中國，軍方和民間都存在一種非常強烈的主張，認為應該以武力「懲戒」菲律賓；而菲國朝野也是「磨劍霍霍」，最近阿基諾政府從美國購得退役海軍巡邏艦，也正與日本政府協商由東京提供巡邏艇，美、菲兩國更決定增加美軍駐菲的人數和裝備，菲國積極與美、日以及越南洽談軍事合作並進行聯合軍演，似乎準備隨時與中國決一死戰。

其實，專家學者們說得對，中菲兩國要處理南海的糾紛只有一條途徑，那便是透過協商和談來尋求解決問題，完全沒有動用武力的空間。對中國來說，目前正在大力鼓吹「和平崛起」，使用武力來解

決領土的糾紛，特別是針對菲律賓這個發展中國家，不但「勝之不武」，而且會嚴重地影響到中國在國際社會上作為第三世界領袖的地位；尤其是中國與東盟之間的關係至關重要，日趨密切，如果因中菲的海洋糾紛而破壞了與東盟的友好和諧關係，讓早已覬覦此一地區的美、日有機可乘，絕對是中國所不願意看到的。對菲律賓來說，目前的武裝實力完全不足以挑戰中國，向中國開火無異拿雞蛋去碰石頭；雖然美、日兩國信誓旦旦支持菲國爭奪南海主權，但顯然它們不會因中菲軍事衝突而冒然向華宣戰。中國現在已經成為全球第二大經濟體，在國際社會上舉足輕重，菲律賓在推動經濟建設的過程中，也需要中國的支持和援助。由此可見，以武力來解決南海主權的糾紛，絕非中菲兩國理智的選項。

中國政府一再聲稱將與菲國進行「友好磋商」，並闡明以「擱置爭議、共同開發」為解決糾紛的原則，無疑乃是最好的途徑；可惜長久以來「只聞樓梯聲，不見人下來」，始終等不到中菲兩國的代表坐在會議桌上洽談的鏡頭出現，到底是菲國政府不願意談，或是有其它的因素阻礙了中、菲的外交渠道，那就不得而知了。

菲律賓政府似乎也瞭解到「洽商」的重要性，外交部長羅薩里奧馬不停蹄到處找人商談南海的糾紛，可惜他找錯了商談的對象。部長忙著找美國國務卿和日本首相，要求他們表態支持菲律賓，又試圖煽動東盟各國聯合起來對抗中國，還準備把案件交由國際法庭去仲裁。羅薩里奧部長應該認清，糾爭的另一方乃是中國，為什麼不先與中國坐下來談談，彼此瞭解一下對方的底線？試想想，如果鄰居發生誤會糾爭，不先彼此打個招呼並商議一下解決的辦法，卻馬上找表兄弟來幫忙「打群架」，甚至找惡勢力來替自己出頭，還想馬上便遞狀告到法庭去，這種做法是否有點「本末倒置」？菲律賓的外交官員似乎應該好好反省一下。

（原載2012年4月9日菲律賓聯合日報「笑談古今」專欄）

> 白髮漁樵江渚上
> 笑談古今6

瞭解對方立場始能解決糾紛

要和平解決南海主權的糾紛，中、菲兩國應該先瞭解對方的觀點和立場，不能輕率地互相指責對方「侵佔」自己的領土和海疆。兩國的有識之士應該向普羅大眾灌輸正確的資訊，新聞媒體也應該報導正面公允的消息，雙方的政府和民間都必須努力促進互相瞭解，遏止「鷹派」政客、軍人、新聞界以及知識分子發表鼓吹為「護土而戰」的激烈言論；兩國的政府也應該採取行動來消減彼此間的戾氣，以求達致雙贏的局面。

首先，中、菲兩國要瞭解對方為何把南海劃為自己的領海，這是最重要、也是最基本的一點認識。大家要明白一點，中、菲發生主權糾爭的南沙群島島嶼，亦即菲律賓稱為 Kalayaan 群島或西方國家所稱的 Spratly Islands，在歷史紀錄上無可否認地早已被中國劃為領土，但是在地理位置上，卻是一群非常接近菲律賓的島嶼，因此才造成了目前的主權糾爭。

國際社會不應該把中國宣示南海島礁主權視作「強國的侵略行為」，因為自漢代開始，中國的史籍即有南海島嶼的記載；到了元朝，南沙群島更正式載入「元代疆域圖敘」，「元史」地理志把南沙列在領域之內，還記載了海軍巡轄南沙的歷史事蹟；明、清二代也同樣在史籍和地圖上註明南沙群島是在中國的版圖之內。民國時代，國民政府更編印了「中國南海各島嶼圖」，標明南海諸島礁的名稱；第二次世界大戰結束後，中國政府從日本人手上接收了被佔領的西沙和南沙島礁，並在島上奠立主權碑石。從歷史的觀點來說，中國的確有

宣示南海島礁主權的依據。

　　如果純粹從歷史的觀點來談論南海島礁的糾紛，菲律賓和越南無疑都處於劣勢。菲律賓是在上世紀四十年代末，才出現了一個名叫克羅瑪（Tomas Cloma）的航海家，宣稱他「發現」了一群島嶼，並將島嶼命名為「自由群島」（Kalayaan Islands），其實這些島嶼便是中國歷史和地理書上所稱的「南沙群島」；六十年代克羅瑪企圖在自由群島上「立國」，自任總統之餘還委派了幾名部長成立內閣，最後被馬可斯總統抓去坐牢；而馬可斯政府到了七十年代中葉才派兵駐紮於一個比較大的島礁上，正式宣示主權並將該島命名為「希望島」（Pag-Asa Island），其實這個島嶼就是中國也宣稱擁有主權的「中業島」，是南中國海島嶼中面積僅次於太平島的第二大島。

　　至於越南，前總理范文同曾於1958年在外交照會上正式向周恩來總理提出保證，越南政府承認並支持中國對南海主權的聲索；到了七十年代，南北越統一之後而國際機構又宣佈南中國海可能蘊藏巨量石油和天然氣，越南突然改變態度，聲稱擁有西沙和南沙島礁的主權。

　　美國人早在幾十年前便接受了中國地圖上的領海疆域，連美國出版的標準世界地圖也同樣將南中國海視作中國的海域；美國政府於上世紀五十年代曾經兩度派遣科研船到南中國海進行勘測，事先都曾以外交照會徵得台北的國民政府同意，可見美國早年便已承認中國在南海的主權。日本人於第二次世界大戰戰敗後也是把佔領的南海島礁歸還予中國，當時的國民政府更依照派往接收的軍艦太平號、中業號和中興號而將南海幾個較大的島嶼改名為「太平島」、「中業島」和「中興島」。如今美、日反口聲稱支持東南亞各國爭取島礁的主權，分明是故意製造爭端以遏制崛起的中國，蛇蠍心腸昭然若揭。從歷史的事實來看，中國的「哥倫布」早在一千多年前便發現了茫茫南海中的「新大陸」，中國把南海諸島列為領土的確是遠在東南亞各國之前，因而不能怪責中國人聲稱擁有該等島礁的主權。

但是有一點是中國人必須瞭解的，在地理位置上，南海諸島就在東南亞國家的旁邊，這些國家把島礁視為自己的領土，也是可以理解的。例如禮樂灘（菲稱 Recto Reef）距離中國大陸上千海浬，但離菲律賓的海岸卻只有八十海浬，難怪菲律賓人堅稱擁有該等島礁的主權。

在歷史上，南海諸島無可非議是中國的領土，在地理位置上，某些島礁按常理卻似乎應該歸屬東南亞國家；也可以說，在上帝的計劃中（by the act of God），這些島礁屬於東南亞的國家，但是在人類的努力下（by the act of men），這些島礁卻是屬於中國。如果在這一方面有正確的認識，中國和東南亞國家就不應該互相指控對方是企圖佔奪本國領土的「侵略者」，而如何在歷史和地理因素之間取得均衡，更是中國和東南亞各國領導人必須花費心思去尋覓答案的課題。其實，如果糾爭的各國尊重彼此的立場，並且各自向國民解釋清楚問題的癥結所在，進行和平談判並且達到集體獲利的目的是可以期待的。

中國政府提出的「擱置爭議，共同開發」原則，無疑是解決領土主權糾紛的最佳方案。舉例來說，中國人聲稱擁有中業島的主權，但菲律賓人說這個島嶼屬於菲律賓，名字叫希望島；既然要「擱置爭議」，中國就讓菲律賓繼續把島嶼當成他們的希望島，菲律賓也讓中國繼續把島嶼當成他們的中業島，大家互相尊重，今後兩國共同開發資源，豈非皆大歡喜？對於菲律賓來說，即使中國不爭主權，要開發海上資源，還是要邀請歐美或日澳外國財團來投資，既然如此，何不乾脆與中國「共同開發」？如此一來，不但可以免除主權之爭，相信一心想扶助周邊鄰國發展的中國，也會慷慨地在合資事業上多作「讓利」。

中菲兩國的領導人應當爭取時間，盡早坐下來商談。中國政府必須採取更積極和主動的步驟與菲律賓當局溝通，無限期的拖延會令形勢越趨險峻。菲律賓政府也必須瞭解，解決南海主權的糾紛應該直接與北京商談，找美國和日本來幫忙無異「與狼共舞」，也即閩南俗語

所說的「找鬼醫病」,只會令事態更加嚴重。菲中兩國唯有互相諒解,才能夠「擱置爭議」,唯有「共同開發」,才能夠獲取「雙贏」的局面。

(原載2012年4月11日菲律賓聯合日報「笑談古今」專欄)

南海糾紛不宜訴諸國際法庭

阿基諾總統為了解決南海主權的糾紛，的確是費盡心力；然而他顯然對中國瞭解不足，努力的方向都是北京所不願見到的，因而至今非但收不到任何成效，反而滋生出更多的誤會。

在金邊舉行的第廿次東盟峰會期間，阿基諾總統建議將南海主權糾紛列入大會的議程付諸討論，同時提議東盟十國之間自己達成南海問題的共識，擬草「南海行為準則」，然後以聯合的陣營和統一的口徑與中國進行交涉；但是這些提議並沒有得到主辦國柬埔寨的接納，因而沒有列入議程討論。休會期間，阿基諾總統再公開表示，菲律賓願意主催召開一個高峰會議，邀請中國、越南、馬來西亞、汶萊、台灣和菲律賓這六個聲索南海主權的國家和地區的代表，共同解決南海的糾爭。顯而易見，即使東盟的有關國家同意，中國也不會接受菲律賓的邀請參與會議，因為從一開始北京便清晰地表明立場，領土主權的糾紛必須由當事國單對單進行友好協商。

北京此一立場不難瞭解，雖然中國領導人提出的「擱置爭議、共同開發」的原則適用於所有國家，但是與越南、馬來西亞、汶萊和菲律賓之間的領土糾爭「輕重繁簡」各有差異，理應與每一個國家分別進行深入的商討，才能達成雙方都可以接受的解決方案；召開多國大會，只將看到與會代表在滔滔的演講中互相指責，最後不歡而散，「群毆群鬥」，根本解決不了問題。

北京不願意將南海主權之爭交由國際法庭裁決也有其理由，一旦交由國際法庭仲裁，糾爭的兩方必有「輸贏得失」，但事實上雙方都

會以「失」為結局,因為即使國際法庭將島嶼判歸甲國,甲國仍將失去乙國的友誼。對中國來說,南海諸島在歷史上是「固有領土」,一旦中菲將糾紛扭上國際法庭,而國際法庭將島嶼判歸菲律賓,中國的領導人有何顏面向歷史和祖先交代?如果國際法庭將島嶼判歸中國,無可避免地中國將會失去菲律賓這個朋友。顯然,北京不願意看到上述的任何一個結局,因此絕對不可能接受由國際法庭來仲裁南海諸島的主權糾爭。

阿基諾總統從柬埔寨返抵國門時,向菲律賓國民報告了參加此次東盟峰會的成果;其間他曾激昂地宣示,「菲律賓在捍衛領海上不能夠再忸怩作態或猶豫不決」,然而他也注意到「中國更積極申索南中國海」,可見中、菲兩國都已經把南海主權的問題擺上了桌面。既然訴諸武力並非選項,訴諸國際法庭也不是理想的辦法,解決糾紛的唯一可行方法便是協商洽談了。相信中菲的領導人深明這個道理,都知道應該坐下來談,但是要如何談,兩國的想法卻是南轅北轍;中國希望與菲律賓單獨談,菲律賓卻想拉東盟、甚至美日來一起談。有人認為菲律賓把事件「地區化」,甚至「國際化」,原因是本身缺乏自信心;其實菲國政府應該瞭解中國「吃軟不吃硬」的心態,越是要拉不相干的人來「助陣」,越是解決不了問題。相反地,如果好好與北京洽商,在雙方都保持「面子」、雙方都不宣示放棄主權的前題下,共同來開發海島和海底的資源,便能達到雙贏的結果,即使要中國這個「老大哥」讓利,相信也不是什麼大問題。

2004年,阿羅育總統(Gloria Macapagal Arroyo)主政下的菲國政府曾經與中國簽署了一項「海洋勘探聯合行動」的協議(Joint Marine Seismic Undertaking);2005年,中、菲再與越南簽署第二份協議書,同意由三國的石油公司共同勘探南海的海底資源。無奈近期三國的聯合勘探行動已被叫停,一些政客和新聞媒體更把該項協議標籤為「賣國」,因為他們認為部分勘探的海域乃是菲律賓的領海,怎

麼可以容許別國參與勘探？講這種話的人應該想一想，勘探的海域是具有爭議性的海域，你說是你的領海，別人也說是他們的領海，不進行聯合勘探以及共同開發，還有別的方法嗎？菲律賓目前並沒有能力單獨進行油氣的勘探和開發工作，勢必要邀請外國財團來共同執行這些方案，與中國和越南共同勘探是「賣國」，難道要邀請美國或日本來共同勘探才算是「愛國」？

中、菲的南海主權之爭不應該再拖延下去，雙方必須盡早坐下來談，菲律賓政府不妨先與中國單獨洽談一下，說不定有意想不到的結果。只要有誠意，相信世界上沒有解決不了的問題。

（原載2012年4月13日菲律賓聯合日報「笑談古今」專欄）

南海糾紛讓美日有機可乘

平地一聲雷，話口未完，南海又傳來戰鼓的聲音。十二艘中國漁船因避風浪而停泊於中沙群島黃巖島（菲律賓稱為 Panatag Shoal，國際社會則稱之為 Scarborough Shoal）的潟湖裏，菲國軍艦德爾帛拉號（BRP Gregorio del Pilar）前往該海域進行拘捕行動，兩艘中國漁政船得到中國漁民的求救訊號而趕來，與菲律賓軍艦形成了對峙的局面；雖然沒有發生交火的場面，但緊張的氣氛卻令人有窒息的感覺。阿基諾總統已明智地命令國防部不可開火，而是把事件交給外交部處理，但願中、菲兩國的外交官能夠化干戈為玉帛，盡快結束僵局，更希望菲律賓外交部長不要再乞求美國出面干預，以免把事件愈鬧愈大。

香港文匯報近日轉載了北京環球時報一篇評論文章，作者羅援少將就南海主權的糾紛警告菲律賓「勿欺人太甚」。羅援在他的文章裏列數菲律賓的不是：「又是拉美國大旗作虎皮，狐假虎威；又是綁架東盟峰會，試圖與中國打群架；又是企圖主辦南海爭端國峰會，把南海問題國際化；更有甚者，將南中國海改名為〈西菲律賓海〉，在本屬中國的島礁上修工事、建機場，而且惡人先告狀，把中國告到了聯合國。」羅援少將更以峻厲的詞句警告說：「菲律賓最大的失算是錯估了中國捍衛國家主權和領土完整的實力和意志。中國在南海問題上的立場和主張是一貫的、明確的，我們是在以最大的耐心和誠意給和平以最後的機會，但菲律賓不要欺人太甚，不要把我們的善意誤判為軟弱可欺，把我們的克制忍耐誤解為〈以領土換和平〉，把我們的

〈和平崛起〉誤讀為<掛免戰牌>。如是，菲律賓將自食其果。」

　　羅援少將現任中國軍事科學研究會副秘書長，是一個活躍的軍事問題專家，平日經常接受海內外新聞媒體的訪問，言論頗具權威性和影響力，是中國「少壯鷹派」軍人的代表人物。羅援發表這種火藥味十足的言詞，委實令人感到不安，相信文章也會引起菲律賓政壇和輿論界激烈的反應。同樣，菲律賓也有一大批政客、學者及新聞界人士喋喋不休地催促菲國政府在處理與中國的領土糾紛上，必須採取強硬的手段；長此下去，中、菲之間的糾爭勢將愈演愈烈，實非兩國之福。

　　其實，有識之士都明瞭，中、菲之間斷不可以輕言戰爭，而是應該坐到談判桌上好好談，因為戰爭的代價是不堪承受的。參議長茵里禮（Juan Ponce Enrile）曾經擔任過十多年國防部長，他對戰爭的認識和體會比任何人都清楚，較早他語重心長地指出：「南海主權之爭是外交部的責任，而不是國防部的工作。」可惜目前菲律賓國防部蠢蠢欲動，而外交部卻似乎走錯了方向。前任外交部長羅慕洛（Alberto Romulo）曾經正確地聲明，南海之爭是菲、中兩家的事，因而婉拒美國插手干預；但自從換上了從小就在美國接受教育的德爾羅薩里奧（Albert del Rosario）當外交部長，一切都改變了。德爾羅薩里奧似乎認為只要靠攏美國，便會平安無事，甚至可以為所欲為；連阿基諾總統也顯然受到他的影響，意圖拉美、日以及東盟各國一起與中國抗衡。德爾羅薩里奧部長這幾天又要前往華盛頓，相信美國國務卿希拉莉會再次施展啦啦隊長的功夫，大喊「加油！衝呀！」

　　如果以為美國和日本會真心希望菲、中兩國和平解決南海的糾紛，想法未免太過天真。目前日本與中國在東海有油氣田和釣魚島主權之爭，當然會盡力煽動菲律賓和其它東南亞國家就南海的問題與中國糾纏到底，讓中國疲於奔命、兼顧不暇，然後日本便可「混水摸魚」。美國近年來把中國當成最主要的競爭對手和「潛在的敵人」，從宣佈「重返亞洲」到駐軍澳洲達爾文港，從增派航空母艦駐紮西太

平洋到頻繁不間斷的聯合軍演,無一不是劍指中國;在南中國海製造糾紛混亂,完全符合了美國在亞洲的利益。美國將退役的砲艦和戰機提供給菲律賓,日本也準備贈送巡邏艇以武裝菲國海軍,目的不過是想慫恿菲律賓去當「敢死隊」來牽制中國,以達到美、日在亞洲稱霸的最終目標。菲律賓的政界以及一般民眾都應該深思一下,得到美、日提供的軍備便有足夠的武力挑戰中國嗎?中國會因美、日的表態干預而軟化立場嗎?一旦開火,美、日會派兵援助菲律賓並向中國宣戰嗎?對北京稍有瞭解的人士都會知道,越向美、日靠攏,中國便越沒有讓步的空間。菲國的決策者以及知識分子不但要研究中國執政者的心態,更要洞悉美國和日本「黃鼠狼拜年——不安好心」的臉目。

　　做為一個國家,菲律賓準備不惜一切的犧牲來保衛疆土和維護主權,這種想法和做法完全無可厚非,但是卻應該審時度勢,採取正確的策略,才不致疆土保不了,喪失主權的情況卻越形嚴重。如果好好與中國商談,相信可以達致雙贏的方案,在領土和主權的問題上,讓雙方都不失體面;但如果拉著美國和日本來挑戰中國,可以預測北京絕不會在領土和主權上作出一點點讓步。與此同時,美國乘著南海紛爭正在升溫,大放「中國威脅」的空氣,說服菲國政府讓美軍擴大在菲律賓的駐軍規模,並大幅度增加了進行軍事行動的空間,實際上踐踏了菲律賓的主權。阿基諾總統的父親阿基諾參議員(Ninoy Aquino)是一名出色的愛國者,生前為了維護菲律賓的主權和國家尊嚴而不遺餘力鼓吹美軍基地必須全部從菲國領土上撤離;阿基諾總統母親柯拉蓉・阿基諾(Corazon C. Aquino)個人雖然逼於華盛頓的壓力而支持美軍繼續駐紮菲律賓,但是在參議院多數成員的協調下,菲國政府終於在她擔任菲律賓總統的任期內成功收回美軍基地。如今菲國政府再度邀請美國大兵回來駐紮,試問如何對得起像勒道(Claro M. Recto)、陳迎達(Lorenzo Tanada)、陸諾(Jose Diokno)、沙朗牙(Jovito Salonga)等那一批奮力維護菲律賓主權、為了驅逐美軍

基地而嘔心瀝血的愛國政治家？阿基諾總統難道忘掉他先父的遺志？

（原載2012年4月16日菲律賓聯合日報「笑談古今」專欄）

黃巖島對峙事件再趨緊張

正喜南海風雲漸趨平靜，突然「漁陽鼙鼓動地來」，黃巖島的對峙局面又趨緊張。菲律賓民間一向延用西班牙統治時的習慣，把中國人口中的黃巖島，也是西洋人所稱的「史卡波洛礁」（Scarborough Shoal），稱為「馬新洛礁」（Bajo de Masinloc）；最近菲國政府明令將此島礁正式命名為「班納達格礁」（Panatag Shoal），就像將「南中國海」改稱「西菲律賓海」一樣，菲律賓政府企圖以改名來宣示海島主權，而這種行動難免觸動了中國人的腦神經。近日來，菲、中雙方都增派漁船前往黃巖島附近作業，藉以表示擁有該島礁的主權；中國的海監船也開始執行「不怕碰撞、強制驅離」的政策，阻撓菲國漁船在黃巖島的潟湖作業。某些菲裔團體竭力發動國內及海外菲人，在全球各地舉行「反華保島」的示威運動，中國駐菲大使館則呼籲中資機構在菲人員盡量避免外出，注意人身安全，不免令人滋生出「風聲鶴唳」和「山雨欲來」的不祥感覺。

中國外交部副部長傅瑩約見了菲律賓駐華大使館代辦蔡福炯（Alex Chua），以前所未聞的嚴厲口吻提出警告，說中國已做好應對菲律賓擴大事態的各種準備。與此同時，日本自衛隊稱五艘中國海軍的戰艦列隊經過沖繩島南部駛向太平洋，稍向南移便可抵達發生糾紛的南海地區，形成一股「箭上弦、劍出鞘」的氣氛；更有小道消息報導稱廣州軍區氣氛緊張，南海艦隊已進入二級備戰狀態，所有人員一律取消休假。菲律賓外交部長德爾羅薩里奧及國防部長伽士敏則一再宣稱，美國一定會出兵保護菲國的安全，擺出一副「有恃無恐」的

態度。中、菲兩國之間的主權「口舌戰」已升級到劍拔弩張的狀態。菲國朝野的反華情緒高漲,網上不乏偏激怪誕的評語;而中國大陸也同樣出現了一些主張「誤炸菲船」、「殺雞儆猴」的不負責任言詞,令人擔憂。

　　菲國民間的情緒可以從幾件「小事」中看出端倪;四月二十八日,馬尼拉今日標準報(Manila Standard Today)刊登了一篇菲律賓人阿契斯(Victor Arches)的文章,題目是「It belongs to China」(它屬於中國);在文章裏,作者引述歷史記錄,指出黃巖島自1279年元朝以來即屬中國之領土,他闡述忽必烈(Kubla Khan)時代,中國的天文學家、數學家兼工程師郭守敬曾對南海進行測繪,而他的落足地便是中沙群島的黃巖島。阿契斯又指出,菲律賓從美國殖民者手中宣佈獨立時,以及歷年來的幾部憲法中,領土的範圍都不包括黃巖島;他還列舉美國與西班牙簽署的「1898年美西巴黎條約」和「1900年西美華盛頓條約」,以及美國與英國簽署的「1930年英美條約」,都清楚註明菲律賓的領土邊界是東經118度線,而黃巖島的地理位置是在東經118度線之西,在菲律賓的領土範圍之外。照說,阿契斯的文章引經據典、道理分明,值得參考,即使有不同的意見也可以提出來討論或加以辯駁;然而,鋪天蓋地而來的是一片謾罵聲,阿契斯被標籤為「賣國賊」、「叛徒」、「懦夫」,由此可見一般菲國的民眾感情用事,早已失去了思想的理智。

　　同樣的情況也發生在商人彭澤倫(Manuel Pangilinan)身上。彭氏是香港第一太平集團(First Pacific)的創辦人兼執行長,近年來衣錦還鄉,控制了菲律賓的長途電話公司(PLDT)和Smart手提電話系統,其它投資包括第五頻道電視台、Maynilad食水公司、MTR輕鐵、收費高速公路、房地產開發等多項龐大事業。不久之前,彭氏大舉投資菲國最具規模之礦業公司Philex Mining,取得控制權,而這一家礦業公司擁有菲國政府頒授的禮樂灘(Recto Bank)石油勘採權。

彭澤倫在香港住了幾十年，他的後台老闆乃是印尼首富林紹良，對中國人的個性非常瞭解；他知道南海主權之爭是一項棘手的問題，也深信只有「擱置爭議、共同開發」才是雙方解決糾爭的唯一方案，因而近日專程造訪北京，與中國海外石油公司商討合資開發禮樂灘油氣田的可能性。彭氏講得很有道理，菲律賓目前並不具備自行勘探和開採油氣的技術及資本，與其找別的國家來合作，不如找中海油合作而避免外交上的糾紛。只是消息一傳出，彭澤倫隨即遭到惡毒的攻擊；他的商業夥伴、富甲一方的集中箱碼頭老闆拉遜（Enrique Razon）不但與他劃清界限，還猛烈地批評他此舉是「與敵人上床」，網民更以「賣國」、「叛徒」來辱罵彭氏，令他身中萬箭有如刺蝟。

面臨菲律賓的「不友好態度」，報載中國已經採取經濟報復手段，除了嚴格審批菲國水果的進口手續、拒收一大批菲律賓出產的香蕉以外，更取消了所有訪菲的旅遊團；據聞菲國政府也準備全面取消豁免中國遊客入境簽證的優待，由於意氣用事的驅使，雙方的關係似乎已惡化到不可收拾的地步。中、菲兩國的關係一向和睦友善，如今為了海島主權而翻臉，實在令人感到惋惜和遺憾；兩國人民應該冷靜面對現實，彼此站在對方的立場，中肯而理智地分析事件，找出折衷的解決方案。

就地理位置而言，黃巖島就在菲律賓家門口，中國人不應該一口咬定菲律賓人爭島「無理」；但從歷史角度來看，一千多年來，中國歷代的地誌記錄已經把黃巖島列為中國的領土，菲律賓人也不可以說中國人爭島是「霸佔」。在地理條件和歷史因素的複雜糾纏下，最合情合理的解決辦法便是鄧小平充滿智慧的建議：「擱置爭議、共同開發」。

為了化解菲國民眾的心結，中國駐菲大使館應該多做宣傳疏導的工作，多開幾次記者招待會，或以報刊廣告形式說明事實，讓一般菲律賓民眾對南海島礁的歷史背景有所瞭解，然後闡明中國政府主張

「共同開發」的善意,維持中菲一家親的傳統,達致雙贏的局面。

(原載2012年5月14日菲律賓聯合日報「笑談古今」專欄)

南海風波演變成經濟戰

美國政府居心叵測，企圖藉南海島礁領土之糾紛，離間東南亞國家與中國之間的關係。表面上，美國擺出「國際警察」的身分，聲稱要維持地區的穩定，實際上是「黃鼠狼拜年」，安的本來就不是好心，美國政府不但製造矛盾，而且展露出一副對中國聲色俱厲的姿態，為東南亞國家「壯膽」，鼓勵它們與中國抗衡到底。

在美國裝模作樣的時候，菲律賓報紙即曾興高采烈地登出煽情的大字標題：「US to China: Ease Tension in Spratlys（美國告訴中國：降低南沙群島的緊張氣氛）」。該則新聞報導的背景是中美兩國為落實胡錦濤主席訪美時與奧巴馬總統達成的共識，雙方派出高級官員在夏威夷舉行首次「亞太事務磋商」，中方由外交部副部長崔天凱出席，美方則派出主管亞太事務的助理國務卿坎貝爾（Kurt Campbell）參加，新聞指稱坎貝爾於會議上指責中國在南海製造緊張的氣氛。

崔天凱和坎貝爾會晤前不久，美國參議院以一致票通過一項議案，譴責中國在南中國海「使用武力」。應該問一問美國的參議員們，到底中國什麼時候在南海使用過武力？這種指責完全是華府議員在「閉門造車」，其幼稚的程度令人深感驚訝，此等政客的雙重標準更令人不齒，美國大兵在伊拉克和阿富汗殺人如麻，無人飛機在巴基斯坦和利比亞炸死無數無辜的平民，這些參議員居然還恬不知恥地譴責別人「使用武力」。可悲的是美國政客這種不負責任的狂言亂語欺騙了不少人，至少菲國外交部長和國防部長便深信美國一定會替菲律賓出頭並派兵干預南海糾爭。

美國政府最拿手的把戲是先「煽風點火」，接著「坐山觀虎鬥」，最後「混水摸魚」，以收取「漁人之利」。菲律賓外交部長德爾羅薩里奧（Albert del Rosario）和國防部長伽斯敏（Voltaire Gazmin）興緻匆匆跑到華盛頓與美國國務卿希拉莉（Hilary Clinton）及國防部長潘尼塔（Leon Panetta）開「2+2」會議，本以為可以得到盟友的全力支持，誰知開完會之後，四個人平排站在記者的面前，希拉莉當眾宣佈美國對南海主權之爭保持中立，無異打了菲律賓一巴掌；希拉莉隔天又馬上飛到北京去參加「中美戰略夥伴協商」，而潘尼塔則在華盛頓優禮款待到訪的中國國防部長梁光烈，試問菲律賓政府情何以堪？希拉莉就好像球賽中的啦啦隊長，在場邊喝喝彩，甚至下場跳跳草裙舞助興，但根本不可能進場替球隊投籃取分。

美、菲「2+2」會議的結果是美國宣佈將給予菲律賓價值三千萬美元的軍事援助；依以往的經驗，到時又是把一些美軍退役的艦艇及戰機折價交付菲國，而移交舊艦艇給菲律賓之前還要循例把先進的武器折除掉。曾經長期間擔任國防部長的茵禮例參議長（Juan Ponce Enrile）即憤而指出，這個軍援的數目深具「侮辱性」，他提出責疑，難道菲律賓需要像乞丐一樣向人乞討嗎？

儘管阿基諾總統宣佈將以和平的外交手段來解決南海糾紛，但是一些政府官員以及新聞界卻不斷「添油加柴」，讓事件持續升溫；三數民間團體更發起反華示威運動，雖然是「雷聲大、雨點小」，但已製造出讓北京感到不安的氣氛，因而中國外交部傅瑩副部長特別召見菲律賓駐華代辦，提出嚴重的警告。與此同時，中國以衛生條件為理由拒收菲律賓出口的香蕉，中國旅行社取消訪菲的旅行團……這些措施對菲律賓的經濟造成了極大的影響。

菲國一些不明事理的國會議員疾呼杯葛對華貿易，殊不知菲律賓在目前的中菲貿易享有出超的數額，亦即菲律賓出口往中國的貨品價值高於入口自中國的貨值，一旦菲、中貿易全面叫停，吃虧的乃是菲

律賓。更有甚者，中、菲貿易僅佔中國外貿總數量不足百分之一，全面停頓對中國的整體經濟影響輕微；但菲、中貿易額佔菲律賓全國外貿總數約百分之三十，萬一關係惡化，對菲國的經濟發展將是極嚴重的打擊。

　　令人擔憂的是阿基諾總統身邊圍繞著太多「粉飾太平」的人，以致層峰掌握不到實際狀況。菲國外交部長為了平息商界的擔憂，一再聲稱中國政府並沒有對菲律賓下旅遊禁令（Travel Ban），只是頒佈旅遊指示（Travel Advisory），而且與南海對峙無關；難道沒有人告訴外交部長，旅行團取消訪菲行程是因為有人恐嚇要進行大規模反華示威遊行？菲律賓旅遊協會會長更傲言去年訪菲之中國遊客僅十八萬七千餘人，佔菲國訪客不足百分之十，因而認為即使中國旅行團不來，對菲律賓的旅遊業產生不了影響，完全是一副不求上進的「敗家子」口吻。今年首季度訪菲的中國遊客已達九萬六千餘人，超過去年全年的一半，比去年同季度成長了百分之七十七點五，幾乎超越日本遊客的人數而成為菲國第三大遊客來源國，可見發展的潛力極其強勁，犧牲掉這樣一個市場真地無關痛癢嗎？報上刊登圖片，近日由上海飛來馬尼拉的班機上只有一名乘客和兩名記者，航空公司已經暫停北京和多個大陸城市來菲的包機服務，長勝灘（Boracay）的酒店訂房紛紛被取消，難道旅遊協會會長認為業界蒙受的損失還不夠嚴重嗎？如果官員有責任感便應該問一問，去年到泰國旅遊的中國遊客達一百七十六萬餘人，而來菲旅遊的中國遊客人數僅為該數目的一成，為什麼菲律賓的吸引力那麼差？

　　總統府及農業部官員也堅稱，中國拒絕接收菲國香蕉與黃巖島之爭無關；出口商卻在問，同樣的香蕉多年來出口到中國大陸都沒有問題，為什麼現在卻突然不合規格？香蕉出口商估計這一次的損失可達十億披索，蕉農們真是「無語問蒼天」。

　　當然，為了主權，應該不惜犧牲任何經濟代價；但要問一問，犧

牲掉這些經濟代價便換得來主權嗎？其實，針對南海主權的爭議，中菲兩國應該坐下來協商洽談，謀求雙方都有體面的雙贏解決辦法；意氣用事、胡亂發言不但無補於事，反而會讓形勢更趨複雜。

（原載2012年5月16日菲律賓聯合日報「笑談古今」專欄）

南海硝煙使人愁

中菲關係初現曙光又逢風雨

菲律賓和中國的南海島礁主權之爭於今年四月間呈現白熱化，兩國的公務船在黃巖島（Scarborough Shoal，菲稱Panatag Shoal）發生對峙，互不相讓的局面維持了一個多月；到五月底，經過若干秘密外交斡旋，氣氛已經緩和下來，菲律賓的軍艦撤離黃巖島潟湖，胡錦濤主席於六月十一日致電祝賀菲國國慶，阿基諾總統也於六月十三日親臨出席菲國華人社會的「中菲友誼日」慶祝大會，並且在講詞裏暢談中菲兄弟邦誼，兩國的糾紛似乎已經平息了下來。可惜過了沒幾天，倏忽又聞鼓聲雷動，兩國之間再度戰雲密佈，讓人深感撲朔迷離，更令人不勝唏噓。

黃巖島潟湖以及附近海域是一個大漁場，來自菲律賓、中國大陸和台灣的漁民歷年來在此作業，不但相安無事，而且守望相助；中、菲雙方也未曾高調地為黃巖島的主權問題而發生過爭論。四月初發生齟齬糾紛，緣起菲國海軍準備逮捕在黃巖島潟湖裏作業的中國漁民，中國的漁政船應漁民的呼救而加以阻撓，造成了對峙的局面。平心而論，著眼於「和平崛起」的中國並不希望與鄰國發生糾紛，菲律賓也心知肚明沒有能力與中國對抗，這一場領土與領海之爭本來是不應該發生的；但是「領土主權」這種話題非同小可，中國的領導人要向歷史和人民交代，菲律賓的領導人也同樣要面對選民，因而這一場有關主權的「泥巴戰」還得打下去。明知不應該鬧，卻迫於形勢而要繼續吵鬧下去，很明顯，最後蒙受損失的是中、菲兩國，而得益的是別有用心並乘虛而入的美國和日本，以及「坐山觀虎鬥」的越南和印度等國家。

休漁期爭論不休

　　為了保護海洋資源，讓魚類得以有持續性的生存和繁殖，中國政府訂立條例，規定每年的六月和七月為「休漁期」，所有大形的漁船一概不准出海作業，只有小漁船可以用繩釣的方式捕魚。繼中國漁政部門於五月間向漁民發出休漁警示之後，菲律賓政府也同樣宣佈六、七月為休漁期，既表示菲律賓在南海有自主執行休漁的主權，又可以避免菲律賓漁船被中國漁政部門逮捕而令糾爭升級的可能性；中、菲兩國對休漁期的默契，令所有希望看到南海和平相處的人士都鬆了一口氣。

　　然而，阿基諾總統近日宣佈，菲國將提早半個月結束休漁期，准許漁民於七月中旬便出海捕魚；如此一來，中、菲難免再次發生衝突，糾爭也將升溫，菲律賓漁船在中國的休漁期間到南海作業，中國的漁政船能坐視不理嗎？可是只要對菲漁船採取任何行動，外交風波又會洶湧而起；何所適從，將成為兩國政治領袖和外交官員的嚴峻考驗。

公務船駛離潟湖

　　阿基諾總統於六月初命令菲國海岸警衛隊的艦船離開黃巖島潟湖，之後又因氣候惡劣而下令所有船隻撤離該地區，似乎中、菲的紛爭已經風平浪靜、告一段落。可是沒過幾天，菲律賓國防部又大肆渲染中國的船隻並未撤離黃巖島，外交部長更公開指責中國「違反約定」，阿基諾總統也聲稱天氣一放晴，便將再派船前往黃巖島執勤。中國方面也是態度強硬，外交部發言人以凌厲的言辭批評菲律賓，否認有任何「約定」之說，同時高調宣稱中國的公務船將加強南海的巡防工作。黃巖島主權糾爭問題甫見曙光又突然烏雲密布，令人扼腕。

　　其實，中、菲兩國經過一番外交上的折衝尊俎，雙方的確在「擱

置爭議、共同開發」的原則下達到了若干諒解和口頭協議。中方的海監和漁政船並未進入黃巖島潟湖，只是守在潟湖的出口處；而潟湖裏面停泊著一艘菲律賓的公務船，對在該地作業的中國漁民造成威脅，因而中方要求菲國公務船撤出潟湖，也表示無意把自己的公務船開進潟湖去，但從未答應中國漁船會撤離黃巖島，也沒有要求菲國漁船不得到該地區作業。

阿基諾總統下令菲國公務船離開黃巖島潟湖乃是一項正面的行動，有助於消除兩國之間的糾結；只是菲方隨後宣稱中國沒有「信守承諾」「撤離黃巖島海域」，卻讓中方難以下台。事實是中菲同意雙方的公務船都不駛進潟湖，而不是要求雙方「撤離黃巖島海域」，如今菲政府公開聲稱「中國沒有依約將公務船撤離黃巖島」，一方面譴責中國不守信諾，令北京難以向國際社會交代，一方面暗示中方曾承諾撤離黃巖島，讓中國政府難以對民眾交代，因此北京外交部發言人不得不再次發表強硬言論，稱中方從未應允撤離黃巖島，兩國之間的口角爭端難免再度沸騰。故意將「兩國的公務船都不進入黃巖島潟湖」這一個口頭協議曲解為「兩國的公務船都離開黃巖島水域」，並因而散播糾紛的種籽，顯然是有人不願意看到中菲關係漸趨暖和，因而故意滋事生非來製造麻煩，事態的突變以及所發生的不良效應，實在令人扼腕嘆惜。

中菲兩國政府在南海的問題上，應該抱持「擱置爭議、共同開發」的立場，而不是持有「擱置爭議、永不開發」的消極態度；因而菲律賓要求中國漁船撤離黃巖島確是不切實際，反而應該在公務船撤出潟湖之後，鼓勵菲國漁民低調到黃巖島海域去捕漁，相信中方不會加以取締；如今發言的錯誤導致事態更趨嚴重，委實可惜。中、菲兩國的官員和政客們，特別是官方的發言人，實在應該多長一點智慧。

（原載2012年7月11日菲律賓聯合日報「笑談古今」專欄）

菲律賓為爭主權而犧牲主權

菲律賓和中國的南海主權之爭越鬧越兇，兩國都出現了一大批意氣用事的政治領袖、知識分子以及新聞媒體從業員，不遺餘力地散播偏激的民粹思想；國際勢力的滲入干預，特別是美國的軍事介入以及日本的煽風點火，令事態演變得更形複雜化。中國極端反對把南海事件「國際化」，但是菲律賓卻樂此不疲想拉美國以及東盟國家落水，因而矛盾一直得不到解決。

「小心一點」起風波

連日來，「小心一點」成為中國大陸以及香港新聞界的熱門詞句，緣因菲律賓總統府華裔發言人陳顯達（Edwin Lacierda）懂得講中國話，在記者會上回答有關黃巖島的問題時，特別用中文講了一句「小心一點」。此語一出，隨即被中、港媒體引用來大做文章，並被錯誤地解讀為菲國政府公開警告中國；於是有人寫文章謾罵菲律賓「以小欺大」，有人嘲諷菲律賓「不自量力」，種種的評論，無疑又加深了中、菲兩國之間的誤解和敵視。

事實上，菲律賓總統府近期來一再表示，希望黃巖島爭端得到和平解決，阿基諾總統也公開表白，菲律賓根本沒有能力做「侵略者」，反而怪責中方的言論頗具「挑釁性」。而陳顯達在記者會上所要說的，就是希望中菲雙方在發表言論時比較「謹慎一點」，不要再用嚴峻而具刺激性的詞句來互相批判，以免加深誤會；想不到他自己

用詞不當，一句「小心一點」竟被誤解為發言警告，讓他成為中、港媒體攻擊的對象。

導彈旅劍鋒何指

根據台灣媒體報導，中國解放軍最近在廣東韶關成立了一個導彈旅；記者於今年三月間看到旅部大樓還在施工，但配備的飛彈發射車已進駐營區。新聞記者向軍方求證，得到的答案是「無可奉告」；一般來說，「無可奉告」便是承認確有此事，只不過不方便公開講明。

媒體解讀解放軍這一項動作，旨在威懾南海；其實，殺雞焉用牛刀？南海那幾個島礁有需要用導彈來對付嗎？明眼人心知肚明，中國在廣東沿海部署導彈旅，最主要的目標乃是針對「重回亞洲」的美國。雖然中、美開戰的可能性極低，然而世事難料，中國不能不防患於未然。某些東南亞國家熱衷於邀請美國前往開設軍事基地，一旦擂起戰鼓，這些基地無疑將是導彈襲擊的焦點；讓美國在自己的國土上設立軍事基地，無異將自己的國家和人民置於大國糾爭的烽火之中，東南亞國家的領導人可有替子民的安危而著想？

犧牲主權爭主權

在南海糾紛中，不難看到一些光怪陸離的現象。例如越南，為了壯大聲勢來爭奪南海島礁，不惜「與狼共舞」，擁抱六、七十年代在自己國土上試驗各種新型武器、包括化學武器的美國，來對抗當年挺身協助抗敵的盟邦中國。越南又與美國進行了聯合軍事演習，據報導美國還有意租用金蘭灣基地，不知道那數百萬被美軍炸死或槍殺的越南軍人以及無辜平民，九泉之下會作何感想？

新加坡願意充當美國軍艦的停靠港和補給基地，情有可原，因為

新加坡夾在馬來西亞和印度尼西亞兩個虎視眈眈的回教強鄰中間，為了自身的生存，不能不拉美國來做看護神。但是菲律賓打算讓美軍重用以前的軍事基地，卻是令人深感詫異。

美國殖民菲律賓時期，在菲國建有多個規模龐大的軍事基地，包括蘇比克灣海軍基地（Subic Naval Base）以及克拉克空軍基地（Clark Air Base）；菲律賓獨立之後，美、菲簽訂了軍事同盟條約，容許美軍繼續使用該等基地，而且美國士兵犯罪都交由美軍的軍事法庭審理，令菲律賓的國家主權受到嚴重的損害，無形中淪為次殖民地的狀態。菲國的有識之士及愛國分子，如勒道（Claro Recto）、陸諾（Jose Diokno）、沙朗牙（Jovito Salonga）、陳迎達（Lorenzo Tanada）以及現任總統的先父阿基諾（Benigno Aquino, Jr.）等多位參議員，均曾為驅逐駐菲美軍、收回基地、維護國家主權及民族自尊而嘔心瀝血；直到1991年，菲律賓政府才成功收回美軍基地，並且在新修改的憲法中聲明不准外國軍隊在菲國領土上駐紮。如今阿基諾政府不但邀請美軍重返菲島，並計劃請美國部署 P-3C 獵戶間諜機來巡察南海，豈不是為了爭奪幾個島礁的主權，而犧牲掉整個國家的主權？

美國一再聲明在南海的主權糾紛中保持中立，可見菲律賓根本不可能靠美國撐腰而奪得南海島礁的主權，但邀請美軍重返菲律賓並使用菲國軍事基地，無疑把國家的主權雙手奉上交給「山姆大叔」；不知道菲律賓的政客們打的是什麼算盤，這一單「只虧不賺」的生意做得實在不夠精明。

（原載2012年7月13日菲律賓聯合日報「笑談古今」專欄）

寧做美日奴才不做中國朋友

菲律賓和中國的黃巖島主權之爭,滋生出一些令人眩目的現象,其中最令人感到困惑的便是美國前後的矛盾態度。

美國中立的緣由

近年來南海糾紛不斷,分明是美國在背後煽風點火。美國既高調宣佈「重返亞洲」,又聲明在南海有其「核心利益」,不但頻頻與菲律賓和越南舉行聯合軍事演習,還熱衷於向這些國家提供武器裝備;所謂「司馬昭之心,路人皆知」,任何人都可以看出美國非常著意在拉攏東南亞國家來圍堵中國,企圖阻遏這個迅速崛起之強國的發展。然而,美國故作姿態,一再聲明在南海島礁的主權糾爭中「不採取任何立場」、保持中立,更假惺惺地呼籲存在糾紛的各國和平解決爭端,儼若一個手彈七絃琴的「和平天使」,只不過「和平之音」餘韻猶在耳邊,美國又忙著與盟邦舉行另一次軍事演習了。

大多數人都認為美國宣稱在南海糾紛中採取「中立」的立場,是不願意得罪中國這一個最大的債主;其實這種想法並不正確,如果美國害怕得罪中國,就不應該派艦隊到南海來耀武揚威,更不會一再舉行軍演替東南亞國家撐腰。美國選派海軍陸戰隊駐紮澳洲達爾文港,在新加坡派駐最新型的近岸淺水戰艦,連核能潛水艇也一再停靠在菲律賓蘇必克灣海軍基地,還打算派遣間諜機固定性巡視監察南海……進行這一系列的軍事行動,分明是擺出一副不惜得罪中國的強硬態度。

查根究底，美國在南海主權的問題上保持中立，乃是不想自摑嘴巴。幾十年以來，美國一向承認南海諸島是中國的領土，第二次世界大戰即將結束時，美國與同盟國共商戰後的善後策略，也是同意由中國的國民政府從日本侵略者手上接收南海諸島；美國海事部門於上世紀五十年代曾經兩度派出海洋勘測船到南中國海進行勘探工作，而兩次都事先正式以外交文件知會台北的國民政府並取得許可，可見美國政府確實老早便承認了中國擁有該海域以及島礁的主權；美國歷年來出版的地圖上，南海諸島一向也是包括在中國的領土版圖之內。如今美國若是倐然改口說南海島礁不屬於中國，實難自圓其說。目前美國宣稱對南海的主權不表態，展示出「中立」的立場，其實這種改變數十年初衷的表態，已經是對爭奪南海主權的東南亞國家最明顯的「偏袒」。

寧做奴才不為友

愛國思想令人容易衝動，而民粹觀念也往往令人失去理智；不管在中國、菲律賓或其它地方，一觸及領土和主權，大多數人都會被「愛國心」所衝昏蒙蔽，更會隨波逐流於「社會主流思想」之中，很少人能夠冷靜思考、理性分析；要是有人的觀點稍為偏離大眾的想法，便會遭受圍攻群擊。在開採南海資源的處理方法上，菲律賓也出現了一些奇怪的現象，民粹思想的炒作令人不寒而慄。

前朝總統阿羅約夫人早年曾經與中國和越南簽署了一份共同勘探南海資源的協議；到她下台後，菲律賓一些政客、新聞界和知識分子把她罵得狗血淋頭，說她違犯菲國憲法、出賣國家主權，更替她冠上「賣國賊」的罪名。

同樣的情況也發生在商人彭澤倫（Manuel Pangilinan）身上。彭澤倫目前控制並管理菲國最具規模之菲勒仕礦業公司（Philex Mining），擁有菲國政府所頒授的禮樂灘（Recto Bank）石油勘採權。彭氏深知

如果要順利開發南海油田，便必須與中國取得諒解，於是前往北京與中國海洋石油公司洽談合作開採的可能性。消息一傳出，彭澤倫隨即遭到惡毒的攻擊；他的商業夥伴、富甲一方的集中箱碼頭老闆拉遜（Ricky Razon）馬上與他割席劃清界限，猛烈批評他此舉是「與敵人上床」，甚多網民更用「叛徒」、「賣國賊」這種惡毒的詞句來辱罵彭氏，令他心灰意冷打起「退堂鼓」。

彭澤倫講出一項眾所周知的事實：菲律賓目前並不具備自行勘探和開採海上油氣的技術及資本，要開發海底資源一定得找國際間有能力的公司作為合作的夥伴。倘若阿羅約總統不找中國和越南來共同勘探，也得找別的國家來合作；同樣，如果彭澤倫不找中海油來共同開採，也只能找美國、歐洲、澳洲或者日本的石油公司來合作開發。令人深感不解的是那些自詡「愛國」的人士認為與中國合作開發是「賣國賊」，為什麼跟美國或日本合作便不算「賣國」？難道他們寧願做美、日的奴才，也不做中國的朋友？

平心而論，如果與中國合作開發南海，能夠避免任何外交上的糾紛，開發的方案也可以馬上付諸實現；若是棄中國而把別的國家拉到南海來，難免又會觸動主權的糾紛而變成好事多磨；中國斷不會沈默無聲地允許菲律賓聯合歐、美或者日、澳等國家在具有爭議性的南海海域或島礁上鑽油取氣。

愛護菲律賓的人都希望菲國的經濟迅速起飛，而任何人都瞭解到，只要菲律賓能早日生產石油和天然氣，便能早日讓國家脫離貧困；「愛國人士」應該面對現實，只有擺脫虛幻空洞的觀念，不再任由若干別有用心的國家所擺佈，才能為自己的國家和同胞帶來光明的前途。

（原載2012年7月16日菲律賓聯合日報「笑談古今」專欄）

南海主權糾紛中的怪論

菲律賓和中國之間所發生的南海島礁主權之爭,不但沒有平息的跡象,反而有越演越烈的趨勢;不論在菲律賓或中國,不管是官方或民間,近期都出現了一些稀奇古怪的論調,讓人看了不禁搖頭太息。

「武裝漁民」太荒唐

據稱某些中國漁政部門的負責官員提出建議,由政府向十多萬在南海作業的海南島漁民提供武器,並對他們進行軍事訓練。這些漁政官員大概是看文革時代的樣板戲看到走火入魔,才會滋生出這種武裝漁民、讓他們拿起槍桿子來保家衛國的念頭;提出這種荒唐建議的庸官,實在應該送到北大荒去接受「再教育」。

維護國家領土及領海的主權、保護漁民海上作業的安全,乃是國防部、海監隊以及漁政部門的責任,叫漁民拿起槍桿來自衛,豈不是叫他們去送死?別說漁民們的漁船面對他國的砲艦不堪一擊,即使遇到海盜也是毫無招架之力;要漁民們以「雞蛋碰石頭」來加以抵抗,不但是有關部門在推卸責任,更是以「草菅人命」的態度來對待善良無辜的漁民,其心可誅!

「一中政策」非籌碼

近日,馬尼拉時報竟然在社論中鼓吹菲國政府應該考慮擯棄「一個中國」的政策,加強與台灣的外交關係,藉此來「報復」中國在南海主權問題上的強硬態度。這篇文章充滿了滿腔愛國的熱誠,然而論調卻是幼稚而可笑。

馬尼拉時報必須瞭解,北京對待「一個中國」的原則,根本是毫無妥協的餘地,若是菲國政府決定放棄「一個中國」政策,等於是宣佈與北京斷絕外交關係,菲律賓願意承受這一份外交上的衝擊嗎?

馬尼拉時報也應該認清,台灣的領導人已經不是那個癡心妄想以搞台獨來「建國當國父」的李登輝,也不再是那個藉台獨之名搜刮民脂民膏、存進自己兒子的銀行戶口充當「建國基金」的陳水扁,目前在台灣執政的是堅守「一個中國」原則的正統國民黨,現任領導人是深諳民族大義的馬英九,沒有可能跟著菲律賓的音樂而起舞;如果菲國政府認為可以藉著玩弄「兩個中國」或「一中一台」的遊戲來牽制北京,無疑是癡人說夢。

北京和台北過去在國際舞台上表演出一幕幕「兄弟鬩牆」的鬧劇,利用物質援助來搶奪小國的外交關係,造成一些非洲和拉丁美洲的國家以及太平洋島國不時轉換外交承認來進行敲詐勒索。近年來海峽兩岸發揮了「外交休兵」的默契,不再互挖牆腳;在這種狀況下,任何國家若企圖玩弄「一個中國」的政策作為籌碼來進行外交脅迫,最後只會落得「庸人自擾」的結局。

雙方皆非「侵略者」

中、菲兩國在爭奪南海主權的口舌戰中,異口同聲地把對方稱為「侵略者」,指責對方企圖霸佔自己的領土。由於官方和民間都普遍

存在著這種思想,因而在「衛土心切」的情緒下,雙方的罵戰便無休無止,而且越罵越兇了。其實,中、菲兩國都應該瞭解整個糾紛的歷史背景和地理環境,雙方都要面對現實,然後設身處地,不但替自己想,也同時替對方想一想,不要再以「侵略者」來看待對方,糾紛才有可能循外交途徑以和平的方式解決。

菲律賓應該瞭解歷史背景,中國一千多年來即認定南海諸島是自己的領土,不但歷史書上清楚寫明,早年所印製的地圖也受到國際社會的認同;在第二次世界大戰之前,菲律賓、越南、馬來西亞和汶萊分別由美國、法國及英國殖民統治,而在戰爭結束後簽署「舊金山和約」時,美、法、英各國都同意由中國接收日本所侵佔的西沙和南沙諸島,可見國際社會確認南海島礁乃屬中國之領土,中國漁民亦世世代代以南海為作業的漁場,菲律賓實在不可以說中國是南海諸島的「侵略者」。

另一方面,中國應該面對現實狀況、瞭解地理環境,像黃巖島(國際社會稱為 Scarborough Shoal,菲律賓命名為 Panatag Shoal)這樣的島礁,距離菲律賓本土只有一百餘海浬,長久以來,菲律賓的漁民以之為捕魚維生的漁場,菲國把 Panatag Shoal 視為自己的領土實在是情有可原,中國也不應該口口聲聲指責菲律賓是「侵略者」。

從歷史的觀點來說,南海諸島不容置疑是中國的領土,但從地理的角度來看,也不能怪菲律賓將某些南海島礁視為領土的一部分。在這種「時空交錯」的困擾下,中菲雙方只有「擱置爭議,共同開發」,才能夠達成雙方都有面子的雙贏局面。

中、菲雙方都有人頑固地堅稱:「領土是我們的,與別的國家共同開發怎可以說是雙贏?」但反思一下,與其它國家共同開發自己領土上的資源乃是國際間常見的慣例,中、菲如果擱置主權的議題而共同開發存在爭議的南海島礁,既可避免爭論而加速開發的步伐,中國又可以藉之展現出扶助發展中國家的大國風度、締結與東盟集團之間的友誼以及提高本身的國際形象,而菲律賓在得到開發資源的利益之

外,還可以拉近與目前國際上經濟實力最強、又最肯援助弱小兄弟邦的中國,雙方不都成為贏家嗎?

(原載2012年7月30日菲律賓聯合日報「笑談古今」專欄)

白髮漁樵江渚上
笑談古今6

台海鼙鼓猶未息

白髮漁樵江渚上
笑談古今6

台灣不該與印度搞情報合作

近期的「亞洲週刊」刊載了一篇文章，題目是「台灣印度聯手互換中國情報」，閱後令人對台灣當局的所作所為深感莫名其妙，也難免滋生出反感與憤慨。

「亞洲週刊」文章透露，台灣國家安全局局長蔡得勝於六月上旬秘密訪問印度，進行「定期的台印情報交流會晤」；該文作者稱蔡得勝曾經數度訪印，把他形容為「在對印情報交流上屬於比較積極的局長」。文章指出，「隨著中國大陸與印度關係再度緊繃，台印情報合作也更轉趨積極，印度的〈聯台制中〉、台灣的〈聯印制中〉模式似乎正在談判桌上發酵。」

這就是令人深感疑惑和憤怒的地方，疑惑的是在兩岸關係日趨暖和的今天，台灣情報單位還要〈聯印制中〉，難道新德里比北京更值得台北拋出一片心？難道最近這四年多海峽兩岸為了中華民族和諧團結所付出的一切努力，只不過是在演戲，而一切成果也都只是「霧中花」？憤怒的是明知印度的政客一直以來非常敵視中華民族，也知道印度近年來與中國大陸的關係再度「緊繃」，連南海的主權也想插手干預，而台灣的情報單位卻甘心情願被印度利用來〈聯台制中〉，豈非要背上「漢奸」和「民族罪人」的千古罵名？

據「亞洲週刊」的文章作者稱，「印度與台灣的情報合作，可以回溯到蔣介石時代，在美國牽線下，台灣的軍情局人員赴印，在美印台合設的監聽站擔任對大陸監聽及情報研析人員。」文章還闡述，「中國青藏鐵路開通後，西藏的開發影響到印度在週邊國家的戰略地

位,印方對台情報合作開始進入新境界,在台灣前任國安局長薛石民時代,一度……有意將國安局在印度的情報站提高到由特派員中將負責。可惜曝光之後,因印方不願太過招搖地與台灣發展情報外交關係而作罷,但雙方卻轉為情報首長定期秘密會晤。」

這些歷史背景不足為奇,在蔣介石與毛澤東時代,海峽兩岸處在你死我活的鬥爭之中,爭取最新最準確的情報乃是生存的保障,當年與印度進行情報合作也是可以理解的。薛石民的國安局長一職乃是由陳水扁委任的,他想與印度搞情報合作升級不足為奇,阿扁既然喊出「一邊一國」,還有什麼事情做不出來?但是馬英九總統委任的蔡得勝局長應該問一問:「今夕是何年?」難道蔡局長不懂得「事過境遷」、「與時俱進」這種道理?中國大陸的施政理念以及管治策略已經有了基本性的改變,海峽兩岸的關係更是「翻天覆地、今非昔比」,而印度對華的敵視態度也隨著中國的崛起而越趨劇烈,到了今天,依然「抱殘守缺、一成不變」,還想繼續〈聯印制中〉,蔡得勝這個國安局長豈不是應該被歷史和時代所淘汰?

「亞洲週刊」的文章還指出,「印度長期以來與中國因邊界及區域主導權之爭而處於對立態勢」、「尤其這幾年中印經濟也逐步在國際舞台形成競爭局面,在對中經濟情報的比重上也逐年加重」。既然知道中、印因邊界和經濟利益而「處於對立態勢」,台灣應該採取怎麼樣的立場呢?令人震驚的是根據「亞洲週刊」的描述:「印度對中的抗衡立場就是台印情報合作近幾年突飛猛進的關鍵」、「台灣與中國大陸的經濟合作密切,對中的經濟情報成為印度的第一手來源,讓台印的情報關係更形緊密」。換句話說,在中印的對立抗衡中,台灣的情報當局選擇幫助印度來打擊中國,更恩將仇報地把中國對台灣釋出的善意以及所促成的緊密經濟合作關係,作為印度竊取中國經濟情報的門戶;如此一來,台灣的情報當局豈不是正在出賣民族的利益?

據稱蔡得勝局長較早還曾到過「西藏流亡政府」的所在地達蘭薩

拉,會晤藏獨的精神領袖達賴喇嘛。到底蔡得勝千里迢迢前往會晤達賴意欲何為?難道只是為了得到老喇嘛的加持祝福?或者是在執行李登輝和陳水扁的「台獨藏獨一家親」政策?

「亞洲週刊」這篇文章在結論中說道:「台灣在對中國大陸交流逐步緊密之際,無論軍事、政治與經濟都正門戶洞開,最後一道情治防線如果崩解,台灣對中國大陸幾乎就毫無招架之力。在國際情報交換上拉印度對抗中國,無疑在對中防火牆加上更為堅實的材質,能否讓台灣和印度的情報合作落實到台灣對中國的防範上,成為台灣國安局最重要的戰略任務課題。」

這種論調完全是一套食古不化的「冷戰思維」,單靠「情治防線」就想「招架」中國大陸嗎?如果要繼續「對抗中國」,又何必兩岸密切接觸而致軍事、政治與經濟的「門戶洞開」呢?台北當局應該捫心自問,與印度的「情報合作」,除了讓馬英九在訪問非洲時可以在印度境內作一下中途停留,對台灣的民生經濟、政治外交,甚至是國家安全能夠起什麼作用呢?相反地,向印度提供中國大陸的機密情報,是不是企圖讓好不容易才建立起來的兩岸關係毀於一旦?台北的袞袞諸公心中還有「民族大義」、「國家利益」這些觀念嗎?堂堂一個國家安全局局長,蔡得勝千里迢迢跑到新德里,不惜犧牲中華民族的利益,用中國的情報來討好印度的政客,如此安全機構、如此情治首長,身為總統的馬英九似乎應該好好整頓一下。

(原載2012年7月25日菲律賓聯合日報「笑談古今」專欄)

從台日簽署漁業協議談起

本月十日，台灣與日本的代表團在台北進行了有關漁業的洽談會議，並由亞東關係協會會長廖了以和日本交流協會會長大橋光夫代表雙方簽署了一份「台日漁業協議」。依據協議，在釣魚台列嶼以東劃定一片海面作為「特別合作海域」，容許台灣和日本漁船在該海域作業而不受干擾；協議又將日本先島以北、北緯 27 度以南，亦即釣魚島十二海里之外，定為「排除對方法令適用海域」，規定在這一片海域內作業的漁民，不受對方的法令所限制。

根據這一份協議，台灣漁民的作業範圍一下子增加了一千四百平方海里，約合四千五百三十平方公里，對那些經常在捕魚作業中被日本海上保安廳艦艇追趕、驅逐、水砲射擊，甚至逮捕、監禁及罰款的台灣漁民來說，的確是一個大喜訊，特別是魚季即將來臨，今年肯定會是漁產豐收的一年。對台灣當局來說，簽署這一份協議算得上是一項「外交突破」，也可以說是近年來難得一見的「外交勝利」。然而，做為一個中華兒女，總覺得中國人要跟日本人簽訂這種協議，心裏很不是味道；儘管馬英九總統事後會見日本代表，當面兩度強調「釣魚島主權屬於中華民國」，但是要經過那麼艱辛的一番談判，才得以讓台灣漁民在自己的領海上捕魚，而且還約定漁民作業的海域是在釣魚島十二海里之外，隱約之間似乎默認了日本擁有釣魚島的主權；即使鄧小平先生也主張擱置島嶼主權的糾爭並共同開發，但是要白紙黑字簽訂這種莫名其妙的協議，任何一個炎黃子孫的心中難免都會有「戚戚然」的感覺。

歷史的記載很清楚表明釣魚島是中國的固有領土,甚至在日本佔據台灣的年代,東京法院也曾判決釣魚島歸屬台灣宜蘭縣所管轄,而這一次「台日漁業協議」所劃定的那一片海域,更是台灣漁民世世代代的傳統漁場。1970年代初,美國擅自將釣魚島的「行政管轄權」交給日本,台灣漁民開始在那一片祖先留下來的傳統漁場上,遭受到日本人的無理欺凌,再也不能夠安心在自家的海域裏作業,如今居然還要日本人「施恩」,台灣漁民才能夠回到那一片海域捕魚,這一口氣實在難以下嚥;分明是自己的家園,在家裏睡覺還要徵求鄰居的同意,還要謝謝隔壁不來騷擾,真是豈有此理!

　　當然,簽署協議讓台灣漁民擴大海上作業範圍以增加收入,無疑是一件好事,中國政府對此也只提醒日本要恪守一個中國的承諾,並未從中作梗阻撓協議的簽署,可見北京雖然不會就「一中」的大原則作出妥協,但卻務實地替台灣漁民著想;不過在台、日簽署「漁業協議」的過程中以及今後執行協議的動作上,倒是有許多地方值得中國人探討和思索。

　　首先,大家應該忖量一下,這一次台、日「漁權談判」為什麼進行得如此順利,還迅速地簽署了協議?在過去的二十年當中,台、日已經進行過十七輪的「漁權談判」,每一次都是台灣方面採取主動的姿態要求商談,而日本總是「好整以暇」,絲毫不肯讓步,因此也始終談不出任何結果來;但這一次的談判乃是日本主動提出來,而且不再像以前那樣冥頑固執,雙方一談即妥。明眼人都看得出日本政府改變態度的原因,如果不是中國的海監船和漁政船三天兩頭駛進釣魚島海域巡弋,如果不是日本人擔心台北和北京會聯手「抗日保釣」,他們會乖乖同意讓台灣漁民回到釣島海域附近作業嗎?許多政論家也認為,日、台之所以握手言和、簽約示好,乃是美國在幕後導演操控,以防止海峽兩岸因抗爭釣魚島主權而越走越近。如果分析整個事態的來龍去脈,台灣漁民應該感謝中國大陸近一年來針對釣魚島主權所採

取的強硬立場，導致日本人不得不放軟身段。

可以說，日本向台灣讓步，完全是希望藉此離間海峽兩岸的關係，日本人打的算盤便是希望台北得意忘形，因簽署協議而高調標榜台灣的主權和國際地位以刺激北京；東京也希望北京會猛烈破壞台日協議，讓台灣執政當局難堪，更讓台灣民間、特別是漁業界齊聲討伐北京政府。到目前為止，北京和台北都沒有上當，海峽兩岸的領導人似乎都洞悉日本人的奸計；其實，兩岸的領導人可以「將計就計」，虛與委蛇地與日本人下這一盤棋，為了替兩岸民眾爭取更大的經濟利益，千萬不要因為政治意識的無謂爭論而讓日本人有機可乘，破壞了兩岸的和諧關係。

縱觀過去這一段期間，海峽兩岸對於維護釣魚島主權的行動，中國大陸的執政當局是做得多、講得少，公務船不停出現在釣島海域，連海監飛機也出動了，而講話方面則只有外交部發言人偶然在記者會上表達立場而已。但台灣當局則是講得多、做得少，保釣的言詞聽到不少，但唯一值得大書特書的動作，便是海巡署的艦船試圖護送保釣船把媽祖神龕送上釣魚島，可惜事件發生沒有多久，海巡署長隨即莫名其妙地丟官下台。近期在台灣所聽到最引人注目的言詞，便是馬英九高調聲稱「兩岸不可能聯合保釣」的立場；毫無疑問，馬英九這一項宣示為日本人送上了一顆定心丸，也博得華盛頓那一班政客的肯定和讚許，但這種語調卻讓所有的炎黃子孫感到極端刺耳而且難以接受。

可以預見，中國大陸的海監船和漁政船將會繼續在釣魚島海域巡弋，福建、浙江以及台灣的漁民也會按照慣例前赴釣島附近的漁場作業，相信中國的漁政船不會為難台灣漁民，也希望台灣海巡船不要充當日本人的虎倀來干擾中國大陸的漁船。但願在未來的年月裏，海峽兩岸在保衛領土主權的動作上，能夠更密切地互相配合、彼此呼應，讓國際社會認識到全球的中華兒女同仇敵愾，共同擔負著維護領土完整和民族尊嚴的神聖使命。

（原載2013年4月15日菲律賓聯合日報「笑談古今」專欄）

白髮漁樵江渚上
笑談古今6

「日據」與「日治」孰是孰非？

今年六月，日本橫濱國立大學名譽教授村田忠禧出版了一本新書，書名叫「日中領土問題的起源」。村田教授在書中指出，沖繩群島本來並不是日本固有的領土，而是獨立的琉球王國，後來才被日本吞併；而根據日本的歷史資料，「尖閣諸島」（釣魚島）也根本不是琉球的一部分。村田教授依據地理狀況和自然環境、以及日本的史籍記載，證實釣魚島乃是中國的領土，在甲午戰爭期間被日本竊取；他並申斥日本外務省故意在公佈史料時進行刪節，以強化日方擁有釣魚島的主張。

令人深感遺憾的是在日本學者說出良心話的同時，台灣的學術界卻發生了一宗「數典忘祖」的事件。據報導，三家台灣出版社編寫了三種不同版本的高中歷史教科書，呈交給教育部「教科書審定委員會」審核，料不到有一家出版社的書稿被審委會退回，不准出版，飭令重編，理由居然是教科書用了「日據」而不是用「日治」來形容日本殖民統治台灣的那段時期。

滿清政府在甲午戰爭中戰敗於日本，被迫於 1895 年簽訂喪權辱國的「馬關條約」，將台灣及附屬島嶼割讓予日本，一直到 1945 年抗日戰爭勝利結束後，台灣才得以光復、回歸祖國的懷抱。日本殖民統治了台灣整整五十年的時間，這一段歷史是中華民族的恥辱，中國人在歷史上把台灣被佔據的那幾十年稱為「日據時代」；到李登輝執政的時候，他的「親日媚日」感情猛然發酵，居然下了一道命令，將「日據時代」改為「日治時代」，而且把所有教科書進行了一番「正名修

訂」，嚴令今後不准再用「日據」的字眼。李登輝這種篡改歷史、歪編教科書的作風，與日本右翼政客一脈相承；民間傳說李登輝乃是日本憲兵頭頭的私生子，交給部屬李金龍撫養成人，看到他那一股不惜一切來維護日本權益的心態，甚至堅稱釣魚島「自古便是日本的領土」，說他的血管裏流的是日本浪人的血液，似乎並非空穴來風。

「日據」和「日治」有什麼差別呢？很簡單的說法，「日據」即是「日本佔據」，含有非法、強權霸佔的意思；「日治」卻是「日本管治」，含有合法、正統的意思，甚至可以與「國民黨管治」、「民進黨管治」這種政權輪替相提並論。李登輝以及他的囉嘍們認為台灣是清政府正式以條約割讓予日本，不是日本強行佔據，因此應該用「日治」而不能用「日據」的字眼；李登輝並在台灣學術界招兵買馬，糾集一幫人組成了所謂「日治派」，以與傳統的「日據派」相抗衡。這一次事件發生後，一個「日治派」的大將、台灣政治大學的教授戴寶村便振振有詞地指出：「〈日治〉是接近歷史事實的陳述……現在學術界甚至當局都用〈日治〉，也是回歸事實。」他更說：「用〈日據〉是情緒性很強的字眼，顯示反日情緒，歷史雖有史觀，但不可以罔顧事實。」

令人覺得奇怪的是在堂堂炎黃子孫當中，特別是一些接受過高深教育的專家學者，竟然還存在著一批「奴隸性」那麼強的所謂「日治派」。台灣是在「馬關條約」中割讓給日本的，而「馬關條約」是在甲午戰爭之後日本人用槍砲威迫滿清政府簽訂的不平等條約，怎麼可以說日本人取得台灣的統治權不是強權霸佔的非法行為？戴寶村教授說「不可以罔顧事實」，難道他不知道「甲午戰爭」是怎麼一回事？到底是誰在罔顧歷史事實？奉告戴教授一聲，俄羅斯把阿拉斯加賣給美國、法國人把路易斯安那賣給美國政府，那是雙方心甘情願的交易，可以用「俄治」、「法治」、「美治」來描述不同時期的政府；但是台灣這一個寶島自古便是中國的固有領土，1895 年至 1945 年期

間是被日本用武力強行佔據的，用「日據」才是「回歸事實」；借用戴寶村教授一句話，「日治」乃是「情緒性很強的字眼」，顯示出深度諂日媚日的畸型情緒。不管戴寶村有沒有正確的「史觀」，至少他應該認清歷史事實，不應該為虎作倀，明知道李登輝「指鹿為馬」、「認賊作父」，卻還盲目地替這個棄祖忘宗的老糊塗背書，完全喪失掉一個文人學者應有的高超風格，實在令人不齒。

據報導，教育部教科書審定委員會以前曾因「日據」的用詞而退回一些教科書的版本，而出版商為了書本能夠順利付印，也都屈服於審委會的淫威而作出修改；但這一次的教科書編撰者和出版商認為教育部歪曲歷史事實、違背憲法精神，拒絕屈服於政治的壓力，一狀告到監察院，才把事情鬧開來。台灣高中歷史教科書審定委員會召集人黃克武辯稱：「二十多年前學術論文多稱〈日據〉，後來不少人用〈日治〉……但教科書需要統一，沿用〈日治〉社會成本最低。」像這種沒有立場、完全沒有是非觀念的審委，竟然以節省「社會成本」為理由來阻止真理的伸張，倒不如把他革職裁掉，還可以省下更大一筆「社會成本」。

事件既然鬧大了，馬英九總統不能不公開表態；他惺惺作態說道：「現在是民主社會，大家對歷史有不同的看法和記憶，應該加以包容，不宜硬性規定不准使用哪個說法。」這種說法完全是一套比豆腐還要軟的言詞。今日的台灣社會混亂無章，便是因為政府沒有堅定的立場，兩位蔣總統訂下的原則規章，早已被李登輝和陳水扁破壞殆盡，馬英九執政後不思「撥亂反正」，反而一味「和稀泥」敷衍了事，他實在應該捫心自問，到底要做蔣經國的學生，還是要做李登輝的應聲蟲？即使他為了討好綠營而不敢明令禁止使用「日治」這種字眼，至少應該鼓勵教科書用回「日據」這一個符合歷史事實的名詞，才對得起千千萬萬因反抗日本統治而拋頭顱、灑熱血的台灣同胞。

（原載2013年7月24日菲律賓聯合日報「笑談古今」專欄）

台北故宮隔海猶唱後庭花

根據新聞報導，台灣故宮博物院即將在日本舉辦一次規模宏大的「神品至寶展」，訂六月二十四日至九月十五日在東京國立博物館展出一百八十件故宮典藏精品，其中包括故宮博物院的「鎮宮之寶」翠玉白菜；然後於十月七日至十一月三十日移師九州國立博物館，展出一百一十件典藏精品。此次在日本展出的文物還包括故宮的「限展書畫」十四件，如「唐人明皇幸蜀圖」、「宋馬麟靜聽松風圖」、「宋蘇東坡書黃州寒食詩」等等珍品，連被稱為「故宮三寶」之一的清代肉形石也將被送到九州參展。

近兩年來，全世界都感受到中、日兩國劍拔弩張的緊張氣氛，任何人也察覺出東海正傳來頻頻的戰鼓聲浪，唯獨台北的袞袞諸公居然毫無知覺；在這種非常時期，竟然準備將一大批國寶文物隆而重之送去日本展覽，還策劃請第一夫人周美青擔任榮譽團長，隨同國寶文物前往日本「促進台日友誼」，難怪引發社會上激烈的反彈。

1937 年，日本製造「蘆溝橋事變」，發動了漫長的侵華戰爭，為了逃避日軍的洗劫摧殘，當年的北平故宮博物院管理團隊歷盡千辛萬苦，捱過經年累月的舟車勞頓，把收藏在故宮的大部分國寶文物分幾路輾轉運至大後方，避過日軍戰火的破壞以及日本侵略者的掠奪。如今日本軍國主義正在扶桑島國死灰復燃，全球的炎黃子孫也為了釣魚島領土主權被日本侵犯而發出怒吼，在此關鍵時刻，台北高調將國寶文物送到日本展覽，這種「逆向反思維」的做法令人深感詫異。台北「聯合晚報」五月十七日的社論便提出質疑：「以翠玉白菜的來台

淵源及如今『鎮宮之寶』的地位，『上花轎』的第一遭就抬去了日本，相關官員的戰略思維到底是什麼？故宮文物赴日，顯示主事者的思考路線異於常人，國安單位是有怎樣的戰略考量，更令人費解。此趟成行大約已勢不可免，但至少應可低調一點，總統夫人負責押送之事，就大可不必了吧。」

針對「聯合晚報」的社論，故宮博物院於五月十八日發表新聞稿，澄清說「故宮文物赴日展覽是博物館間專業交流，未涉及政治思維」；同時還強調，故宮文物並非第一次離台展出，大型出國展已有四次，1996 年「中華瑰寶」赴美國巡迴展，1998 年「帝國回憶」在法國巴黎展出，2003 年「天子之寶」在德國柏林、波昂展出，2007 年「物華天寶」在奧地利維也納展出。故宮特別聲明，策劃赴日展覽的工作自日本於 2011 年 3 月 25 日通過「海外美術品等公開促進法」後便已展開，「遇上因釣魚台事件風雲日緊的國際氣氛是因緣湊巧，故宮盼以藝術柔美之力，淡化紛爭」。

故宮主管官員做出這種令熱血炎黃子孫髮指的愚蠢決定，還狡辯稱送文物到日本展覽不涉及政治思維，令人聞後頓感「又好氣、又好笑」；想深一層，主持故宮業務的這一班人以及批准文物赴日展覽的台灣高官，也的確不配談什麼「政治思維」。以 2011 年即已策劃赴日展覽來解釋目前的愚蠢行為委實可笑，2011 年 3 月日本還沒有將釣魚島「國有化」，那時候安倍晉三也還沒有上台，當時的日本首相並沒有率團前往靖國神社參拜，當年的日本政府也沒有修改教科書來美化侵華戰爭，故宮就算連「清明上河圖」和「毛公鼎」全送到東京去展覽也沒有話說；但是現在日本已經清楚表明要永遠佔據中國的釣魚島，日本政府也正在修改憲法讓軍國主義復辟，台北當局卻認為「遇上因釣魚台事件風雲日緊的國際氣氛是因緣湊巧」，並以此來辯解自己既錯誤又愚蠢的行為，完全漠視政治上必須「審時度勢、隨機應變」的原則，到底是這些官僚「食古不化」，或是一早便接受了李

登輝「釣魚台自古便是日本領土」的謬論？

　　故宮把此次赴日展覽命名為「神品至寶」展，提起「神品」，難免聯想到日本的「神社」。安倍晉三安排美國總統奧巴馬前往參觀的「明治神社」供奉著發動甲午戰爭、一心想吞併中國的明治天皇；安倍和他的內閣成員前往參拜的「靖國神社」則供奉著執行侵華戰爭和發動太平洋戰爭的甲級戰犯，這些人生前無不癡心妄想要侵佔中國的領土，當然也包括奪取中國的國寶。如今日本政壇上又見軍國主義分子抬頭，侵略的野心暴露無遺，故宮竟稱「盼以藝術柔美之力，淡化紛爭」，完全是自欺欺人的說法，這種「昭君和番」的思維，嚴重地污辱了中國人的國格。

　　故宮博物院院長馮明珠日前告訴記者，有關赴日展覽作業已大致準備就緒，故宮還飄飄然地自我評估赴日展覽的效益，認為「『神品至寶』展不僅是兩國文化交流空前的美事，也必將吸引全世界所有愛好藝術者高度關注的目光，盛況可期。」馮院長應該知道，在「吸引全世界所有愛好藝術者高度關注的目光」之前，她已經吸引了全世界所有炎黃子孫「高度關注的目光」，故宮這種一意孤行、決定把國寶送到日本去「淡化紛爭」的做法，與當年汪精衛從河內打出艷電宣佈「中日一家親」同樣「吸引了全世界關注的目光」。看來馬政府不會叫停故宮的愚蠢行動，馬英九勢將替他那些幼稚無知、冥頑不化的部下背負「屈膝媚日」、「出賣國魂」的歷史污點。

　　此情此景，正應了唐朝詩人杜牧的「泊秦淮」七絕：「煙籠寒水月籠沙，夜泊秦淮近酒家；商女不知亡國恨，隔江猶唱後庭花。」如今是「台官不知亡國恨，隔海送寶樂開花」；台北的官府衙門，應該高高掛起鄭板橋書寫的「難得糊塗」幾個大字，因為那正是當前台灣執政當局最貼切的寫照。

（原載2014年5月23日菲律賓聯合日報「笑談古今」專欄）

白髮漁樵江渚上
笑談古今6

從甘比亞與台灣斷交談起

沒有預告，也根本沒有任何跡象，非洲西部的蕞爾小國甘比亞（Gambia）遽然宣佈與台灣斷絕外交關係。這個單方面的行動，有如一顆威力強勁的核子彈，震動了台北的政壇。一直以來，甘比亞與台灣稱兄道弟，甘國總統賈梅（Yahya A.J.J. Jammeh）去年六月還曾到過台灣訪問，表現得非常親熱，得到台北的高規格接待；想不到這個非洲政客竟然擅長川劇的「變臉」表演，說變就變，令外交界人士跌破眼鏡，也讓馬英九的執政團隊愕然不知所措。少掉甘比亞，目前與台灣締結外交關係的國家便只剩下二十二個了，令台灣當局擔憂的是甘比亞的行動會不會在其他與台灣建交的國家之間引起「骨牌效應」？會不會對台灣的外交關係以及國際形象造成巨大的影響？

多少年來，北京和台北在國際間互挖牆腳，為了爭搶與一些小國家建立外交關係而一再表演「兄弟鬩牆」的鬧劇，讓國際社會看作笑話，更被一些貪得無厭的小國政客利用來敲詐勒索。筆者曾數度到南太平洋島國凡魯亞圖（Vanuatu）訪問，該國總理指著國會大樓，說這一座堂皇的建築物乃是中國修蓋而無償贈送給他們的禮物，並稱他們便是基於中國的慷慨捐助而與台北斷絕外交關係。另一趟前往該地，看到一大群嶄新的汽車，外交部長說車隊是韓國政府送的，用來「鞏固邦誼」，因為北朝鮮也派人來商談建交的可能性。據說凡魯亞圖政府每年準備好國家的預算之後，就交給鄰近的澳洲和新西蘭，以及原來的殖民統治者英國和法國，由這四個國家的政府分別認捐，不敷之數由美國政府負責包底；而美國和它的盟友們之所以如此豪爽，

蓋因早年蘇聯曾想在該地建造海軍基地而被美國勸阻,並答允負責島國的常年開銷。非洲、中南美洲以及南太平洋許多小國家的政客就是利用台灣海峽兩岸、南北韓、美蘇之間的矛盾來進行一次又一次的外交敲詐;有一年,已經下台的凡魯亞圖總理跑到香港來,要求我們替他搭橋找台北方面資助他的競選經費,承諾當選後馬上與北京斷交而承認台北政府,我們把他的請求推得一乾二淨,因為一直以來就不齒這種國際政壇的敲詐勒索,更看不慣兄弟之間花錢去挖對方牆腳的愚昧行為。

甘比亞就是這種在國際間進行敲詐勒索的「無賴國家」之中的佼佼者。1968 年甘比亞與台北建交,到 1974 年便「琵琶別抱」,投向北京;之後的十年間,甘比亞對中國予取予求,北京派出二百多人次醫護人員到這個非洲小國去服務,還替甘比亞建造了體育場、友誼宿舍、衛生中心等等工程項目,中國給予的經濟援助為數甚鉅,其間甘比亞總統曾經四度訪問北京。1995 年,甘比亞發生政變,新政府宣佈與北京斷交,又一次轉投台北的懷抱,多年來得到李登輝和陳水扁的雨露滋潤,捐助和貸款源源流進甘比亞國庫以及總統賈梅的口袋。2008 年賈梅到台北參加馬英九的總統就職典禮,便曾當面要求金援及減緩債務;不談別的,單台灣贈送的四艘海鷗級快艦,連改裝帶運送便花了台灣二億多元新台幣。據稱最近賈梅以國家安全為理由再向台北要求捐贈一千萬美元,台方請他具體說明捐款的用途以方便作業,但賈梅無法提出說明,還指明不論是現金或支票,都要一次交付。由於台北沒有答應他的請求,賈梅遂在沒有先打招呼的狀況下,片面宣佈與台北斷交,並且厚顏無恥、酸溜溜地說:「海峽兩岸關係得到改善,台灣不再需要我們了。」

回顧李登輝和陳水扁執政期間,採取與北京敵對的態度,在國際舞台上也選擇與中國大陸短兵相接,推動了所謂「烽火外交」,進行的其實便是「金錢外交」;李、陳二人不惜花費鉅款收買中南美洲、

非洲以及南太平洋島國的政客，企圖爭取並維持與這些小國之間的外交關係。二人對這項工作樂此不疲，因為他們可以經常出門巡遊一番，帶著台灣納稅人的花花綠綠鈔票，到這些國家去做「散財童子」，順便也揩一大筆油水。如李登輝當年從國家安全委員會的「奉天專案」項目中，撥出一千餘萬美元捐助南非執政黨「非洲國民議會」，後來又指示外交部撥款付還國安會，然後指示國安會從這筆款項中撥出七百五十萬美元交給自己的親信劉泰英。而「一丘之貉」的陳水扁也不遑多讓，乘著出國訪問之便，利用空軍一號飛機替他私人搬運美金，相信是存進海外的銀行戶口；審計處還發現他每一趟出國，總會從公費中匯三萬美元給身在美國的兒子陳致中。凡此種種，都是李登輝及陳水扁利用「金錢外交」的幌子來中飽私囊的明證。

由於胡錦濤和連戰於2005年進行了劃時代的「北京會」，促成了歷史性的國共會談，因而馬英九就任總統之後，海峽兩岸的緊張氣氛得以緩和。在國際上，兩岸的政府也達成了「外交休兵」的諒解，雙方停止互挖牆腳，凡與北京建有邦交的國家，台灣一概敬而遠之，凡與台北締結外交關係的政府，北京也都避免與它們建立正式的關係。近年來中美洲的巴拿馬及尼加拉瓜頻頻向北京送秋波，希望斷絕與台灣的關係而改與中國建交，北京一概予以婉拒。這一次甘比亞與台灣絕交，民進黨和台聯黨一口咬定是北京從中作梗，其實是信口雌黃的說法，目前北京根本不熱衷於與甘比亞建立外交關係。或許基於戰略理念，中國最後還是會與甘比亞建交，甚至在北京整體的非洲政策下，中國會給予甘比亞類似其它非洲國家的經濟援助，但如果說北京主動拉攏甘比亞，則是無稽之談，對中國來說，甘比亞根本沒有任何利用的價值。

民進黨籍立委蔡煌瑯在立法院質詢時指出，與台灣斷交的國家目前還拖欠台北超過五億美元債務，單哥斯大黎加便欠下二億九千萬美元，當年建交令李登輝興奮莫名的馬其頓也拖欠了六千萬美元，這些

呆帳可都是台灣納稅人的血汗錢呀,就因為李登輝和陳水扁的好高騖遠以及貪婪的私心,眼巴巴地就付諸流水了。對台灣來說,與甘比亞斷交並不是什麼大不了的事情,台北也應該有心理準備,剩下的二十二個邦交國有可能還會陸續離去;台灣必須採取的是蔣經國的「務實外交」政策,不管有沒有官方的外交關係,只要擴大經濟貿易活動,爭取台灣民眾入境免簽證的待遇,才是台北應該努力的方向。

(原載2013年11月29日菲律賓聯合日報「笑談古今」專欄)

白髮漁樵江渚上
笑談古今6

漫談海峽兩岸外交休兵

一旦兄弟鬩牆、自相殘鬥，外人便有機可乘、從中獲利，在現實生活上如此，在國際社會的外交關係上也如出一轍。

太平洋島國瑙魯（Nauru）原本承認台北，2000年突然與台北斷交，改與北京建立邦交，換來朱鎔基總理批准的六千萬美元經濟援助；2005年，瑙魯又宣佈與北京斷絕外交關係，重新與台北建交，雖然沒有宣佈拿了陳水扁多少「機密外交特別費」，但只要看看當年阿扁與瑙魯總統笑逐顏開的照片，就知道兩個人的口袋裏都是漲爆爆的。

上世紀九十年代，筆者到南太平洋島國瓦魯阿圖（Vanuatu）訪問，該國外交部長指著嶄新的車隊告訴我們，這些汽車是韓國送的，因為「韓國政府得到情報，知道北朝鮮派人到瓦魯阿圖來談建交」；瓦國總理也曾經指著漂亮的國會大樓介紹說，這一幢樓是北京修蓋贈送的，因為「我們原本承認台北」。幾年前，瓦魯阿圖還上演了一齣總理宣佈與台北建交但外交部長卻堅稱與北京的外交關係沒有改變的鬧劇，理由便是島國的政客們只顧自己的個人利益而不惜讓國家在國際上鬧出大笑話。

就因為知道北京和台北、首爾與平壤，甚至冷戰時期的華盛頓和莫斯科，都緊張於拉攏那些國土小、國民少但在聯合國同樣有一票的國家，於是太平洋島國以及非洲和拉丁美洲比較落後的國家便「待價而沽」，進行「外交敲詐」。在一段相當長的歲月裏，北京和台北為了維持與蕞爾小國的外交關係而大撒金錢，一直做著任人宰割的羊牯，直到胡錦濤和連戰在北京進行歷史性會晤，國共兩黨開始定期協

商,而國民黨又重新贏得管治台灣的政權,兩岸便心照不宣地實施了「外交休兵」政策,彼此不挖對方的牆角,因此台北有好幾年一直維持著與二十三個國家的邦交。近年來,中美洲有些國家如尼加拉瓜和巴拿馬,都表示有意與台北斷交而改與北京建交,但北京一直沒有加以理會;去年年底,非洲小國甘比亞(Gambia)片面宣佈與台北斷絕外交關係,但是北京迄今還沒有同意與該國建交,以實際的行動落實了「外交休兵」的許諾。

然而,有一個怪異的現象卻在海外各地出現,儘管北京和台北最高決策當局以及主持外交工作的機構都恪守「外交休兵」的政策,但是兩岸派駐海外的大使館和代表處卻磨刀霍霍、砲聲隆隆;儘管國共兩黨高層定期會晤協商,海協會和海基會更是頻頻互動,連代表官方的國台辦和陸委會負責人也握手言歡,但是在海外的「親北京」和「親台北」人士卻依然「涇渭分明」,甚至互相敵視,實在令人費解。

由於歷史遺留下來的問題,中國人目前必須面對國家分裂的現實,確是中華民族的不幸。近年來,深明大義的兩岸領導人基於民族情感和國家前途,摒棄了兵戎相見的思維,放眼和平統一的大業,籠罩住台灣海峽逾半個世紀的硝煙終於消失了。兩岸要達到和平相處的境界,首先必須有一個共同的理念,而這個理念就是世界上只有一個中國,神州大地和台灣寶島都是這一個中國不可分割的領土;其次大家要接受現實,這個現實便是海峽兩岸目前正由兩個不同的政府以不同的制度管治著。兩岸要和平共處,彼此就應該互相尊重,避免產生不必要的爭拗;如果大家都注重意識形態,心中只有自己而沒有對方,衝突和糾紛便無可避免了。

每年十月,海外華人社會都會分別盛大慶祝十月一日中華人民共和國國慶以及十月十日中華民國國慶,這種做法本來就無可厚非;在國家統一之前,親北京的人士慶祝「十一」,親台北的人士慶祝「雙十節」,大家應該彼此尊重,互相包容,才能相安無事;但是有一項

必須注意的，不管舉行多隆重的慶典都無所謂，就是不要讓友邦人士產生「兩個中國」的印象，這是兩岸領導人都不想看到的現象。

兩岸既然都堅守「一個中國」的原則，也決定「外交休兵」，便應該有深刻的默契，互讓互諒，避免在與對方有邦交的國家展示國名或以「大使」的官銜出席公眾場合，以免招惹是非。猶如 2011 年，台北派駐新加坡的代表史亞平在香格里拉大酒店舉行雙十節慶祝酒會，在酒會會場裏面懸旗唱國歌不足為奇，問題出在史亞平在酒店外面也升起了青天白日滿地紅旗，還高調地邀請新加坡前外交部長楊榮文夫婦出席酒會，因而引起新加坡政府的不滿，台北也不得不把平素工作表現不錯的史亞平召回。前車之鑑，像這種著重形式的意氣之爭，實在沒有必要，對促進兩岸的和平關係也是有損無益。

有一件事令筆者記憶猶新，北京派駐馬尼拉的劉建超大使有一年清明節前往華僑義山向抗日戰爭中壯烈犧牲的烈士獻花，他不單止向親中共的「抗反」和「華支」殉難游擊健兒致敬，同時也向親國民政府的「義勇軍」、「血幹團」、「迫擊」和「特工」等抗日游擊隊烈士獻花，更向當年被日軍殺害的國民政府派駐菲律賓總領事楊光泩及其他領事館館員鞠躬致敬。劉建超大使不愧是一個視野廣闊且深具民族意識的優秀外交官，他這種不分黨派、只談民族大義的作法，便是拉近兩岸人民關係的良方。

對海外的華人華裔來說，不管個人擁護的是「中華人民共和國」或是「中華民國」，心中都應該抱著「只有一個中國」的概念，不管是言論或動作，都要避免製造爭端而導致兩岸關係的緊張以及民族的分裂，大家應該共同努力，以實際的行動來促進國家的最終和平統一。

（原載2014年10月22日菲律賓聯合日報「笑談古今」專欄）

外交工作的「空談」與「實幹」

改革開放初期，深圳特區出現一塊大招牌，上面寫著「空談誤國，實幹興邦」八個大字。鑒之古今中外，這個真理永遠不變；當年孫中山先生領導革命，許多人都認為他是「空談」，甚至給他一個「孫大砲」的外號，但是孫中山先生以「實幹」的精神展示給全人類看，十次革命失敗依然不屈不撓，最後終於推翻封建帝制，締造民主共和，他的「實幹」帶來了中華民族的復興。

在近代中國歷史上兩個最明顯的「實幹興邦」政治領袖，便是鄧小平和蔣經國。當別的國家領導人空談「政治掛帥」、高舉「兩個凡是」旗幟的時候，鄧小平埋首推行「實幹」行動，以「改革開放」、創設經濟特區等大刀闊斧的措施，把中國帶上繁榮富強的道路。在台灣，當其他政治領袖空談「反攻復國」時，蔣經國以大無畏的「實幹」精神，推動「十大建設」工程，創造了台灣的經濟奇蹟。

在外交工作上，同樣有「空談」和「實幹」的現象。以蔣經國為例，在他執政期間，中華民國被迫退出聯合國，美國、日本等「傳統盟友」逐一與台北斷絕正式外交關係，改與北京建交；在那種風雨飄搖的歲月中，蔣經國採取「務實外交」的政策，不空談「主權」或「國際地位」，而是實實在在推動與全球各國的經貿關係，促進民間友誼，為台灣企業開拓新天地，為台灣百姓謀福祉。因而在蔣經國時代，儘管台灣的外交空間逐漸縮小，經貿關係卻不斷擴大，也因此帶動了台灣經濟的蓬勃發展，使台灣成為「亞洲四小龍」之首。雖然在外交上頻遭挫折，台灣在國際上的地位卻日益膨漲；當年國際社會對

台灣的重視,並不是用好高騖遠的「空談」去談出來的,而是台灣朝野秉承蔣經國的「實幹」精神和作風,共同去打拼贏回來的。

蔣經國逝世後,李登輝和陳水扁走了相反的路向,整天把「主權」掛在嘴上,但只是消耗精神和資源的「空談」而已;每年花納稅人幾十個億的血汗錢,去收買一些太平洋島國和非洲、拉丁美洲小國家的領導人,藉以維持與這些國家的外交關係,結果除了讓李登輝和陳水扁可以偶而坐飛機到這些國家做「散財童子」以外,對台灣的經濟發展以及人民的福祉實在是完全沒有任何利益。同時,由於台灣當局熱衷進行這種表面的「主權競賽」,搞到兩岸關係異常緊張,更因「兄弟鬩牆」而在國際社會鬧出不少笑話,偏偏那兩個只懂得「空談誤國」的李登輝和陳水扁卻樂此不疲。

讓人深感惋惜的是馬英九執政後,秉承蔣經國的「實幹」精神少,延續李登輝和陳水扁的「空談」作風多。舉台灣與新加坡的關係為例,在蔣經國的「實幹」政策下,雖然新、台並沒有建立正式的外交關係,但是兩個地區的實質關係非常密切,新加坡的軍隊甚至以台灣為訓練基地,但從沒有見到蔣經國拿台、新的關係來吹擂炫耀,而當年李光耀頻頻造訪北京,也聽不到蔣經國出聲抗議,因為他只注重實質外交而不空談主權。相反地,馬政府派駐新加坡的代表史亞平於前年在獅城大張旗鼓慶祝雙十節,既在酒店外面掛旗,又邀請前任外交部長參加酒會,這種空談主權的行為引起新加坡政府的不滿,結果對史亞平施行「冷對待」,讓她完全隔絕於新加坡政府的任何部門及所有官員,最後不得不黯然返台,硬要爭面子反而變成丟了面子。馬政府可能是為了安撫或討好綠營的台獨分子,整天把「主權」的訴求掛在嘴邊,其實這是缺乏自信心的表現,可嘆的是台灣在兩蔣時代的「莊敬自強」精神如今已蕩然無存,時尚的竟是「浮誇自大」的作風。

月初在「菲律賓每日詢問報」看到駐菲台北經濟文化辦事處發言人 Peter Pan 的投書,雖然聲明「本人無意挑戰中華人民共和國(大

使館）發言人進行一場辯論」，但信中所觸及的無疑是一場彈藥味非常濃厚的論戰；心中不免要問一句：「有此必要嗎？」誠如潘君信上所說：「過去六年來，台灣與中國大陸以妥協代替爭論，以對話代替對抗」，兩岸關係近年來的確堪稱「風和日麗」，不但簽署了十數項經貿協議，連政府高層也頻頻互訪；兩岸還心照不宣地進行「外交休兵」，即使中美洲的巴拿馬和尼加拉瓜這兩個國家有意與台北斷交以轉向北京，北京清楚表明「拒不受理」，非洲小國甘比亞片面斷絕與台灣的外交關係，北京也沒有立即與之建交，足見兩岸對「和平共存、友善相待」確有誠意。潘君投書報刊的行動，卻與上述的「友善相待」精神大相逕庭，未知潘君在投書之前有否衡量一下，到底他的信函起得了什麼作用？對大局又會有怎麼樣的影響？

　　潘君在投書中說兩岸之所以能夠改善關係，是因為有「九二共識」，雙方都承認只有一個中國，而且雙方可以「自由地」闡述「一個中國」的意義；基於此，潘君既歡迎「每日詢問報」發行人以「中華民國」相稱，更呼促亞洲開發銀行必須為「中華台北」正名，讓「中華民國」與「中華人民共和國」以平等地位（equal footing）「共存於國際組織」。想不到潘君會如此幼稚無知，他這種說法不是自相矛盾嗎？既然「只有一個中國」，怎能讓「中華民國」與「中華人民共和國」這兩國國家的名稱同時出現在亞洲開發銀行這樣一個國際組織裏面？

　　「九二共識」的「一中各表」是兩岸面對歷史現實、持著互相尊重的態度而作出的折衷說法，北京認為「中華人民共和國」代表了包括台灣在內的整個中國，而台北則認為「中華民國」代表著包括整片神州大地以及台澎金馬的中國；在國家統一之前，兩岸當局只能互相忍讓，接受對方的觀點，才能夠心平氣和坐下來談。然而，「九二共識」的「一中」乃是關鍵點，是雙方都不能夠、也不應該妥協或放棄的原則；在華人華裔心目中，你的中國可能是「中華人民共和國」，

他的中國卻是「中華民國」，彼此應該互相包容接受；但是在國際社會上，絕對不應該讓人有「兩個中國」的錯誤觀念。

　　潘君在他的投書中下結論，希望北京尊重「九二共識」，「不要霸凌（bullying）中華民國，否則既傷害台灣人民的感情，還會影響兩岸關係的和平發展」。筆者倒認為潘君應該對「九二共識」作深一層的瞭解，不要把「一中各表」解釋成可以容許兩個中國在國際組織裏同時存在。作為一個外交官，應該要有多一點政治智慧，而作為台灣代表處的發言人，言語更不能不慎重；一石可以擊起千層浪，不適宜的論調不但會「影響兩岸關係的和平發展」，更有可能傷害到台灣人民的福祉。

　　　　（原載2014年11月21日菲律賓聯合日報「笑談古今」專欄）

衷心感謝

「笑談古今」專欄以及專輯的面世，應該向好幾個人說一聲謝謝。

第一個要謝謝的是我的好兄弟莊振黨先生。2009 年，時任菲律賓「聯合日報」僑團新聞版編輯的振黨兄盛意拳拳，邀請我在該報開闢一個專欄，因此才有「笑談古今」的出現。振黨兄於 2010 年辭世，看不到專欄文章集編成書，乃是我最大的遺憾。摯友名畫家王禮溥先生為「笑談古今」專欄設計版頭，而專欄在「聯合日報」刊載多年，其間編排的工作得到報社朱峰先生鼎力協助，也應該向他們說聲謝謝。

多年前，禮溥兄介紹我認識從台灣到菲律賓中正學院講學授課的楊宗翰教授，乃是我的福份。2011 年「笑談古今」專輯能夠在台灣出版發行，便是楊教授居間協調安排的結果；2024 年第二批「笑談古今」專輯準備付印出版，依然是宗翰兄代勞接洽，深心感受到這一位學者對推動文化工作的熱誠以及對朋友的真摯關懷。專輯的編排設計，得到台灣洪聖翔先生耐心協助，謹此表達謝意。

當然，還要謝謝所有的讀者們，沒有他們的愛護和支持，根本就不會有「笑談古今」專欄和專輯的存在。

最後還要特別謝謝內子，在「笑談古今」第二本專輯中我題贈太太的字眼是「沒有您，就沒有〈笑談古今〉！」這句話講得一點也不誇張，因為「笑談古今」的每一篇文章，都是經過她審閱後才送到報館的；當然，這一篇謝啟除外，如果讓她看到，最後這一段一定被刪掉。

白髮漁樵江渚上
笑談古今6

```
國家圖書館出版品預行編目

白髮漁樵江渚上：笑談古今. 6 / 王文選著. -- 臺北
  市：獵海人, 2025.03
    面；  公分
  ISBN 978-626-7588-16-1(精裝)

  1.CST: 言論集  2.CST: 時事評論

078                                114001788
```

白髮漁樵江渚上：

笑談古今 6

作　　者／王文選
出版策劃／獵海人
製作銷售／秀威資訊科技股份有限公司
　　　　　114 台北市內湖區瑞光路76巷69號2樓
　　　　　電話：+886-2-2796-3638
　　　　　傳真：+886-2-2796-1377
網路訂購／秀威書店：https://store.showwe.tw
　　　　　博客來網路書店：https://www.books.com.tw
　　　　　三民網路書店：https://www.m.sanmin.com.tw
　　　　　讀冊生活：https://www.taaze.tw

出版日期／2025年3月
定　　價／450元

版權所有・翻印必究　All Rights Reserved
Printed in Taiwan